D0806838

Itinéraires d'Hubert Aquin

ÉDAQ

Cette édition a été préparée grâce à l'aide financière de l'Université de Montréal, de l'Université du Québec à Montréal, du fonds de la Formation de chercheurs et de l'aide à la recherche (Québec) et à une grande subvention du Conseil de recherche en sciences humaines (Ottawa). Sa publication a été rendue possible grâce à l'aide de la Fédération canadienne des études humaines, dont les fonds proviennent du Conseil de recherches en sciences humaines du Canada.

Guylaine Massoutre

ITINÉRAIRES D'HUBERT AQUIN

Chronologie

BQ

BIBLIOTHÈQUE QUÉBÉCOISE

Bibliothèque québécoise inc. est une société d'édition administrée conjointement par la Corporation des éditions Fides, les éditions Hurtubise HMH ltée et Leméac éditeur.

Ce travail n'aurait pas vu le jour sans l'appui intellectuel et financier que j'ai trouvé auprès des chercheurs de l'ÉDAQ et des subventions du CRSH dont ils bénéficient depuis 1983. Je leur exprime ma reconnaissance; je tiens plus spécialement à remercier Andrée Yanacopoulo pour sa disponibilité, son dévouement et toutes les ressources qu'elle a mises au profit de ce projet. En outre, je remercie Rose-Marie Parent pour la réalisation technique de ce volume.

Couverture :
Photographie d'Hubert Aquin en Italie au début des années 50, collection Andrée Yanacopoulo
Page manuscrite d'Hubert Aquin, service des archives de l'UQAM, fonds Hubert-Aquin, Cote 44P-205a/10

DÉPÔT LÉGAL : 1er TRIMESTRE 1992
BIBLIOTHÈQUE NATIONALE DU QUÉBEC
© Leméac Éditeur, 1992.
© Bibliothèque québécoise, 1992 pour cette édition.
ISBN : 2-8940-6066-1

INTRODUCTION

Le texte s'écrit continuellement dans le texte ou le long des marges d'un autre texte. Ce moi est intertexte, la conscience du moi un commentaire désordonné — marginalia parfois indiscernable mais pourtant toujours formante, instauratrice. Le fini est bordé délicatement par son propre infini; c'est comme si une ombre lumineuse enveloppait la lumière assombrissante de l'intelligence.

Hubert Aquin, lettre à Michelle Favreau publiée dans *Mainmise*, novembre 1976.

L'auteur face à lui-même et dans son temps

Qui était Hubert Aquin ? Un nom ? Une signature ? L'histoire retient un auteur, dont les textes restent « vivants » sans égard au temps. On connaît mal, en général, ce qui d'un auteur déborde de la ligne de partage entre la vie et l'œuvre. Aquin n'a jamais craint de risquer son nom dans diverses entreprises ; la littérature en prend acte pour la postérité, tout en maintenant les événements biographiques en exergue de l'œuvre, dans l'oubli, l'ignorance, l'ombre, voire le secret. Dater les faits permet de fixer des origines, des départs et ainsi de marquer la vie dans son principe et dans ses manifestations. De la genèse de l'écriture à sa généalogie, l'énigme se resserre. C'est pourquoi la chronologie jette un pont entre l'écrivain, déjà plus homme qu'auteur, et celui qui pour ses proches campait des personnages plus ou moins intimes.

L'inévitable portrait qui résulte de cette enquête est aussi tributaire de l'image publique d'Aquin. Dans l'éloge qu'elle lui rendit dans *le Devoir* du 5 novembre 1983,

Michèle Lalonde évoquait avec précision la personnalité fougueuse, fascinante, brillante et séductrice d'Hubert Aquin ; elle résumait l'admiration et l'amitié que lui vouèrent ses proches et dont les témoignages que nous avons recueillis gardent une forte empreinte. Du magnétisme de l'homme au Panthéon littéraire, devions-nous à notre tour franchir le pas et substituer à la nostalgie de la disparition le mystère de l'histoire ? La critique littéraire québécoise avait déjà sanctionné le talent du vivant de l'auteur, éblouie par une jouissance neuve. Plusieurs écrivains n'ont pas ménagé leur enthousiame : « [...] il est l'écrivain québécois qui a le plus marqué le psychisme du Québec des années 1965-1970 », déclarait Gaston Miron à Françoise Maccabée-Iqbal. La séduction en chaîne opérée par les textes aquiniens invite à examiner le mythe collectif, sa logique, sa nature et ce qui en chacun de nous déclenche une adhésion à la lecture de cette œuvre. Plus encore qu'un geste, fût-ce son suicide, Hubert Aquin signe une époque, d'environ vingt-cinq ans, indissociable de la génération de *Liberté* et de tous les lieux de la création québécoise. Dans cette période où la nation québécoise s'affirme, Aquin incarne les forces du changement : il leur prête sa voix et sa parole et s'efforce d'en proposer de pertinentes analyses. Il est accordé à l'esprit de son temps dont il perçoit les fortes tensions. Aussi les actes de sa vie apparaissent-ils souvent comme saturés par le désir et la volonté. Comme d'autres écrivains doués d'un sens aigu du paroxysme, Aquin réussit à polariser une sensibilité vibrante et à la connoter de son immense capacité de jouissance, selon l'expression de Patricia Smart ; mais ses manifestations tant biographiques que littéraires ont des allures cycloniques qui occultent peut-être sa réelle portée dans le mouvement des idées[1]. Il nous paraît prématuré de conjecturer sur sa fécondité ou sur son impuissance à s'inscrire dans la réalité. Nous souhaitons que la perspective de sa gestuelle, mise à plat par la chronologie, porte l'équivoque d'une implication évidente au collectif et d'une singularité extrême.

À André Major qui lui adressait vers 1969 un bref questionnaire, Aquin écrivit, avec ses hésitations habituelles lorsqu'il était question de lui : « [...] je préfère, disons, transposer — par l'écriture — la richesse insondable des lieux que j'ai vus, visités, des livres que j'ai parcourus, que j'ai lentement lus, assimilés, et aussi de tout ce qui peut s'appeler mon élan vital. »

C'est bien cet écho du plaisir de la vie, dédoublé et travesti dans l'écriture, qui nous interpelle. Dans ce même questionnaire, André Major invitait Aquin à saisir la distance de ce reflet, torsion du temps et du regard sur le passé : « Vos romans vous permettent-ils de récupérer ce que la vie nous vole ? — Il me semble que, somme toute, je me définis en dehors de mes livres. Et je crois volontiers que ceux-ci vont toujours en s'éloignant de moi. Ma vie, elle, se précise dans une démarche plus concentrée, si tant est que mes livres représentent — de façon cohérente — la démarche opposée. » Aquin ne réservait-il pas aussi l'« intimité du soi », selon l'expression d'inspiration sartrienne, tandis qu'il éloignait l'image publique et la rumeur qui déjà courait autour d'elle ? Cette conscience de la dualité entre l'homme et l'écrivain nous invite à circonscrire l'enquête sur les faits, pour mettre plus justement en perspective le glissement métonymique des signifiants de la vie jusqu'à ceux de l'œuvre.

Le second acteur de cette chronologie est incontestablement le document d'archives. Le document, traqué par la conscience littéraire qui voit en lui la rencontre de forces conjoncturelles et de choix motivés, est le lieu où s'articulent l'homme et le temps. L'objet condense une histoire ; cependant, si pallier la dispersion des sources signifie protéger l'information et reconduire le temps, la nécessité d'échantillonner sans fétichisme met l'archiviste aux prises avec une bienfaisante hallucination, celle du dépôt intégral et un doute générateur de conclusions prudentes et délimitées. L'historien qui succède à l'archiviste voit alors avec soulagement le volume, la dispersion, la dilution et la redondance céder le pas à une information manipulable par tous.

Cette chronologie est, plus qu'un inventaire, l'économie d'une description. Exempte de secrets fascinants ou d'hypothèses complaisantes, l'authentique description d'un fonds d'archives, documents écrits et sonores à l'appui, elle explore les traces qui consignent les faits dans le respect des lois publiques et de la liberté individuelle : témoignages consentants, archives d'état civil, dossiers d'écrivain, archives d'institutions (Radio-Canada, ONF, revue *Liberté,* collèges Sainte-Croix et Sainte-Marie, Université de Montréal et Université du Québec à Montréal principalement). Dans un milieu hétérogène, le biographe travaille à relier en les atomisant des sources qui chuchotent la présence d'Aquin.

De ces repérages résultent moins le fouillis d'une collection qu'une documentation plus fine et déjà engageante, partage de l'utile et de l'inutile destiné à présenter les conditions historiques de la genèse d'une œuvre et à susciter de nouvelles recherches.

Aquin avait-il prévu cette identité posthume ? S'il fit de sa mort une œuvre, comme le prétendent Jacques Godbout et Gaston Miron, il n'en va pas de même pour sa vie. Ses dossiers de travail, relatifs à son œuvre, à ses lectures, à ses cours, ne conversent pas volontiers avec l'archiviste. Pourtant, ces dossiers, témoins d'une activité qui fait retour sur elle-même sans se soucier de chronologie, sont la marque d'une identité élaborée d'écrivain. Si l'on considère le point de vue de l'éditeur, cette marque informelle est pérennisée parallèlement au projet littéraire brutalement interrompu par un suicide. On songe inévitablement à cet archiviste borgésien de l'imaginaire qu'Hubert Aquin aimait fréquenter par la lecture.

Il semble cependant inadéquat de parler d'une stratégie du souvenir chez Aquin. L'écriture intime et la présence autobiographique importante dans l'œuvre sont autant de gestes auxquels sur un autre plan répond la consignation polyphonique du souvenir. Cet autre plan que s'approprie le chercheur effeuille incontestablement l'écrivain. Cherchant les poses, les attitudes sociales et les jeux de scène, le biographe change le statut de l'auteur contre celui de l'acteur, et de son laboratoire, il transforme les foisonnements vécus en gestes de la plume, faits d'archives en lesquels une compulsive lecture discerne de singulières naissances. Nulle banalisation de la vie, mais au contraire voici démystifié le rapport de l'œuvre à l'homme, l'inventaire raisonné[2] de la vie exposée en une multitude de moments initiaux ayant pris le pas sur d'autres préoccupations esthétiques, psychologisantes, littéraires.

Nul doute que la biographie soit une « mise en vue » de l'œuvre, un registre qui appartienne aux lecteurs et dont la délimitation éclaire sans les dénaturer les œuvres fictives, unifiées par une conscience esthétique dont le travail et la cohérence s'énoncent ailleurs. Plus sensible aux motifs qu'aux mobiles de la vie d'Aquin, nous espérons y avoir entrevu son tempérament, son caractère, sa personnalité, pour dégager la fécondité d'une vie dont l'œuvre, sans valeur de preuve pour une chronologie, ni même pour une biographie, demeure à nos yeux le document ultime.

Bio-chronologie

Grand genre pléthorique tant par sa diversité que par le volume des publications qui le composent, l'écrit biographique permet depuis qu'il existe de repérer le temps et d'orienter la mémoire. Objet de prédilection du marché du livre, il

n'en a pas moins connu un succès variable auprès des spé-
cialistes en littérature et en histoire qui recourent à l'ordre
biographique pour donner une assise à leurs raisonnements.

L'évolution des sciences humaines, notamment en ce
qui concerne le choix des faits pertinents, des hypothèses,
des théories et des éléments constitutifs des faits eux-
mêmes, invite le biographe à la circonspection. Pour pallier
son manque de crédibilité, la méthodologie de l'enquête biographique a été révisée ; la nature et la longueur des anecdotes critiquées ; outre la manière, le propos lui-même a été
sévèrement mis en question lorsqu'il occultait les autres
appréhensions de la réalité.

Aussi le grand genre biographique a-t-il éclaté pour
atteindre des publics mieux ciblés, se spécialisant pour répondre à des besoins circonscrits. Le corpus biographique
couvre un large champ qui va de la fantaisie romanesque au
laconique dictionnaire, en passant par l'autobiographie réelle ou imaginaire, l'album photographique, le portrait, le témoignage, l'enquête psychologique, la psychanalyse. Que
de titres en illustrent les différentes tendances : biographie,
vie en son temps, chronique ; enquête, dossier, profil ; récit,
portrait, journal, miroir ; interview, questionnaire, causerie,
paroles, voix ; souvenirs, propos, hommage, témoignage,
lettres ; têtes d'affiches ; étapes, itinéraires ; quête autobiographique, à la recherche de... ; confession ; présence de... ;
notes, notice, dictionnaire, répertoire ; il faut en outre compter ces nombreuses monographies où le personnage est simplement convoqué par son nom. À notre tour, nous avons
décrit la vie d'Hubert Aquin au fil des dates, dans la mesure
où la recherche a permis de la reconstituer.

Instaurer des faits

Notre texte prend appui sur des données concrètes, que l'on
s'accorde à nommer faits et qui sont soustraits à la dis-

cussion, bénéficiant d'une adhésion spontanée, sans besoin de justification. La démarche documentaire est une étape instauratrice capitale. Il importe au préalable de s'être donné un protocole de vérification, car de ces règles et de leur application dépendent l'adhésion des lecteurs, indispensable à l'information, et la fiabilité constitutive du fait. Cependant, puisqu'il s'agit de science de l'homme, tous les faits ne relèvent pas de la simple observation : certains sont convenus, d'autres affectés d'un simple indice de probabilité, d'autres encore ont été récusés, faute d'espace ou faute de pertinence. Il a fallu choisir, et pour cela nous avons en premier lieu légitimé le document, propre à rassembler les lecteurs autour des traces qu'il conserve. Le document établit ainsi des preuves à partir desquelles peut s'opérer une variété de traitements : nulle commune mesure entre le sécurisant best-seller, souvent devenu « quick-seller », et la myope et patiente reconstitution inachevée de l'archiviste qui œuvre de toute évidence dans l'univers de la biographie. C'est qu'en réalité, dans le premier cas, le fait a perdu son statut : il s'étire dans un contexte qui lui donne corps ; tandis que dans le second cas, tout l'effort du chercheur consiste à multiplier les points de départ à l'argumentation, objets précis et limités prêts à entrer dans des systèmes de portée plus générale. La réalité qui importe dans les sciences de l'homme, élargie en littérature au vraisemblable, résulte en grande partie de ce travail d'établissement et de vérification des faits, qui ont pris forme sans contrainte en chaque unité minimale, au fur et à mesure que surgissaient à nos yeux des liaisons possibles, des correspondances, des relations ou de simples coïncidences des « faits » entre eux.

Devant cet appel au jugement lors de la rédaction, faut-il s'étonner de ce que l'argument prenne le pas sur la donnée, saisie dans l'univers du discours plus apte à lier qu'à fonder ? Au-delà des différences, les entreprises éditoriales de biographies ont en commun d'animer, d'isoler, en les glorifiant parfois des figures historiques, que le lapidaire dictionnaire consacre et immortalise. Cette tendance de la biographie à officialiser et à pérenniser son objet au détriment de l'interrogation, de l'atypique et de l'exploration de voies nouvelles a été sévèrement critiquée dans les années soixante. Il a résulté de cette réflexion un nouvel effort de rationalisation qui inspire au genre un autre essor et un vent de liberté. L'esprit de l'essai est venu colorer l'enquête biographique d'un peu plus d'audace ; la sociologie a multiplié les points de vue, et la critique philosophique a relativisé l'esprit du savoir, tandis que la critique littéraire entremêlait les chaînes chronologiques et mettait à nu les outils de la narration. C'est dire qu'en l'absence d'une connaissance globale, une fragmentation du savoir affecte l'individualité d'un faible indice d'héroïsme, tandis qu'elle propose aux lecteurs, par le choix de la parataxe comme figure principale de la description, un certain mystère. Voltaire avait-il raison, en 1765, lorsqu'il écrivait : « Les livres les plus utiles sont ceux dont les lecteurs font eux-mêmes la moitié ; ils étendent les pensées dont on leur présente le germe ; ils corrigent ce qui leur semble défectueux et fortifient par leurs réflexions ce qui leur paraît faible » ? Plus proche de nous dans le temps, la voix d'Andrée Ferretti, dans un émouvant lyrisme poétique, nous a rappelé que « [...] sauf à la mettre sans cesse en jeu, la vie se remplit de minuties et de soumissions qui l'étouffent à sa source et à notre insu[3] ».

Daniel Madelenat, dans sa recension des biographies[4], a montré les effets, heureux ou moins heureux, de l'esthétique de la discontinuité sur le genre biographique, en particulier l'aptitude de l'érudit à nourrir le mythe et l'imaginaire collectif.

Qu'il se mette en vedette ou s'efface derrière ses références, le biographe aujourd'hui se soucie moins de faire proliférer la réalité que de chercher un sens, ou plus encore des sens aux traces imparfaites et lacunaires des documents.

Il a conscience que son regard sur le passé porte sur un ensemble ouvert qu'il faut constituer à l'aide d'une évaluation, à savoir sélection, condensation, orientation, rapprochements et reconditionnement des données. Dans l'encadrement formel de la chronologie, la donnée biographique adopte une rhétorique simple, répétée, qui consiste à isoler les actes, à leur conserver leur contingence, tout en les posant comme jalons d'une direction.

Relier les faits

La perspective didactique inhérente à l'édition critique assigne à la biographie de l'écrivain son rôle psychologique et moral, en ouvrant aux lecteurs le sanctuaire de la personnalité. Invitant l'auteur à descendre du piédestal sur lequel le placent l'éditeur, les jurys de prix officiels et la critique littéraire, le biographe substitue à ce rôle triomphant celui du quotidien, de l'homme public jusqu'à l'homme privé.

À propos d'un auteur aussi connu qu'Hubert Aquin, l'écrit biographique ne peut que morceler ce que l'actualité a focalisé. Plus de moments privilégiés, l'ombre vient à la lumière tandis que le premier plan de la vie s'écarte des projecteurs. Le succès et les échecs se transforment en une lente, accessoire et provocante machine, le cours de la vie se démet au profit d'une volonté d'écrivain parfois opiniâtre, parfois chancelante. La vie observée par la biographie noie les tensions de la vie psychique, sans pour autant ignorer les crises qui affleurent comme de nostalgiques et éphémères signes d'une personnalité unique. Tous ces faits, qui naguère garantissaient la réalité et fixaient le passé dans l'espace plein d'un nom sous la catégorie événementielle, sont maintenant davantage marqués par la mobilité des interprétations que considérés sur un mode assertif et définitif. Ils s'offrent comme autant de signes et d'indices aptes à guider la lecture de l'œuvre aquinienne vers des allées moins convenues.

Dans cette bio-chronologie, réservoir d'éléments critiques, la continuité du fil chronologique fait pendant à la destinée littéraire, sans la déterminer, mais en soulignant toujours que l'objet littéraire n'est pas indépendant du reste du monde. Aquin lui-même a fortement contribué à répandre cette vision socialisée de l'écrivain : « L'inspiration et ses dérivés sont des idiotismes survalorisés — des euphémismes, quoi — qui manifestent clairement que l'écrivain accepte de régresser en admettant qu'on ne le traite pas comme un travailleur tout simplement[5]. » Le contrepoint biographique confirme le lecteur aquinien dans l'idée que ces textes ouvrent leurs limites sur une actualité agrandie par le phénomène collectif, tantôt résultat d'un travail d'équipe, tantôt participation aux différentes composantes de l'histoire. Le temps, ici encore, y est le principal acteur : la qualité et l'abondance de la documentation inédite d'une part, la qualité du regard introspectif d'Aquin d'autre part, enfin le temps qui passe emportant la réalité permettent à l'université d'appliquer ses méthodes objectivantes pour donner à lire aujourd'hui, peut-être demain, les mots d'hier.

En perspective

Malgré l'abondance des documents, l'information nous apparaît souvent insuffisante pour répondre à toutes les questions qui se posent à propos d'Aquin. Nous avons aussi remarqué que le genre, malgré le caractère contemporain des faits, tantôt gonfle, tantôt morcelle ou occulte les données et leurs relations. Nous espérons que d'autres fonds documentaires permettront un jour de compléter et d'ajuster le présent travail. En attendant l'accès à de nouvelles données, cette chronologie documentaire constitue un appareil critique dont la cohérence permet une rédaction autonome ;

pour suivre maints développements particuliers de la biographie aquinienne, correspondant à des circonstances précises ou entachés du doute raisonnable que fait planer la fiction, on se reportera aux différents volumes de la présente édition.

Quelques éléments de chronologie québécoise et canadienne ont été retenus pour rappeler que les matériaux biographiques réfèrent à la perspective plus générale des phénomènes socio-politiques. Les références culturelles étrangères à la documentation aquinienne ont été limitées à quelques titres qui font date au Québec, même si Aquin déclarait dans une interview : « Je ne me sens pas tellement lié à la littérature québécoise, car je ne me sens pas de filiation dans la littérature québécoise[6]. » On sait que privilégiant des grands auteurs des littératures américaine, française et anglo-saxonne, Aquin se réclamait d'une grande liberté au sein de sa propre culture. Le travail sur la genèse de son œuvre aura permis de balayer un large horizon culturel, dans lequel films, musique, peinture, émissions de télévision, sports et variétés occupent sans doute une place équivalente à celle des lectures qu'il affectionne.

S'il est vrai que « l'imagination d'Hubert Aquin se coule en profondeur dans des formes inspirées par sa culture[7] », la reconstitution de l'espace aquinien — biographie intégrale des faits et gestes — est la vaine tentation de la chronologie. Les listes de lectures soigneusement consignées par lui, avec leurs récurrences, soulignent particulièrement les concordances littéraires. Pour illustrer l'ampleur de ce phénomène culturel, nous fournissons en appendice l'inventaire de la bibliothèque d'Aquin ; sa lecture d'un grand nombre d'ouvrages n'ayant pu être datée, nous avons mentionné pour seule date l'année de parution originale de l'ouvrage cité.

Cette aisance d'Aquin à disposer des matériaux culturels nous est apparue toujours compatible avec un investissement autobiographique prononcé de sa part, témoignage brut de l'homme, au même titre que des aveux directs qui désignent habituellement l'autobiographie. « Confession d'un héros » répétée mais travestie, l'écriture souvent intime d'Aquin déploie des registres variés qui donnent l'impression de rebondissements biographiques riches de conséquences littéraires : « Je suis un génie de miracles, un incroyable inventeur de moi-même. Je vis. Je survis toujours. C'est extraordinaire[8]. »

Dans cet espace mouvementé de sa vie, nous sommes restée perplexe. Marguerite Yourcenar a mieux décrit ce sentiment du biographe : « Ayant ainsi consigné ces quelques faits qui ne signifient rien par eux-mêmes, et qui, cependant, et pour chacun de nous, mènent plus loin que notre propre histoire et même que l'histoire tout court, je m'arrête, prise de vertige devant l'inextricable enchevêtrement d'incidents et de circonstances qui plus ou moins nous déterminent tous[9]. » Au lecteur de réinventer le temps et de disposer de la tenace mémoire des faits : « C'est avec curiosité que je me mets ici à les rejointoyer pour voir ce que va donner leur assemblage : l'image d'une personne et de quelques autres, d'un milieu, d'un site, ou, çà et là, une échappée momentanée sur ce qui est sans nom et sans forme[10] » ; c'est un programme de lecture.

En résumé

La vie d'Hubert Aquin se découpe ainsi :

1929-1948   Les années de jeunesse.

1948-1951   Études à l'Université de Montréal, journalisme au *Quartier latin*.

1951-1954   Formation de l'« homme international » ; journalisme; *les Rédempteurs*.

1954-1959   Carrière à Radio-Canada ; *Oraison funèbre, l'Invention de la mort*.

1960-1963 Projets à l'Office national du film ; les affaires ; les pièces radiophoniques et les téléthéâtres, *Confession d'un héros ;* politisation ; *Liberté.*

1964-1966 Le procès, l'exil ; *Prochain Épisode, Faux Bond ; Liberté.*

1967-1970 Enseignement ; *Trou de mémoire, l'Antiphonaire, Table tournante, 24 heures de trop ; Liberté.*

1971-1974 Enseignement ; chômage ; *Point de fuite, Neige noire, Double Sens, Œdipe recommencé.*

1975-1977 La Presse ; *Obombre.*

À ce découpage par blocs temporels assez réguliers, il convient de superposer la durée d'une double activité inégale mais suivie : présence à *Liberté,* de novembre 1960 à juin 1971, et assiduité à Radio-Canada, de 1953 à sa mort. Ces deux lieux ont permis à Aquin d'ancrer son engagement idéologique d'une part et sa créativité d'autre part, en plus de constituer un milieu amical et professionnel.

Itinéraire typique ? Pas autant qu'on l'a dit. L'émiettement des activités professionnelles et littéraires d'Aquin conduit à observer leurs recoupements. Toute réalisation se prolonge dans des variantes irréductibles. Cette conclusion s'impose à la suite de notre balayage d'une vie audacieuse, tragique. Pour nous, le monde fluctue chez Aquin sous l'emprise d'une conscience énergique et datée, établie dans l'asile menacé d'une perméable intériorité, une conscience éprise de l'agir en toute liberté.

Le traitement des sources

Notre enquête biographique repose principalement sur l'étude de sources écrites. Les agendas, de 1967 à 1977, d'Andrée Yanacopoulo ont permis de reconstituer des emplois du temps presque quotidiens. La correspondance d'Aquin (1 600 lettres environ) dévoile un autre pan du réel et aide à étoffer ces carnets de rendez-vous, eux-mêmes commentés de mémoire par Andrée Yanacopoulo, témoin privilégié. Plus littéraires dans l'ensemble, les dossiers de travail déposés par celle-ci à l'UQAM apportent un éclairage irremplaçable sur les activités professionnelles et auctoriales d'Aquin. Les différents services d'archives consultés (voir en annexe) ont aussi permis d'accéder à une information de type objectif, à partir de laquelle la mémoire des témoins et les analyses peuvent se développer.

Ce parti pris de l'enquête factuelle exclut en pratique l'ordre du témoignage non vérifiable. D'abord celui d'Aquin lui-même : le *Journal intime* fourmille de données que nous avons pu relever et vérifier (déplacements, lectures, activités culturelles, rencontres, intérêts divers), mais les faits qui relèvent d'une thématique d'écriture (sentiments, jugements et tous les actes modalisés) ont été conservés intacts dans leur problématique d'écriture et réservés pour d'autres traitements que ceux de la chronologie.

D'une façon générale, l'œuvre n'a pas fourni matière à l'événementiel, mais la lecture a souvent servi de guide à l'enquête. Cette chronologie n'a donc rien de commun avec une biographie de type « l'homme et l'œuvre », dans laquelle de larges extraits de textes servent à illustrer tel aspect de la psychologie de l'auteur.

Du côté des témoins, deux ouvrages biographiques apportent des hypothèses sur la psychologie d'Aquin que nous n'avons ni discutées ni intégrées à la chronologie : il s'agit de *Signé Hubert Aquin. Enquête sur le suicide d'un écrivain* d'Andrée Yanacopoulo et Gordon Sheppard, Montréal, Boréal Express, 1985, et *Desafinado, otobiographie de Hubert Aquin* de Françoise Maccabée-Iqbal, Montréal, VLB, 1987.

Andrée Yanacopoulo, compagne d'Hubert Aquin sans qui le détail des faits n'aurait pu être consigné, a accordé à Gordon Sheppard une douzaine d'heures d'entretiens, enregistrés entre le 22 mars et décembre 1977, autour des circonstances du suicide d'Aquin. Son témoignage, précis et argumenté, est entrecoupé de citations et de lettres. Cet ouvrage livre au lecteur les indices d'une mort préparée. Instrument justificateur de la vie d'Aquin, ce livre se situe entre la biographie et l'autobiographie : le couple Aquin-Yanacopoulo est vivement éclairé par une narratrice peu complaisante, discrète sur la participation d'Aquin à l'univers collectif.

L'ouvrage de Françoise Maccabée-Iqbal est aussi important pour la connaissance d'Aquin. Biographie composée « sur le modèle de la tragédie », comme l'auteure l'écrit en introduction, montage d'interviews fragmentées par l'auteure, il ne cache pas la fascination de cette dernière pour une mise en scène qu'elle décrit comme « une inlassable méditation jusqu'à élucidation sur les filiations avec Aquin ». Au fil des pages, on méditera sur tel fragment dont l'acuité psychologique questionne certaines manipulations du collage et l'entreprise de symbolisation : le témoignage comporte toujours cette image narrativisée du sujet dans laquelle intervient la présence de l'interviewer, même réduite à l'écoute. Transcrits et recomposés, les fragments d'interviews se lisent dans la perspective d'un questionnement abstrait sur l'être ; cependant, les témoins convoqués sont partie prenante d'un spectacle qui ne leur permet pas de situer leurs rôles. C'est précisément la complexité des anecdotes de la vie d'Aquin qui ramène celui ou celle qui veut les comprendre vers les sources factuelles.

Le récit d'Andrée Ferretti, *Renaissance en Paganie* (Montréal, l'Hexagone, 1987), met en scène Aquin comme personnage fictif et auteur d'un monologue ; il doit aux souvenirs et à l'essai une riche teneur biographique, mais la transposition narrative fait disparaître toute réalité factuelle du témoignage. Il est par ailleurs clair que les motifs de ces biographies présentent peu d'analogies. Le récit d'Andrée Ferretti est un portrait lyrique, traversé par des évocations allusives, recomposées au-delà du souvenir par la double tension d'un dialogue poursuivi dans l'imaginaire et d'une inscription épique, c'est-à-dire faisant appel à des valeurs collectivement partagées.

Dans les documents médiatiques, nous avons exploité principalement le film de Jacques Godbout *Deux Épisodes dans la vie d'Hubert Aquin*, réalisé en 1979 à l'ONF.

Quelques témoignages ont permis de compléter la collecte des faits. Les carnets de Michelle Lasnier, notamment, éclairent les années parisiennes avec précision.

Notes

1.   Pour le tracé de l'œuvre dans l'histoire, nous renvoyons aux études de René Lapierre, *les Masques du récit*, Montréal, Hurtubise HMH, 1980, et *Hubert Aquin. L'imaginaire captif*, Montréal, Quinze, 1981, de Patricia Smart, *Hubert Aquin agent double*, PUM, 1973, et *Écrire dans la maison du père*, Montréal, Québec-Amérique, 1988, et de Françoise Maccabée-Iqbal, *Hubert Aquin romancier*, Québec, Presses de l'université Laval, 1978.

2.   L'expression s'entend au sens de Marcelin Berthelot, dans son *Inventaire raisonné des sciences et des arts*, 1885-1902, plutôt qu'au sens moderne de l'inventaire, qui désigne la description systématique plus ou moins détaillée des éléments composant un ou plusieurs fonds d'archives.

3.   *Renaissance en Paganie*, Montréal, L'Hexagone, 1987, p. 82.

4.   *Mesure*, « La Biographie aujourd'hui », Paris, Corti, 1989.

5.   *Québec français*, n° 24, décembre 1976, 1925.

6.   François Ricard, « Documents », émission radiodiffusée le 12 août 1980 à Radio-Canada.

7.   *Ibid.*

8.   Interview d'Aquin dans le *Maclean* de septembre 1966.

9.   *Souvenirs pieux*, Gallimard, 1974, p. 11.

10.   *Ibid.*, p. 12.

1929-1944

1929   Crise boursière à New York. Période de difficultés
          économiques.
1930-1935 R. B. Bennett, Premier ministre conservateur du
          Canada.
1935-1948 Gouvernement libéral de W. L. Mackenzie King à
          Ottawa.
1936   L'Union nationale, fondée par Maurice Duplessis en
          1935, prend le pouvoir jusqu'en 1960 — sauf de 1939
          à 1944.
1937   Deuxième congrès de la langue française.
          Dostaler O'Leary publie *le Séparatisme*.
          F.-A. Savard fait paraître *Menaud, maître draveur*.
1939   Déclaration de la Deuxième Guerre mondiale et
          participation de volontaires canadiens.
          Période de prospérité économique en Amérique du
          Nord qui se poursuit jusqu'aux années 1960.
          Création de l'Office national du film.
1939-1944 Gouvernement libéral d'Adélard Godbout au Québec.
1940   Loi de mobilisation des ressources nationales im-
          posant la conscription pour la défense du territoire
          canadien.
1941   Création des Éditions Variétés.

Fondation des revues *Relations*, *Amérique française* et *la Nouvelle Relève*.

1942   Plébiscite du gouvernement King en faveur de la conscription.

La ligue pour la défense du Canada devient le Bloc populaire canadien.

Loi de l'instruction obligatoire.

TABLEAU DE LA FAMILLE

Le père d'Hubert Aquin, Jean Aquin, naît le 20 décembre 1895 aux Cascades du canal Soulanges ; le père de Jean Aquin, James Aquin, menuisier[1], était le fils de Helen McCardon, Irlandaise, et d'un père canadien-français. La mère de Jean Aquin, Marie Brabant, était également canadienne-française, originaire d'Oka[2].

La mère d'Hubert Aquin, Lucille Léger, naît le 6 septembre 1904 à Montréal.

Aux yeux de ses enfants, Lucille Aquin est une femme d'une forte personnalité, plus instruite que son mari.

À partir de 1922, Jean Aquin travaille au magasin Omer de Serres comme vendeur ; en 1924, il est nommé gérant du rayon des sports et c'est là qu'il rencontre Lucille Léger qui travaille aussi dans cette quincaillerie, à la comptabilité. Il l'épouse le 17 septembre 1925. Leur premier fils, Roger, naît le 6 juin 1926.

NAISSANCE

Le 24 octobre 1929, naissance de Joseph Paul Hubert Raphaël[3] Aquin au 3448, rue Saint-André, à Montréal. Il est nommé Hubert en l'honneur du patron des chasseurs, car son père est un amateur de chasse. Il est baptisé le lendemain. Le 24 octobre est aussi la date du Krach boursier de Wall Street, à New York.

L'ENFANCE

Son frère Richard Aquin, qui sera toujours très près de lui en dépit de la différence d'âge, naît le 20 février 1938. La famille Aquin déménage peu après.

Son enfance est heureuse, selon les propres termes d'Hubert Aquin. Il semble peu marqué par d'autres que ses parents, « couple Jocaste-Laios » dans lequel il joue le rôle du fils Œdipe — c'est ce qu'il affirmera en 1973 dans l'entretien « Quebec Now » de *Midday Magazine* à Radio-Canada. Le parc Lafontaine, près duquel il habite, occupe une place importante dans sa vie d'enfant : c'est un vaste espace de jeux où les enfants évoluent librement ; Hubert connaîtrait là ses premières expériences sentimentales. Toutefois, de quatre à huit ans environ, il est affligé d'une difficulté d'expression, à cause d'une extrême timidité[4]. Il souffre aussi de devoir partager la chambre de son frère aîné, d'un tempérament plus agité que lui.

Sa mère se souvient d'une chute dans un escalier, lorsqu'il est âgé de deux ou trois ans, qui le fait beaucoup saigner mais sans autres conséquences.

Il affectionne les brefs séjours qu'il fait à l'île Perrot, chez des cousins de leur mère. La famille se rend aussi chez l'oncle Adélard, chef des pompiers et de la police à Lachine. Durant l'été, parents et enfants (jusqu'à l'âge adulte) se rendent dans les Laurentides (à Val-David, à l'Annonciation, à Duhamel notamment). Durant l'été 1943, Hubert Aquin passerait les vacances chez les religieuses de l'île aux Noix.

Son frère Roger rapporte le souvenir d'une maladie infantile réitérée qui affecte son frère et l'affaiblit au point de lui rendre la marche impossible. Ce seraient là les seuls épisodes de maladie le concernant directement.

Cependant, en 1942, Richard, âgé de quatre ans et demi, est gravement atteint de poliomyélite. Hospitalisé durant un an, il reçoit régulièrement la visite de ses frères et de leur mère ; la nécessité de lui prodiguer des soins à la maison par la suite est l'occasion pour Hubert et Richard de se lier durablement, car Hubert est plus casanier qu'amateur de jeux de plein air.

PREMIÈRES ANNÉES D'ÉCOLE

Il fait sa première communion le 27 avril 1935. De 1936 à 1937, il est inscrit au cours préparatoire, puis en première année, à l'école Cherrier chez les Sœurs de Jésus-Marie.

Il est enfant de chœur de l'âge de sept ans à sa huitième année d'école. D'abord à l'église de la paroisse Saint-Louis de France (3746, rue Saint-Hubert)[5], puis chez les Sœurs grises, rue Saint-Denis.

En septembre 1937, il commence son cours de « primaire supérieur » à l'école Olier où il reçoit un enseignement séculier jusqu'en juin 1944.

Il bénéficie dans cette école d'une forte préparation en mathématiques, en français et en anglais, qui lui permet de se concentrer, à partir de 1943-1944, sur l'apprentissage du latin et du grec. Hubert Aquin a donc assimilé en huit ans le programme habituellement réparti sur dix années. Il n'a pas fait de sixième ni de huitième année.

Vers cette époque, il commence à fréquenter la salle Gagnon de la Bibliothèque municipale où il lit tout ce qui concerne la période 1837-1838.

Notes

1.   James Aquin, né à Vaudreuil, a été élevé dans la religion catholique. Il ne parlait pas anglais, selon Roger Aquin.

2.   On notera l'existence d'un personnage haut en couleur, Théodore Aquin, frère de Jean, qui se signale à l'imagination des enfants Aquin par une vie aventureuse, marquée par un fort goût du risque physique (il travaille dans la construction) ; il aurait eu un penchant pour l'alcool.

3.   Le 24 octobre est le jour de la Saint-Raphaël.

4.   Dans l'entretien « Quebec Now » de *Midday Magazine* (mai 1973), Hubert Aquin explique qu'il était un enfant silencieux, bégayant, qui hésitait à « risquer l'espèce de sentiment de sécurité » qu'il pourrait perdre en échangeant quelques simples phrases avec autrui. Il dit aussi que l'enfance est la pire période de la vie parce qu'on y tient l'enfant dans une position d'infériorité, de dépendance ; cette réflexion se rapporte peut-être plus à ses observations de père qu'à sa propre enfance. Ses frères Richard et Roger disent n'avoir jamais entendu Hubert bégayer.

5.   L'abbé Brassard, qui devient un ami de la famille, le prend en amitié. C'est lui qui célébrera le mariage d'Hubert Aquin et Thérèse Larouche, alors qu'il sera chanoine à la paroisse Saint-Léon de Westmount.

1944-1946

> Depuis l'âge de quinze ans, je n'ai pas cessé
> de vouloir un beau suicide [...]
>
> H. Aquin, *Prochain Épisode*.

1944   Retour de Maurice Duplessis au pouvoir à Québec.

Envoi de troupes canadiennes en France.

Fondation d'Hydro-Québec.

Roger Lemelin publie *Au pied de la pente douce*.

1945   Fin de la guerre.

Gabrielle Roy, *Bonheur d'occasion*.

Fondation de l'Académie canadienne-française.

De 1938 jusqu'en 1950, Aquin demeure au 3710, rue Mentana, à Montréal, chez ses parents.

COLLÈGE SAINTE-CROIX : GERMES DE L'ÉCRITURE

Durant l'année scolaire 1944-1945, il fréquente l'externat classique de Sainte-Croix, 3820 est, rue Sherbrooke, à Montréal, où l'enseignement qu'il reçoit est dispensé uniquement par des religieux.

Il est inscrit en classe de « syntaxe spéciale », cours réservé aux élèves particulièrement brillants ou bien préparés, car son programme combine les deux années d'éléments latins et de syntaxe.

Il se distingue par d'excellents résultats et par des compositions françaises originales, dont l'une, écrite à l'occasion de Noël, lui vaut d'être publié dans *le Trait d'union*, journal du collège. En outre, il reçoit en fin d'année la gratification d'un premier prix de classe pour l'obtention de mentions honorables en langue française, latin, grec, anglais, histoire de l'Antiquité, mathématiques et catéchisme.

En 1945-1946, il est inscrit en classe de « méthode B », mais il quitte le collège le 14 janvier 1946.

Dans ce collège, il a sans doute assisté à certaines représentations de la troupe les Compagnons de Saint-Laurent du père Émile Legault, qui répète dans ces lieux, y réalise ses décors de scène ainsi que ses masques. Mais il est peu vraisemblable qu'Hubert Aquin ait joué avec la troupe des comédiens professionnels de Legault ; il n'a pas non plus été élève de leur école « l'Atelier ». Tout au plus aurait-il pu compter au nombre des figurants dont les noms ne sont jamais identifiés à cette époque dans les archives de la troupe[1]. Son répertoire est constitué par des pièces classiques.

Au chapitre des sports, Hubert Aquin pratique assidûment le basket-ball.

LE COLLÈGE MONGEAULT

Jusqu'en septembre 1946, il fréquente le collège privé Mongeault, où en quelques mois, il complète les apprentissages de la classe de méthode et acquiert ceux de versification[2].

Notes

1.   Dans le film *Deux Épisodes dans la vie d'Hubert Aquin*, Jacques Godbout et François Ricard affirment qu'il a joué avec les comédiens de Legault.

2.   De cette époque, il conserve dans sa bibliothèque à la fin de sa vie *Réflexions sur l'anti-Pascal de Voltaire*, de J.-R. Carré (Paris, Librairie Félix Alcan, [1935]) ; il l'achète le 8 mai 1946. Le livre est abondamment souligné. Également *l'Art romantique* de Louis Réau (Paris, Garnier, [1930]), daté d'octobre 1946. La datation entre crochets [ ] renvoie à l'exemplaire probablement consulté par Aquin ; elle n'indique pas la date originale d'édition. Ces ouvrages ont été identifiés dans la bibliothèque d'Aquin, ou à la bibliothèque Saint-Sulpice à Montréal, ou encore à la Bibliothèque nationale de Paris, selon ses déplacements. Entre parenthèses ( ) figure la date de l'édition originale, sauf mention contraire.

1946-1947

LE COLLÈGE SAINTE-MARIE

En septembre 1946, il entre au Collège Sainte-Marie[1], chez les jésuites, où il fait son année de « Belles-Lettres ». Cet itinéraire peu ordinaire fut rendu possible par le fait qu'un collège privé tel que Mongeault, contrairement aux autres établissements de la province, n'était pas soumis au contrôle de l'université ; le prestigieux Collège Sainte-Marie jouissait de la même autonomie pour recruter et diplômer ses étudiants, privilège pontifical accordé aux jésuites après entente avec l'Université de Montréal.

Dans cette classe, ses résultats continuent d'être remarquables : il se classe quatrième sur vingt-neuf élèves en fin d'année et reçoit le premier prix d'anglais.

Ses professeurs sont tous jésuites, à l'exception du professeur de mathématiques, de Jean-Pierre Houle, professeur d'histoire du Canada, et de Roger Duhamel qui, tous deux, enseignent aussi à l'Université de Montréal.

Deux professeurs ont une influence déterminante dans sa formation à Sainte-Marie : le père Maurice Vigneault, qui enseigne le grec et le latin[2], et le père Georges-Henri d'Auteuil, à la fois professeur d'histoire contemporaine, modérateur de l'Académie française, directeur du théâtre et du comité d'art dramatique[3], directeur du *Journal Sainte-Marie* et confesseur des élèves. Critique théâtral assidu auprès de la scène montréalaise, Georges-Henri d'Auteuil éveille ses élèves à la littérature par le théâtre et guide leurs premiers pas sur la scène ou dans la production théâtrale. La littérature est en classe abordée par le biais de morceaux choisis, l'Index étant toujours de rigueur. Aquin se souvient en 1976 d'avoir abordé ainsi *Madame Bovary*, mais de l'avoir « dévoré » seulement quelques années plus tard[4].

Le troisième enseignant éminent est le père Ernest Gagnon, professeur d'histoire de l'Église et d'histoire de l'art, esprit original et cultivé qui se fait connaître, plus tard à l'Université de Montréal, par ses connaissances exceptionnelles sur les arts et les mythologies d'Afrique et d'Océanie notamment.

À Sainte-Marie, la règle principale, comme dans beaucoup de collèges catholiques, est de contribuer « au développement de l'intelligence et à la formation de la volonté » (Sommaire du règlement). Les moyens pour y arriver seront la piété, l'étude et la discipline.

La messe est célébrée quotidiennement et chaque élève est suivi par un directeur de conscience auquel il remet mensuellement une attestation de confession. Les lectures sont vivement encouragées, mais soigneusement contrôlées et dirigées. La participation aux cercles, aux académies et aux autres groupements d'étude ou d'action (par exemple sportive) organisés par le collège est recommandée. Il participe en 1947 à une retraite au Sault-aux-Récollets qu'il accompagne de notes intimes, inédites à ce jour. Hubert Aquin excelle dans le sport du « ballon-panier », seul sport de groupe auquel il participe volontiers[5] ; il s'adonne aussi au tennis. La discipline est stricte et le langage est châtié (les anglicismes, par exemple, sont bannis, même dans les sports).

Pas plus qu'à Sainte-Croix, il ne s'implique officiellement dans les activités du collège. Il reçoit toutefois l'honneur d'être directeur du journal de classe. À cette époque, il fonde de solides amitiés, notamment avec Louis-Georges Carrier, qui restera l'ami privilégié durant toute sa vie.

Dès cette période, il manifeste un goût certain pour l'écriture, puisqu'il écrit une nouvelle, dès décembre 1946, qu'il intitule *le Retour*, inédite à ce jour. Il tient aussi des « Feuilles de route » qui comprennent proses et poésies[6].

Il annote *le Crépuscule de la civilisation* de Jacques Maritain (Montréal, l'Arbre, [1941]), ouvrage daté par Aquin du 31 décembre 1946 ; *la Crise du monde moderne* de René Guénon (Paris, Gallimard, [1946]), daté par Aquin du 11 janvier 1947. Il achète en janvier 1947 *Minerve ou de la sagesse* d'Alain (Paris, Paul Hartmann, [1946]), *l'Art de penser* d'Ernest Dimnet (Paris, Grasset, [1939]), *la Crise du monde moderne* de René Guénon (Paris, Gallimard, [1946]), qu'il annote, *Bilan de l'histoire* de René Grousset (Paris, Plon, [1946]), également annoté à partir du 7 avril 1947.

Notes

1.   Selon Richard Aquin, c'était leur mère qui encourageait l'instruction poussée de ses fils.

2.   Maurice Vigneault continuera de fréquenter la famille Aquin lorsque Hubert Aquin sera à l'université.

3.   L'Académie française, le théâtre et le comité d'art dramatique étaient des associations purement collégiales.

4.   Radio-Canada, « Horizons », 4 avril 1976.

5.   Son instructeur sportif est le père Jean-Louis Brouillé.

6.   C'est au cours de cette année ou de la suivante qu'il est exclu
pour trois jours du collège pour avoir fait une dissertation sur un livre à
l'Index et tenu tête à un professeur.

1947-1948

NEW YORK

Fin août, il se rend à New York en compagnie de Louis-Georges Carrier ; tous deux rendent visite au père Vigneault[1].

À l'occasion de ce voyage, Hubert Aquin rédige un compte rendu qu'il intitule *Odyssée américaine, New York* (26 août-2 septembre). Il compose aussi un texte de poésie au titre de *Fontaine grise*, le 24 août. Ces textes de jeunesse demeurent inédits.

LE COLLÈGE SAINTE-MARIE

En septembre, il commence son année de « Rhétorique » au Collège Sainte-Marie. Durant l'année, ses résultats sont

encore bons : il se classe sixième sur soixante-treize au premier semestre, puis quatorzième sur soixante au second
semestre. Il reçoit un prix d'honneur en littérature pour un
travail portant sur Charles du Bos dont il note encore
l'influence sur sa formation à Paris en 1952.

À L'AUBE DE L'ÉCRITURE

Ses activités d'écrivain en herbe sont encouragées par la
publication de trois articles dans le journal des étudiants de
Sainte-Marie : « Une possession » (novembre 1947),
« Billet de Rhéto » (février 1948), compte rendu d'une
conférence de Raymond David au collège (le 23 décembre),
« Extrait du Gros Album » (avril 1948), en collaboration
avec Louis-Georges Carrier.

    Trois autres articles paraissent dans les *Cahiers
d'Arlequin*, revue fondée par Pierre Perreault, un de ses
confrères de classe : « Sans titre », « Solitude partagée »,
« Sur la liberté ».

    D'autres textes demeureront inédits, mais il les
conserve soigneusement dans ses archives personnelles : *le
Pont*, conte de Noël, décembre 1947, *l'Oracle*, janvier 1948
et *le Drame des hormones*, janvier 1948. Il tient aussi un
journal intime, de janvier à novembre, qui demeure inédit.
Enfin, il consigne soigneusement les lectures faites durant
cette année.

LE THÉÂTRE AU COLLÈGE

À Sainte-Marie, le théâtre revêt une grande importance.
Hubert Aquin occupe d'abord la modeste fonction de
« placier » au Théâtre Gesù, où Guy Maufette monte des
pièces avec le concours du père d'Auteuil ; c'est à cette
époque que Félix Leclerc débute sur scène durant les
entractes. Puis Hubert Aquin monte sur scène dans *Hamlet*
de Shakespeare, jouée le 3 et le 4 mai 1948, à l'occasion des

fêtes du Centenaire du Collège Sainte-Marie dans la salle du Gesù. Il tient le rôle secondaire de Guildenstern ; la mise en scène est dirigée par le père Georges-Henri d'Auteuil.

Cette aventure de comédien, qui se poursuit avec la troupe des Comédiens-Routiers de Louis-Georges Carrier, est pour Hubert Aquin une expérience marquante : il relate dans l'entrevue « Quebec Now » que l'obligation de parler en public le force à « sortir du silence » et à conjurer sa timidité, véritable « cauchemar » qui le pousse même un jour à quitter précipitamment la scène où il joue seul devant le public.

Il est probable qu'il a assisté à la représentation de *Monsieur de Pourceaugnac*, de Molière, jouée sur la scène du Gesù par des élèves du Collège, en décembre 1947 ; simple divertissement, tandis qu'*Hamlet* aura de nombreuses répercussions sur son œuvre.

Il quitte le Collège le 18 juin 1948, en même temps que quatre autres élèves, un peu avant la fin de l'année scolaire officielle.

Notes

1.   Roger Aquin rapporte que son frère passa un été entier, peut-être deux, à New York, invité par le père Vigneault.

1948-1949

UNIVERSITÉ DE MONTRÉAL

En septembre, il s'inscrit à la faculté de philosophie de l'Université de Montréal, pour une année pré-universitaire au cours de laquelle il se familiarise avec les principales parties de la philosophie scolastique et son vocabulaire.

L'enseignement dispensé est aristotélicien et thomiste, comme dans toutes les universités canadiennes-françaises à l'époque. Cependant, sous la direction des dominicains, dans la pensée historique règne un esprit de relativité[1].

Ainsi, place est faite aussi aux philosophies orientales, grecque, médiévale, modernes et contemporaines[2]. Pour Hubert Aquin, la personnalité marquante de cet enseignement est celle de Jacques Lavigne, qui se démarque de ses collègues cléricaux par sa pensée inspirée des théories de l'*Aufklärung* et du XIXe siècle allemand.

Le projet de la faculté est ambitieux : l'enseignement s'adresse « à tous ceux, futurs journalistes ou hommes politiques, hommes de lettres ou hommes d'action, qui aspirent à éclairer ou à diriger les autres » (*Annuaire de la faculté de philosophie*, 1950-1951, p. 17). Aussi la notion de responsabilité est-elle hautement valorisée.

Dans ce contexte studieux, Hubert Aquin apparaît comme un jeune homme tranquille, renfermé et taciturne, ni inquiet ni exubérant, peu prompt à prendre la tête de mouvements, mais prêt à affronter le cléricalisme ambiant. Il est désigné par ses professeurs représentant des étudiants à la faculté de philosophie. De ces années de formation, Aquin a peu parlé ; à Gaétan Dostie, il confiera : « J'ai été élevé dans un univers où mon père est mort au travail, parce que le travail était une vertu, si tu veux ; il était pauvre, il est mort comme ça, il a même pas pu jouir de sa retraite, ce qui est absolument tordant... Donc forcément le labeur... J'ai été éduqué avec son argent, donc [...] extrêmement serré, donc je me gorgeais de façon solitaire de toute la culture qu'il [y] avait, mais le travail malgré tout était une valeur. Et c'est demeuré une valeur[3]. »

Cependant, la vie sur le campus universitaire est très active. Hubert Aquin y apparaît aussi farceur et jovial qu'il est sérieux dans son travail.

LES ÉTUDES

Il suit des cours de logique, dispensés par Lucien Martinelli ; de phénoménologie[4], par le père Julien Péghaire ; de métaphysique, par Paul Lacoste ; de théodicée, par Émile Filion ; d'éthique et de morale familiale, par le père Alphonse Sylvestre ; de morale sociale, par le père Louis Lachance ; d'histoire de la philosophie, par Jacques Lavigne, ainsi que

de cosmologie, de physique et de mathématiques, car le
département est affilié à la faculté des sciences[5].

De ses lectures, nous savons qu'en septembre, il
achète *Socrate* de A.-J. Festugière (Paris, Flammarion,
[1934]), exemplaire annoté par Aquin. Il lit Nietzsche et
Gide. Il s'intéresse à l'histoire de l'art, à Matisse en particulier. En octobre, il achète *les Grands Courants de la
pensée contemporaire*, de Jean-Marie Grévillot (Paris, Éd.
du Vitrail, [1974]), exemplaire annoté par Aquin, *Précis
d'histoire de la philosophie* de F.-J. Thonnard (Paris,
Desclée et Cie, [1946]). Sa bibliothèque comprend aussi
Éléments de philosophie de Jacques Maritain (Paris et
Montréal, Librairies P. Téqui et Granger, [1946]) tome I,
annoté par Aquin, *Valeurs* d'André Suarès (Paris, Grasset,
[1936]), *Journal 1896-1942* de Ch.-F. Ramuz (Paris,
Grasset, [1945]), les trois achetés en 1948.

LECTURES

Il fréquente régulièrement la bibliothèque Saint-Sulpice.
C'est en ce lieu qu'il se livre à une lecture intensive.

En septembre, il consigne *De la sincérité envers soi-
même* de Jacques Rivière (Paris, Gallimard, 1943, [1948]),
Amphytrion 38 de Jean Giraudoux (Paris, Grasset, 1929), *les
Faux-monnayeurs* (Paris, NRF, 1925) et *Journal des faux-
monnayeurs* (Paris, Éd. Éos, 1926) d'André Gide, *Essai sur
l'amour humain* de Jean Guitton (Paris, Aubier, 1948 ; Éd.
Montaigne, [1946-1948]), *les Amants de Vérone* de Jacques
Prévert d'après le scénario d'André Cayatte (Paris, la
Nouvelle Édition, 1949).

En octobre, *l'Idiot* vol. I de Dostoïevski (Paris, Éd. du
Chêne, [1947]), *les Médisances de Claude Perrin* de Pierre
Baillargeon (Montréal, Éd. Parizeau, [1946]), *Descartes et
Pascal* de Léon Brunschvicg (Neuchâtel, Éd. de la

Baconnière, [1945]), *Discours de la méthode* de Descartes (Montréal, Éd. Variétés, [1946]).

En novembre, *Essais sur Descartes* d'Henri Gouhier (Paris, Vrin, 1937, [1949-1950]), *Variété II* de Paul Valéry (Paris, Gallimard, 1930, [1948]), *le Songe de Descartes* de Jacques Maritain (Paris, R.-A. Corrêa, 1932), *Mémoires d'un tricheur* de Sacha Guitry (Paris, Gallimard, 1935), *Méditations métaphysiques* de Descartes (1641), *Nouvelles Études* de Jacques Rivière (Paris, Gallimard, [1947]), *la Compréhension des valeurs de Raymond Polin* (Paris, PUF, 1945, [1947]), *Essai sur la misère humaine* (Paris, Grasset, 5e éd., 1934) et *Retour à la France* de Brice Parain (Paris, Grasset, 4e éd., 1936), *Qui est cet homme ?* de Pierre Emmanuel (Paris, Librairie universelle de France, [1946-1948]), *André Gide* de Jean Hytier (Alger, 1938 ; Paris, Éd. Charlot, [1946]), *Tête d'or* (1re version) de Paul Claudel (1889).

En décembre, *Introduction à l'étude de Saint Augustin* d'Étienne Gilson (Paris, Vrin, 1929, [1943]), *Situations II* (*Qu'est-ce que la littérature ?*) de Sartre ; (Paris, Gallimard, 1949-1950), *Hamlet* de Shakespeare, *le Salut par les Juifs* de Léon Bloy (Paris, 1892 ; Victorion, [1906]), *Éthique à Nicomaque* d'Aristote, *Les idées restent* d'Henri Massis (Lyon, 18e éd., 1941), *la Crise du monde moderne* de René Guénon (Paris, Bossard, 1927 ; Gallimard, [1946-1948]), *Poésies* de Valéry, *Entretiens sur Descartes* d'Alexandre Koyré (New York et Paris, 1944, [1944]), *le Mendiant ingrat*, vol. II de Léon Bloy (Paris, Mercure de France, 1904, [1928]), *Patrick* de Michel Bataille (Paris, Laffont, 1947), *Journal 24-25* de Charles Du Bos, vol. II (fin) (Paris, Corrêa, 1948, [1948]), *Claire* de Jacques Chardonne (Paris, Grasset, 1931), *Journal* d'André Gide, *Approximations*, vol. I de Du Bos (Paris, Corrêa, 1922).

Il côtoie aussi l'abbé Llewellyn, aumônier populaire auprès des étudiants, qui dirige leurs lectures et qui anime divers mouvements d'inspiration sociale. Hubert Aquin assiste régulièrement à la messe de midi que célèbre quotidiennement Llewellyn[6].

LE QUARTIER LATIN ET L'AGEUM

Hubert Aquin continue d'écrire des textes personnels. Certains demeurent inédits, comme *Monologue en trois espérances*[7], composé en décembre 1948 et janvier 1949. D'autres voient le jour dans *le Quartier latin*, journal des étudiants qui revêt un prestige certain aux yeux de la collectivité universitaire. Ses premiers textes paraissent en décembre : « Les fiancés ennuyés » et « Messe en gris », puis en février et en mars : « Pèlerinage à l'envers », « Exposition Daudelin. Envers de décor », « Histoire à double sens ».

Ce journal fait partie des activités de l'AGEUM (Association générale des étudiants de l'Université de Montréal), organisme qui planifie les services, les manifestations culturelles, sportives et religieuses auprès des étudiants. L'AGEUM est l'occasion de grandes discussions qui se déroulent « chez Valère », foyer de rencontres et d'amitiés qui tiennent à la fois de l'ambiance collégiale, du cénacle et du cercle politique. Des préoccupations politiques s'inscrivent à l'AGEUM au cours des années cinquante.

Hubert Aquin assiste pour la première fois au conseil de direction de l'AGEUM le 20 avril 1949, à titre de représentant par procuration des étudiants de philosophie. C'est le début de sa collaboration aux activités périscolaires destinées à préparer l'étudiant à la vie professionnelle.

LECTURES

En janvier, *la Femme de Jean Barnery* de Jacques Chardonne (Paris, Grasset, 1936, [1936]), *le Sens de la souffrance* de Max Scheler (trad., Paris, Aubier, 1936), *l'Impromptu de Paris* de Jean Giraudoux (Paris, Grasset, 1937), *Mémoires II* de Francis Jammes, (Paris, Plon, 1922), *Léviathan* (Paris, Éd. des Cahiers libres, 1927), et *Journal II, 1935-1939* de Julien Green (Paris, Plon, 1939), *Éva ou le Journal interrompu* de Jacques Chardonne (Paris, Grasset, 1930, Ferenczi, [1935]), *Franz Kafka* de Max Brod (trad. Paris, Gallimard, 1945), *Phèdre* de Racine (1677) (lu avec Michelle Lasnier).

En février, *Journal III, 1940-1943* de Julien Green (Paris, Plon, 1944), *les Mariés de la Tour Eiffel* (Paris, Gallimard, 1927) et *Antigone* de Jean Cocteau (Paris, Gallimard, 1927), *la Présence totale* de Louis Lavelle (Paris, Aubier, 1934), *Nietzsche* de Daniel Halévy (Paris, Grasset, [1944])[8], *Une saison en enfer* de Rimbaud (1873, Montréal, Variétés, [1946]), *la Fin de la nuit* de François Mauriac (Paris, Grasset, 1935), *De la connaissance de Dieu* d'Henri de Lubac (Paris, Éd. du Témoignage chrétien, 1946), *Baudelaire et sa mère* d'Albert Feuillerat (Montréal, Dussault et Péladeau, 1944, [1944]).

En mars, *Introduction aux existentialismes* d'Emmanuel Mounier (Paris, Denoël, 1946-1948, [1946-1948]), *la République*, livres IV-VII (trad. d'Émile Chambry) de Platon (Paris, les Belles Lettres, 1948), *Barbey d'Aurevilly* d'Élisabeth de Gramont (Paris, Grasset, 1946), *Essai sur la nature et la portée de l'attitude métaphysique*, de Benzécri (Paris, PUF, 1939), *la Sauvage* de Jean Anouilh (1938), lu avec Michelle Lasnier, *le Désespéré* de Léon Bloy (1887), *Eurydice* d'Anouilh (1942) lu avec Michelle Lasnier, *Sept Leçons sur l'être et les premiers principes de la raison spéculative* de Jacques Maritain (Paris, 2e éd., 1935), *Romanesques* de Jacques Chardonne (Paris, la Jeune Parque 1938, [1946-1948]), *Trois Réformateurs : Luther, Descartes, Rousseau* de Jacques Maritain (Paris, Plon, 1930), *Électre* de Jean Giraudoux (Paris, Grasset, 1937), *l'Amour fou* d'André Breton (Paris, NRF, 1937). Le nom de

Valéry est souvent évoqué par Aquin comme une figure ins-
piratrice.

LE THÉÂTRE

Il poursuit aussi ses expériences théâtrales avec la troupe des
Comédiens-Routiers. Il tient le rôle de Créon dans *Œdipe-
Roi*, le 11 avril 1949, au théâtre Gesù, dans une mise en
scène de Louis-Georges Carrier. Le texte est une adaptation
de la pièce de Sophocle, traduite en classe l'année précédente dans le cours du père Vigneault. Le texte est publié
dans *les Cahiers d'Arlequin*, lors d'un numéro consacré aux
Comédiens-Routiers.

C'est également dans cette revue qu'Hubert Aquin
publie une pièce intitulée *Quatuor improvisé*, mais le texte
n'a pu être retrouvé jusqu'à présent.

JOURNAL INTIME : PREMIERS PAS DE L'ŒUVRE

Aquin continue à tenir son journal intime, où il consigne les
élans de sa vie affective. Son amitié amoureuse pour
Michelle Lasnier y tient une place importante. Plusieurs
figures féminines suscitent aussi l'exploration des sentiments amoureux et la naissance de désirs flous. « Ravis-
sement », « dérive », « vagabondage », tels sont les thèmes
développés dans le but de « libérer l'inspiration empri-
sonnée[9] ». Il y note aussi ses lectures, complétées par un
cahier de citations aujourd'hui inaccessible.

LECTURES

En avril, *Si le soleil ne revenait pas* de Ch.-F. Ramuz
(Lauzanne, Mermod, 1937 ; Paris, Grasset, [1939]),
Monsieur Godeau intime de Marcel Jouhandeau (Paris,
Gallimard, 1926), *l'Otage* de Paul Claudel (Paris, NRF,
1945), *Journal métaphysique* (1re partie) de Gabriel Marcel

(Paris, Gallimard, 1928), *la Nausée* de Sartre, (Paris, Gallimard, 1949-1950), *le Procès* d'après Kafka par André Gide et Jean-Louis Barrault (Paris, Gallimard, 1947), le *Nœud de vipères* de François Mauriac (Paris, Flammarion, 1932), *le Mythe de Sisyphe* d'Albert Camus (Paris, Gallimard, 1949-1950).

En mai, *l'Existence*, collectif dirigé par Jean Grenier (Paris, Gallimard, 1945), *Philosophie de l'Être* de Louis de Raeyhaeker (Louvain, 2ᵉ éd., 1947), *Philosophie de la nature* de Jacques Maritain (Paris, Tequi, 1936), *l'Échange* de Claudel (Paris, 1894), *Petite Histoire de l'existentialisme* de Jean Wahl (Paris, Club Maintenant, 1946), *Jean Cocteau, ou la vérité du mensonge* de Claude Mauriac (Paris, Odette Lieutier, 1945).

NEW YORK

Au printemps 1949, la faculté de philosophie organise un voyage de quelques jours à New York. Il s'y rend le 19 mai en compagnie de son amie elle aussi étudiante Michelle Lasnier, chaperonnée par sa mère. Ils assistent à la projection du film *le Diable au corps* de Claude Autant-Lara, d'après le roman de Raymond Radiguet.

LECTURES

En juin, *les Clefs de la mort* et *Christine* de Julien Green (Paris, La Pléiade, 1928), *les Signes parmi nous* de Ch.-F. Ramuz (Lausanne, Rencontre, 1952), *Barberine* (1835) de Musset, lu avec Michelle Lasnier, *les Reins et les cœurs* de Paul-André Lesort (Paris, Plon, 1947).

En juillet, *les Caves du Vatican* de Gide (Paris, NRF, 1941), *Sodome et Gomorrhe* de Jean Giraudoux (Paris, Grasset, 1943), *Farinet ou la Fausse Monnaie* de Ch.-F. Ramuz (Paris, Bibliophiles franco-suisses, 1938), *l'Horizon* de Gabriel Marcel (Paris, Aux étudiants de France, 1945), *le*

Démon du style d'Yves Gandon (Paris, Plon, 1939), *l'Idée fixe* de Paul Valéry (Paris, NRF, 1933), *la Reine morte* d'Henry de Montherlant (Paris, Lefebvre, 1943).

En août, *les Enfants terribles* de Jean Cocteau (Paris, Centaure, 1937), *Mon Faust* de Paul Valéry (Paris, Gallimard, 1945), *le Bar du crépuscule* (Paris, Somegy, 1946) et *le Zéro et l'infini* d'Arthur Koestler (Paris, Calmann-Lévy, 1945), *Nouvelles* de Ramuz (Lausanne, Mermod, 1944), *le Partage de midi* de Paul Claudel (Paris, l'Occident, 1906).

Notes

1.   Les pères Éthier d'Ottawa, Geiger et le sulpicien Martinelli sont d'éminents et brillants représentants de la faculté.

2.   La pensée hégélienne influence particulièrement les lectures des étudiants de la faculté.

3.   Notes inédites prises par Gaétan Dostie ; le texte publié dans *le Jour*, le 24 mai 1975, est légèrement différent.

4.   Blondel est au programme.

5.   Les collèges classiques ayant demandé à l'université d'assurer une sélection sévère des étudiants en philosophie, ceux-ci étaient astreints à suivre des cours de mathématiques et de physique à la faculté des sciences.

6.   Après le départ du père pour l'Europe, c'est le père Ambroise Lafortune qui lui succède comme aumônier des étudiants.

7.   Dans son journal intime, il parle de « monologues », ce qui donne à penser qu'il entrevoyait un projet vaste et cohérent d'écrits personnels.

8.   Cette année-là paraît la traduction d'André Meyer et René Guast, préfacée par Daniel Halévy de *Au-delà du bien et du mal* de Nietzsche (Paris, Bordas, 1948).

9.   *Journal intime*, 30 mai 1949.

1949-1950

L'université est un empire dans une cité, un privilège unique. Quelques-uns la considèrent comme une période qu'il faut absolument traverser avant la carrière, il faudrait la regarder parfois comme un sursis magnifique avant l'inévitable submersion dans la vie.

(Aquin, *Sainte-Marie*, mai-juin 1950.)

1950   Fondation de *Cité libre*.
      Le Torrent d'Anne Hébert.
      La Fin des songes de Robert Élie.

La famille Aquin déménage à l'automne au 10175, rue Meunier, à Ahuntsic, où Hubert Aquin demeure officiellement jusqu'à son mariage.

UNIVERSITÉ DE MONTRÉAL

En septembre, il s'inscrit en première année de philosophie à l'Université de Montréal, au terme de laquelle il obtient son baccalauréat. Quarante-neuf étudiants sont inscrits à ces cours de première année. Seuls une dizaine d'entre eux réussiront à obtenir leur diplôme.

LES COURS

Il suit le cours de logique de Lucien Martinelli, où l'on étudie les principes de la nature et de la science à travers Aristote et saint Thomas ; le cours de philosophie de la nature, par le père Norbert Luyten[1] ; le cours de psychologie du père R. Voyer, à la lumière d'Aristote, de saint Augustin et de saint Thomas ; le cours de critique du père Péghaire, sur le doute, l'opinion et la certitude face à la vérité ; le cours de métaphysique du père Éthier, sur le réalisme scientifique de saint Thomas face à la métaphysique ; le cours de théodicée d'Émile Filion, sur le problème du mal dans les œuvres de saint Thomas ; le cours d'éthique du père Sylvestre, sur la discipline de la sensibilité dans les passions, les vertus et les vices ; le cours de morale familiale du père Sylvestre ; le cours d'histoire de la philosophie médiévale du père Benoît Lacroix, des Pères de l'Église au XIIe siècle ; le cours d'histoire de la philosophie moderne du père Forest, de Descartes à Kant inclusivement[2] ; enfin, un cours de philosophie moderne[3].

L'année débute par des conférences d'Henri Gouhier, auxquelles assiste Aquin à la fin septembre ; elles portent sur la philosophie du Moyen Âge à nos jours.

ÉCRITURE

Six textes d'Aquin paraissent en novembre et en décembre dans le Quartier latin : « Mémoire sur les annonces[4] », « Éloge de l'impatience », « Dieu et moi », « L'enfer du détail », « Discours sur l'essentiel », « Ma crèche en deuil ». Il passe beaucoup de temps à la bibliothèque Saint-Sulpice.

Il reprend son journal intime du 20 septembre au 21 novembre, entraîné par un lyrisme romantique : « [...] en ce moment ma solitude est sans fissure, et je pense à moi-même, emporté, démesuré par mes propres élans, lancé comme un bolide incertain » (13 octobre) et le sens d'heureuses formules : « Notre amour est le plus imprévisible renouvellement. » (27 octobre.)

LE THÉÂTRE

Parallèlement à ses études philosophiques, Hubert Aquin ne néglige pas la vie communautaire de l'université : il répond ainsi à l'appel de la Société artistique de l'Université de Montréal qui recrute des volontaires pour monter une pièce de théâtre. Il est alors figurant dans *Fantasio* de Musset, jouée les 2, 8 et 10 décembre à l'université par les étudiants de la troupe Bleu et Or, dirigée pour la première fois par Guy Gagnon et Louis-Georges Carrier. La pièce remporte un vif succès, malgré l'inexpérience de l'équipe, l'enthousiasme de ces amateurs suppléant au métier[5].

Le 13 octobre, il assiste à la représentation du *Nouveau Testament* de Sacha Guitry.

Par ailleurs, il aime la danse et le tennis.

ACTIVITÉS LITTÉRAIRES

Bien faire et laisser braire[6].
(Quartier latin.)

De janvier à mars 1950, Aquin publie un feuilleton « Tétanos le téméraire » dans *le Quartier latin*, en collaboration avec Jean-Guy Blain, Luc Geoffroy et Claude Paulette.

Du 16 au 20 février de cette même année, il assiste aux réunions de « Carrefour 50 », organisées à l'initiative de l'abbé Llewellyn par quelques professeurs assistés d'étudiants sur le thème « La personne humaine et le travail intellectuel ». Ces conférences et rencontres sont destinées à préparer les étudiants à la vie professionnelle.

À cette occasion, Hubert Aquin est choisi pour prononcer, le 18 février, une conférence intitulée « Liberté de pensée et sincérité ». La question de la sincérité, soulevée par Hubert Aquin, se prolonge dans celle de la responsabilité de l'écrivain, exposée dans *le Quartier latin*, en octobre. La conférence est publiée dans la revue *Croire et savoir*, en novembre 1950.

Le groupe ainsi constitué prend alors le nom de Centre catholique des intellectuels canadiens (CCIC), à l'image du Centre catholique des intellectuels français, tous deux affiliés au mouvement Pax Romana qui rassemble les étudiants catholiques à travers le monde. Des réunions mensuelles et des journées d'étude annuelles sont organisées par le CCIC ; les comptes rendus paraissent dans *Croire et savoir*.

Ses textes sont régulièrement imprimés au *Quartier latin*. De janvier à mars sont publiés « Le jouisseur et le saint », « Pensées inclassables », « Tout est miroir », « Le corbeau », « L'équilibre professionnel », « Tramways » et « Le Christ ou l'aventure de la fidélité ».

THÉÂTRE

Les 10 et 11 mars, la troupe de l'université, qui se nomme maintenant les Comédiens du Mont Royal, joue *Œdipe-Roi*, de nouveau monté par Louis-Georges Carrier au théâtre du Gesù. Aquin joue dans le chœur cette fois-ci, André Bédard est Œdipe et Marc Thibault, Créon. La recette est versée à l'AGEUM.

AGEUM

Le 1er mars, Aquin est reçu comme délégué des étudiants de la faculté de philosophie par le conseil de direction de l'AGEUM ; Denis Lazure est élu président de l'Association pour l'année 1950-1951.

Le 15 mars, Aquin est élu directeur du *Quartier Latin* ; directeur adjoint Jacques Perreault ; rédacteur en chef Adèle Lauzon (elle n'occupera pas la fonction) ; chef des nouvelles Marcel Blouin. À partir de septembre 1950, c'est à ce titre qu'il participe aux réunions du Conseil exécutif de l'AGEUM[7].

PONTIGNY

En juin, Aquin est reçu au baccalauréat de philosophie avec la mention *Magna cum laude*[8].

Le même mois, il est nommé délégué étudiant au troisième séminaire international de Pontigny, en France, qui est organisé par l'Entraide universitaire internationale. Ce séminaire se tient au Collège franco-américain, dirigé par les pères de Saint-Edmund, dans l'ancienne abbaye.

La sélection des participants, selon le secrétaire national de l'Entraide universitaire du Canada, s'est faite selon des critères d'« aptitude à diriger », de « résultats scolaires remarquables » et d'« intérêt pour les affaires publiques internationales ». Hubert Aquin, quant à lui, a été retenu par l'abbé Llewellyn surtout pour ses activitées au *Quartier latin*. Le Canada délègue cinquante étudiants, seize de la Province de Québec, dont sept de l'Université de Montréal. Le voyage est subventionné par le Conseil canadien de la reconstruction, par l'UNESCO et par des souscriptions privées.

Le 23 juin, il se rend avec ses compagnons à New York, mais la sécurité maritime retarde le départ du navire norvégien Svalbard affrété pour le voyage. Les étudiants sont pris en charge par une étudiante américaine qui réside à Hoboken dans le New Jersey.

Le 28 juin, il embarque à New York sur le Général Ballou, bateau de guerre ayant servi au transport des troupes américaines, en compagnie de Colette Beaudet, de Denis Lazure, de Yolande Simard, de Gilles Lesage et de Luc Cossette.

Durant la traversée, des activités de toutes sortes sont organisées. Les étudiants canadiens présentent un divertissement à l'occasion de la fête du Canada.

L'arrivée a lieu à Amsterdam le 5 juillet et avant de se rendre à Pontigny, le groupe visite rapidement Paris, Chartres et Versailles.

L'ouverture officielle du séminaire a lieu le 13 juillet sous l'égide de l'ambassadeur du Canada en France, le général Georges Vanier. Le thème en est : « La crise au sein de l'Europe occidentale ». L'accent est mis sur les échanges entre les participants, venus de différents pays confronter leurs opinions politiques et religieuses et se divertir au cours de soirées musicales et dansantes[9].

Durant cette période, les réflexions d'Hubert Aquin semblent se porter surtout vers la philosophie allemande (Schopenhauer, Nietzsche)[10] et vers la poésie. Il lit aussi le journal de Charles du Bos relatant ses conversations avec Paul Claudel à l'abbaye de Pontigny. Dans son compte rendu du séminaire pour le *Quartier latin*, en décembre 1950, il suggère son intérêt pour le point de vue athée et pour les problèmes de communication qui en découlent.

Durant le séminaire, l'emploi du temps comprend deux heures de conférences le matin et deux heures de discussions l'après-midi[11]. Toutefois, Hubert Aquin n'assiste pas à toutes les conférences, il préfère se rendre à Chablis pour y visiter les caves à vins. En plus des séminaires, des excursions sont organisées aux environs de Pontigny. On visite les villages de Montréal, d'Auxerre et de Vézelay. Une visite des châteaux de la Loire est organisée par les étudiants[12].

L'ITALIE

Le Séminaire se termine le 13 août par une réception à l'ambassade du Canada à Paris. Hubert Aquin et Colette

Beaudet, choisis pour l'étape suivante par tirage au sort, partent immédiatement pour Rome où ils assistent aux célébrations de l'Année Sainte. Hubert Aquin est enthousiasmé par l'Italie[13] ; outre Rome, il visite Naples, Pompéi et Florence.

Durant l'été, Hubert Aquin tient un journal qu'il adresse à son amie Michelle Lasnier. Le texte demeure inédit.

PAX ROMANA

À partir du 23 août, il continue son voyage vers Amsterdam, car il a aussi été nommé délégué de l'Université de Montréal au XXe Congrès de Pax Romana où sont abordés les principaux courants de la pensée contemporaine. Le thème en est « L'individu et la Société ». La direction générale donnée par le pape Pie XII est une mise en garde contre la science et le relativisme philosophique.

Il rentre à Montréal fin août, à bord du General Muirs, au départ de Rotterdam ; la traversée dure dix jours.

Notes

1. Norbert Luyten, doyen de la faculté de philosophie de l'Université de Fribourg, était invité cette année-là à l'Université de Montréal. Ce fut un professeur très respecté.

2. Le père Forest est alors doyen de la faculté.

3. Il lit notamment Sartre et Merleau-Ponty, dont l'enseignement n'est pas autorisé.

4. Sous le pseudonyme de « Husopôme Aquin, petit-hasard de feu Hubert ».

5. Assidu auprès du ciné-club de l'Université de Montréal, il participerait aussi indirectement à un projet de long métrage, adapté de *l'Étranger* de Camus par Raymond-Marie Léger, que doit tourner Jacques Giraldeau, auquel est associé un moment Claude Jutra. Hubert Aquin serait pressenti pour le rôle principal avant que lui soit préféré Pierre Dagenais. Ce projet, dévoilé prématurément par la presse et qualifié d'« audacieux », n'aboutira pas. Il témoigne toutefois de l'intérêt de ces étudiants pour la pensée existentialiste et pour la création d'un cinéma québécois.

6.   Devise du *Quartier latin*, journal des étudiants de l'Université de Montréal.

7.   Sous la présidence de Denis Lazure, le conseil exécutif tente de renforcer son pouvoir au détriment des délégués des étudiants parce qu'ils sont choisis par les facultés et non élus selon le processus démocratique.

8.   On remarquera que les matières où il excelle se rapportent aux cours de critique, de philosophie moderne, de métaphysique et d'histoire de la philosophie tant médiévale que moderne. Ses condisciples sont alors Claire Derome, Louis-Georges Carrier, Michelle Lasnier et S. Tangué.

9.   Aquin fait partie de la chorale lors de la célébration de la messe dans la chapelle de l'abbaye.

10.   À Paris, il a acheté *la Volonté de puissance* de Nietzsche (Paris, Gallimard, [1942]), *Violence et conscience* de Thierry Maulnier (Paris, NRF-Gallimard, [1945]) qu'il conserve dans sa bibliothèque toute sa vie. Il détruira le tome II de Nietzsche en 1964-1965 dans un accès de colère.

11.   Selon un document rédigé en anglais, la liste des conférences à Pontigny est la suivante : Dean Douglas, « The Implications for the Modern World of Recent Developments in Science ». Professeur Lynch, « Changing Conceptions and Attitudes to God and Moral Values Present a Threat to our Way of Life ». Professeur Fennel, « The Historial Approach to Christianity ». Professeur Williams, « The Psychology of Group Interests and Tensions ». Professeur MacDonald, « The Role of the Artist and the Meaning of his Work ». Professeur De Koninck, « The Priority of the Sense of Touch over the Visual Sense in Realistic Thought ». Professeur Baudoin, « The Crisis of Law in European Countries ». Professeur Graham, « Problems of Colonial and Commonwealth Development, and Command of the Sea in Relation to Empire ». Professeur Timlin, « The Economic Crisis in Europe ». Professeur Falardeau, « The Place of Religious Institutions in the Crisis ». Professeur Ormsby, « The Rise of American Democracy ».

12.   À Pontigny, Aquin fait la connaissance de Jacques Languirand, stagiaire à Radio-France ; il lui est présenté par Adèle Lauzon, étudiante à la faculté de philosophie dans le groupe qui précède Hubert Aquin d'un an.

13.   De retour à Montréal, il exprime à son frère Richard son étonnement amusé devant les excès de dévotion populaire à l'égard du pape.

1950-1951

1950-1951 Démission de Mgr Charbonneau.

Le futur cardinal Léger le remplace.

LA PHILOSOPHIE

En septembre, Hubert Aquin entreprend sa licence de philosophie. Au cours de l'année, il suit deux cours d'histoire de la philosophie par Jacques Lavigne et le père Jean Milet, deux cours de métaphysique par le père Éthier et par Vianney Décarie sur saint Thomas, un cours sur Heidegger par le père Geiger[1], un cours sur Dewey[2] par Paul Lacoste, un cours de morale sociale par le père Louis Lachance, un cours de philosophie orientale par madame Vandier Nicolas, un cours de philosophie médiévale par le père Benoît Lacroix, un cours sur la philosophie de Blondel par le père Péghaire, deux cours de logique par Lucien Martinelli (sur le langage, d'après Charles Morris et Brice Parain), un cours de philosophie des sciences par Léon Lortie, de psychologie (sur la volonté) par le père Raymond-Marie Voyer, d'éthique (sur le droit de vivre dans la conduite individuelle et du point de vue du gouvernement de l'État) par le père

Alphonse Sylvestre et d'histoire de la philosophie moderne (sur les philosophies du XIXe siècle jusqu'à Blondel inclus) par le père M.-Ceslas Forest. Il suit en outre un séminaire de licence intitulé « La notion de civilisation d'après Toynbee ».

L'AGEUM

L'AGEUM organise au mois de septembre des journées d'étude au lac Ouareau pour planifier son fonctionnement. L'esprit étudiant qui anime l'AGEUM est au cœur des débats, notamment en ce qui concerne le rapport aux autorités universitaires. Dans le rapport de séance, les étudiants s'entendent sur le mot d'ordre suivant : « Les étudiants ont l'âge de raison[3]. » On discute par ailleurs la nécessité d'une représentation étudiante plus réelle et effective, la tendance à l'autonomie de l'AGEUM s'y installe, malgré l'opposition des facultés qui désirent s'organiser indépendamment. Hubert Aquin participe à ces débats et soulève à cette occasion la question de la censure qui existe au *Quartier latin* depuis le mois de mars. On évoque la possibilité de cesser la publication et de publier des articles parallèles. Les débats qui s'en suivent trouvent un écho auprès du *Quartier latin* et l'intervention du recteur pour imposer le calme n'apaise les esprits que superficiellement.

La question de l'autonomie étudiante n'a pas trouvé de réponse et la contestation s'exprime sur le mode de la dérision, lors de la parade annuelle des étudiants qui s'est donné comme thème général « Les droits de l'étudiant ». À la faculté de philosophie, on a choisi de représenter « La censure[4] ».

LE QUARTIER LATIN

D'octobre à décembre, Hubert Aquin fait paraître dans *le Quartier latin* les articles suivants :

« Bouillabaisse. En deux couleurs et dix-neuf tableaux », « Sermon d'avant-garde », « Son témoignage », « Encore sur l'aide fédérale. Lettre au directeur », « L'un et le multiple » (en collaboration avec Marcel Blouin), « Sur le même sujet », « Le dernier mot », « Mise au point avec le *Haut-Parleur* », « L'assomption, vérité implicitement révélée », « Précision sur une note du *Devoir* », « Massacre des cinq innocents », « Mais tout de même », « Vouloir la paix », « La science ou l'amour ? », « Europe 1950 », et « Seminar de Pontigny. Une recherche de la fraternité ».

De janvier à mars, il continue à écrire régulièrement dans ce journal : « *Le Quartier latin*, premier coureur », « Drôle de bilinguisme ![5] », « J'ai la mer à boire, a dit MacArthur », « Procès de François Hertel », « Enfin, l'aide fédérale... », « Rendez-vous à Paris », « Recherche d'authenticité », « Dernières paroles », « Nos feuilles de chou », « Complexe d'agressivité », « Les miracles se font lentement », « La politique de l'AGEUM ».

THÉÂTRE

Du 7 au 10 mars, il tient un rôle de figurant dans *l'École des femmes*, monté par Louis Jouvet au théâtre His Majesty's, rue Guy, à Montréal. Il est l'un des quatre Indiens. La pièce est aussi présentée au Capitol de Québec, où il se rend le 13 mars. Avec ses amis Louis-Georges Carrier, Jacques Perreault et André Payette, également figurants, il admire la formidable organisation et la direction de Jouvet[6].

L'UNIVERSITÉ DE MONTRÉAL (FIN)

En mars 1951, à la suite d'une grève des étudiants et de la dissolution du bureau de l'AGEUM (Denis Lazure ne représente pas la direction)[7], Aquin se dégage de la direction du *Quartier latin*. Cependant, l'AGEUM lui décerne le 4 avril la médaille de bronze du Mérite universitaire de l'Université de Montréal pour ses activités et *le Quartier latin* remporte le trophée « Le Droit », pour le meilleur journal universitaire de langue française.

Au mois d'avril, il travaille sur la pensée de Socrate. Au cours de l'année, il lit et annote *Civilization* de Clive Bell (Londres, Chatto & Windus, 1928). En juin, il obtient sa licence[8] et son mémoire, dirigé par Jacques Lavigne, s'intitule « L'acquisition de la personnalité. Communauté et personnalité ». Hubert Aquin est alors un fervent admirateur d'Emmanuel Mounier.

Sept étudiants obtiennent un diplôme cette année-là (entre autres Claire Derome, Michelle Lasnier, Jacques Perreault, et le frère Pouffe). Aux cours jumelés avec ceux du baccalauréat en philosophie, assistent aussi André Guérin, André Payette, Raymond-Marie Léger et Adèle Lauzon.

On lui offre un poste d'enseignant à l'université, mais il le refuse[9], étant davantage intéressé par une carrière journalistique[10]. Une carrière d'éditorialiste lui conviendrait, pense-t-il : il va désormais délaisser la philosophie au bénéfice des sciences politiques, plus engagées dans la réalité selon lui.

Cet été-là, il travaille à la Compagnie de transport provincial, après avoir tenté sans résultat d'obtenir un petit travail à l'ONF[11]. Durant ces années d'étudiants, il s'emploie aussi chez Omer De Serres à retendre des fonds de raquette de tennis.

En juillet, il publie un texte dans *le Haut-Parleur* : « L'intransigeante ». Ce bref récit pose le problème moral de la libération individuelle par la violence, face à une autorité destructrice. Par ailleurs, la situation de couple y est perçue en termes de déséquilibre et de paradoxe.

À cette époque, son amie est Michelle Lasnier, avec laquelle il mène une vie estudiantine très active et passionnée. Michelle Lasnier demeure une amie fidèle d'Hubert Aquin tout au long de sa vie.

Ses amis sont alors principalement Louis-Georges Carrier, Jacques Languirand, Marcel Blouin, Michèle Arbour et Jacques Perreault.

Notes

1.   Outre Heidegger et Husserl, le père Geiger connaissait bien la pensée de Sartre et de Teilhard de Chardin, dont il possédait les manuscrits à cette époque et dont la publication était frappée d'interdit. Michelle Lasnier affirme toutefois que la pensée de Heidegger ne connut pas la popularité de la philosophie hégélienne auprès des étudiants.

2.   Les étudiants ont déjà abordé l'étude de Dewey l'année précédente.

3.   Le père Ambroise Lafortune est le répondant de l'université auprès des étudiants au cours de cette réunion. Sa personnalité exerce une influence certaine auprès des étudiants. Il est toutefois précisé au cours de la réunion que les religieux ne sont pas admis à l'AGEUM, elle-même sans aucun rapport avec l'aumônerie.

4.   L'article que Pierre Perreault destinait au *Quartier latin* pour rendre compte de la parade a été censuré par le recteur.

5.   Seule la présentation est d'Aquin.

6.   Selon le témoignage d'André Payette.

7.   Une des dernières résolutions votées par le conseil de direction de l'AGEUM, sous la présidence de Denis Lazure, est le soutien de l'AGEUM au comte Jacques de Bernonville, responsable de la milice à Lyon durant la Seconde Guerre mondiale, qui a demandé asile au Canada (une voix contre une). La motion était présentée par André Payette, représentant la faculté de philosophie.

8.   Les matières où il excelle sont encore l'histoire de la philosophie, surtout celle du Moyen Âge, la logique et la morale sociale.

9.   Aquin a raconté ce fait dans l'entretien « Quebec Now » de *Midday Magazine* (mai 1973).

10.   Selon Michelle Lasnier, cette proposition a pu lui être faite ultérieurement, tant les débouchés professionnels semblent inexistants aux étudiants de philosophie, à cette époque. Aquin, avec quelques étudiants, était allé rencontrer Monseigneur Léger, archevêque de Montréal, pour discuter de l'enseignement philosophique à l'université : celui-ci leur avait assuré qu'il demeurerait entre les mains des clercs.

11. Il travaille aussi, durant ses vacances d'étudiant, comme réceptionniste dans un cabinet de médecins du carré Saint-Louis, où est également employé son ami Louis-Georges Carrier. À ce lieu, Louis-Georges Carrier associe des expériences de médication qui auraient débuté dès l'époque du collège et auraient conduit Aquin à absorber excitants et calmants tout au long de sa vie, selon des dosages et des effets calculés par lui-même. Il s'agit sans doute à cette époque d'actes de bravade tels qu'Hubert Aquin les affectionne.

1951-1952

　　　　Début de la télévision à Montréal (septembre) et à
Toronto.

Nombreuses grèves longues et dures au Québec.

FORMATION DE L'HOMME INTERNATIONAL

D'abord boursier du gouvernement français, puis boursier
du ministère du Bien-être social et de la Jeunesse à Québec,
Aquin part pour Paris à l'automne[1]. Il arrive en Hollande où
il s'imprègne de la richesse des musées européens : il y
découvre Holbein, Rubens, Van Eyck. La Renaissance l'intéresse spécialement. Il gardera plus tard le souvenir de sa
découverte de musées comme le fait marquant de ces
années, trouvant un plaisir égal aux voyages qui ont pour lui
l'allure de pèlerinages.

À Paris, il habite à la Maison des étudiants canadiens,
31, boulevard Jourdan, où il préside le comité des résidents.
Il y retrouve Roland Berthiaume notamment, qu'il a connu
au Collège Sainte-Marie, et rencontre Laurent Lamy.

En novembre, il commence ses études à l'Institut
d'études politiques de Paris qui entretient des échanges avec
l'Université de Montréal depuis quelques années[2]. Il y suit

un cours de Robert Aron sur la théorie de la civilisation. Il assiste aussi à un cours d'histoire comparée des religions par Henri-Irénée Marrou à la Sorbonne et au Collège de France. À la Sorbonne, il retrouve Henri Gouhier, venu donner des conférences à l'Université de Montréal en 1949.

Il travaille occasionnellement à la Radio-diffusion française (RDF), où il est affecté au mixage de certaines émissions. Il est aussi chroniqueur de théâtre et de cinéma pour le service canadien de la RDF, jusqu'à son retour au Québec en mai 1954.

Quoique malheureux en France au début de son séjour, il profite néanmoins de la vie artistique parisienne : il assiste aux spectacles des pièces de Claudel, de Montherlant, dans lesquelles joue Jean-Louis Barrault ; il découvre sur la scène les textes de Ionesco, de Beckett, d'Anouilh, de Sartre. Il devient bientôt un passionné de théâtre. Il trouve saisissantes les représentations des pièces *le Diable et le Bon Dieu* de Sartre, interprétée par Pierre Brasseur, le *Partage de Midi* de Claudel avec Jean-Louis Barrault, le *Malatesta* de Montherlant, *l'Héritière* ainsi que *les Innocents* d'Henry James, évoquées dans *Point de fuite* en 1971. Au cours de ce séjour parisien, il sera aussi marqué par la mise en scène et l'interprétation du *Procès* de Kafka par Jean-Louis Barrault. Il lit *Mémoires d'un auteur dramatique, Souvenirs sur Pitoëff* [3] et *la Revue internationale du théâtre.*

Le 22 décembre, il entreprend un voyage en compagnie de Michelle Lasnier et d'un couple d'amis, Andrée de la Durantaye et Marc Brière. Ils se rendent d'abord à Strasbourg, puis à Ulm où ils célèbrent Noël. De là, ils gagnent l'Allemagne, l'Autriche et la Suisse et visitent Munich, Salzbourg, Innsbrück, Zurich, Bâle.

Il rentre à Paris le 4 janvier. Ses amitiés montréalaises lui manquent en ce début d'année et il écrit à son ami Marcel Blouin de longues lettres où il s'étend sur des questions allant de la politique internationale au mariage comme source de maturité, en passant par l'importance de l'amitié et de la paternité.

Il s'intéresse beaucoup à la politique québécoise, au duplessisme et au rôle du clergé. D'une façon générale, il s'interroge sur ce qu'il cherche à Paris, « la vie, l'amour, la perfection, l'achèvement de soi », comme il l'écrit dans sa correspondance. Son journal intime, qui reprend le 25 janvier 1952, explicite ces thèmes.

À Michel Van Schendel, dont il fait la connaissance, il parle de son projet de devenir écrivain. Avec Jacques Languirand, il discute d'écriture : Languirand fait lire à son ami sa pièce *la Falaise* et son roman *le Fratricide*[4]. Le 25 mars, Aquin rencontre François Hertel, dont les propos le séduisent.

En plus de correspondre régulièrement avec ses amis demeurés à Montréal, son questionnement est favorisé par les liens qu'entretient la Maison des étudiants avec le Québec, qui organise des rencontres avec le concours du Comité des résidents. Par exemple, en février, une réception est donnée en l'honneur de la Délégation du Canada à l'assemblée des Nations unies. S'ensuit un débat sur le problème du désarmement et de la montée du communisme dans les pays du tiers monde[5].

LES ARTS DU SPECTACLE

Au cinéma, en janvier, il assiste aux projections des *Portes de la nuit* de Marcel Carné et Jacques Prévert (1946), *Monsieur Verdoux* de Chaplin (1947), *Hôtel du Nord* de Marcel Carné (1938), *On the Riviera* de Walter Lang (1951).

En février, *Drôle de drame* de Marcel Carné (1937), *The Lady from Shanghai* d'Orson Welles (1948), *Quatre Pas dans les nuages* de Cesare Zavattini (1942), *Hamlet* de Laurence Olivier (1948), *Le ciel est rouge* de Claudio Gora

(1950), *Laughter in Paradise* de Mario Zampi (1951), *le Garçon sauvage* de Jean Delannoy (1951).

En mars, *Macbeth* d'Orson Welles (1948), *Pandora and the Flying Dutchman* d'Albert Lewin (1951), d'après l'opéra de Wagner, *la Symphonie pastorale* tourné par Jean Delannoy (1946), d'après le roman de Gide, *Jocelyn* (1922), adapté par Jean Poirier du texte de Lamartine, *A Street Car Named Desire* d'Elia Kazan (1951), *A Place in the Sun* (1951) de George Stevens (qu'il a vu trois fois).

Au théâtre, en février, il assiste au théâtre des Champs-Élysées à la représentation du drame musical *le Consul* de Gian Carlo Menotti et du *Prince de Hambourg* de Kleist, avec Jean Vilar et Gérard Philippe ; à l'Atelier, il voit *Henri IV* de Pirandello, mis en scène par André Barsacq avec François Chaumette ; aux Ambassadeurs, *Félix* d'Henry Bernstein, avec Jean Wall et Maria Mauban.

En mars, au théâtre des Champs-Élysées, *le Cid* de Corneille avec la troupe de Jean Vilar et *Tristan et Isolde* de Wagner, par l'opéra de Stuttgart ; à l'Athénée, *Sur la terre comme au ciel* de Fritz Hochwalder, mis en scène par Jean Mercure ; au théâtre français, *le Jeu de l'amour et du hasard* de Marivaux, *Un caprice* d'Alfred de Musset, *Britannicus* de Racine par Jean Marais ; à l'Atelier, *la Tête des autres* de Marcel Aymé ; au Richelieu, *Tartuffe* de Molière, mis en scène et joué par Fernand Ledoux.

LECTURES

Après la découverte de Henry James au théâtre, il s'intéresse en février à l'univers romanesque de Julien Gracq ; ces auteurs le fascinent par leur sens du mystère.

En janvier, il lit *Babel* de Pierre Emmanuel (Paris, Desclée de Brouwer, 1952), *Et nunc manet in te* d'André Gide (Neuchâtel et Paris, 1947), *Cécile (récit retrouvé)* de Benjamin Constant (Paris, Gallimard, 1951), *Journal des années noires 40-44* de Jean Guéhenno (Paris, Gallimard, 1947).

En février, *la Mort d'Empédocle* de Friedrich Hölderlin (trad. par André Babelon, Paris, Gallimard, 1929), *Lucien Leuwen* de Stendhal, *Jardins et routes (Journal 39-40)* d'Ernst Jünger (trad., Paris, Plon, 1942), *Notes sur André Gide* (Paris, Gallimard, 1951) et *Jean Barois* de Roger Martin du Gard (NRF, 1913), *Un beau ténébreux* de Julien Gracq (Paris, Corti, 1945), *l'Autre Sommeil* de Julien Green (Paris, Gallimard, 1931), *le Passage* de Charles Morgan, *Max et les phagocytes* d'Henry Miller (Paris, Éd. Du Chêne, 1947).

En mars, *Hyperion* (fragments) de John Keats (Paris, Aubier, 1952), *Entre la guerre et la paix 44-49* de R. Céré (Paris, PUF, 1949), *le Rivage des Syrtes* de Julien Gracq (Paris, Corti, 1951), *Romeo and Juliet* de Shakespeare (1594-1595), *De l'essence de la vérité* de Heidegger (Louvain, 1949), *Journal I (1928-1934)* de Julien Green (Paris, Plon, 1938), *Appels aux Allemands* de Thomas Mann (trad. par P. Jundt, Paris, Flinher, 1948), *Signification métaphysique du suicide* de Camille Schuwer (Paris, Aubier, 1949, [1952])[6].

ÉCRITURE

Du début de l'année jusqu'en avril, il écrit *les Rédempteurs*, « la seule aventure que je vivrai jamais[7] ». En mars, il songe déjà à un second roman, qu'il intitulerait *la Rencontre*. Le 28 avril, il dépose *les Rédempteurs* aux éditions Grasset et le 20 mai chez Gallimard, sans résultat.

À cette époque, il présenterait à *Cité libre* un article qui est refusé par Maurice Blain.

Dans son journal intime, il cherche toujours à se définir, en vain, car il écrit en juin : « Il se peut que j'ignore mon centre, que j'erre sans jamais trouver, que tous mes actes,

toutes mes expressions soient rattachés à de faux centres et
recouvrent un mystère sans jamais en vivre vraiment. Je
voudrais trouver ce port de la totalité et l'incarner sans réserve dant tout ce que je serai. »

ÉTUDES

Au mois de mai, il se remet activement à la préparation de
ses examens de philosophie politique qu'il passe en juin. Il
obtiendrait son certificat d'études politiques le 16 juin (ce
diplôme sanctionne la fin de la première année de la licence,
à l'Institut)[8].

Dans son journal, il note l'influence déterminante
d'Henri-Irénée Marrou dans sa formation intellectuelle. À la
philosophie et à l'art, Aquin associe maintenant l'histoire
comme une discipline. Il rêve d'ailleurs de voyages en Italie
et de connaissances plus vastes dans ce domaine.

LECTURES

En avril, il lit *la Gerbe des forces* d'Alphonse de
Chateaubriant (Paris, Grasset, 1932, [1937]), *la Petite Poule
d'eau* de Gabrielle Roy (Montréal, Beauchemin, 1950),
Sonnets de Shakespeare (1609), *la Vie de Henri Brûlard* de
Stendhal (1835-1836), *Histoire de la Grèce ancienne* de
Jean Hatzfeld (Paris, Payot, 1949), *les Guerres en chaîne* de
Raymond Aron (Paris, Gallimard, 1951).

En mai, *Essor de la philosophie politique au XVIe siècle* de Pierre Mesnard (Paris, Vrin, 1952), *la Crise de la
conscience européenne 1680-1715* de Paul Hazard (Paris,
Boivin, 1935), *les Grandes Œuvres politiques de Machiavel
à nos jours* (Paris, Colin, 1948) de J.-J. Chevallier, *Pour
connaître la pensée de Proudhon* de Georges-Guy Grand
(Paris, Bordas, 1949), *Cours de géographie économique*
(Paris, CDU, 1948) et *le Canada, puissance internationale*
d'André Siegfried (Paris, Colin, 1937), *l'Empire allemand*

au temps de Bismark de Pierre Renouvin (Paris, Cours de Sorbonne, 1959).

En juin, *les Relations internationales de 1870 à 1914* de Pierre Renouvin (Paris, Cours de Sorbonne, 1953), *Letters and Diaries*, vol. I, de Byron (1830), *Byron,* vol. II d'André Maurois (Paris, Émile Paul, 1931), *Histoire de l'Église ancienne* tomes I, II et III de Hans Lietzmann (Paris, Payot, 1936, 1937, 1941).

À la même époque, il fréquente assidûment la Bibliothèque nationale, où il lit *Saint Ambroise et l'Empire romain* de Jean-Rémy Palanque (Paris, E. de Boccard, 1933), *Saint Jérôme, sa vie et son œuvre* (2 vol.) de Ferdinand Cavallera (Université catholique de Louvain, 1922), *Adversus Jovinianum* (trad., Paris, 1878-1885, tome II) et *Contre vigilance* (*ibid.*, tome III) de saint Jérôme.

Il écrit à ses amis au Québec admirer la complexité psychologique et la richesse verbale d'Ambroise de Milan, de saint Augustin et de saint Jérôme, qu'il compare à Proust, à Bloy et à Shakespeare (lettres à Lucien Pépin, 30 juin 1952, et à Marcel Blouin, 23 juin 1952).

La pensée de Nietzsche aurait cependant pour lui une importance capitale à cette époque[9]. Il achète et étudie *Idées directrices pour une phénoménologie* de Husserl (trad., Paris, Gallimard, 1949, [1950]), ouvrage qu'il conserve toute sa vie. Il lit Du Bos, Gide, Valéry, Keats. De 1952 aussi date son achat de *Charles du Bos, Byron et le besoin de la fatalité* de Louis Martin-Chauffier (Paris, au Sans Pareil, [1929]) ; l'exemplaire est annoté par Aquin.

Toutefois, malgré le temps qu'il consacre à la lecture et au travail, bien qu'il écrive de longues lettres d'introspection morale où il réfléchit à l'influence du comportement sur l'écriture, il continue à considérer que la principale œuvre à accomplir est de vivre et non d'écrire, l'écriture étant affaire de métier et de talent, mais relevant d'une inaptitude à la vie.

SPECTACLES

Au théâtre, en avril, il assiste à *Électre* de Sophocle, avec Sylvia Montfort ; au Luxembourg, *Six Personnages en quête d'auteur* de Pirandello ; au théâtre de l'Œuvre, *la Résurrection des corps* de Loys Masson ; au théâtre de l'Humour, *Marie Stuart* de Schiller, adapté par Charles Charras ; au théâtre français, *Un conte d'hiver* de Shakespeare.

En mai, au Palais de Chaillot, il voit *l'Avare* de Molière, joué par la troupe de Jean Vilar ; *Œdipe-Roi* de Sophocle, adapté par Thierry Maulnier au théâtre français ; au Vieux Colombier, *Mort d'un commis voyageur* d'Arthur Miller, monté par la troupe du théâtre national de Belgique ; au théâtre de la Renaissance, *Anna Karénine* de Tolstoï mis en scène par Raymond Rouleau.

En juin, au théâtre Hébertot, *Dialogue des Carmélites* de Bernanos (1948) ; au théâtre Richelieu, *le Légataire universel* de Jean-François Regnard (1708), *Macbeth* de Shakespeare mis en scène par Jacques Copeau au théâtre de la Renaissance ; *le Traître* (*Decision Before Dawn*) d'Anatole Litvak (1951).

Au cinéma, en mai, *Elle n'a dansé qu'un seul été* d'Arne Mattsson (1951)[10], *The Third Man* de Carol Reed (1950), *les Enfants terribles* d'après Jean Cocteau par Jean-Pierre Melville (1950), *Sciuscia* de Vittorio de Sica (1946).

DE LA HOLLANDE JUSQU'EN GRÈCE

En juillet et août, Aquin voyage en compagnie de Michelle Lasnier. D'abord en Bretagne du 4 au 10 juillet[11], puis en Hollande où à Amsterdam il assiste à la représentation du *Roi des Juifs*, en Allemagne, en Suisse et en Italie. Leur itinéraire est le suivant : Amsterdam (12 juillet), La Haye (14 juillet), Wesel, Cologne (17 juillet), Mayence, Heidelberg, Fribourg (20 juillet), Bâle, Lucerne, Berne (24 juillet), Interlaken, Platte, Biasca, Lugano (27 juillet),

Milan (29 juillet), Parme, Bologne, Ravenne (1er août), Rimini, Rome (8 août). La plupart de ces étapes sont franchies en auto-stop, certaines à pied (Itslaken, Wilderswill, arrivée à Milan). Il loge dans des auberges de jeunesse. Il visite beaucoup de musées et marche sur les pas de Nietzsche.

À son ami Marcel Blouin, il écrit : « L'Italie me comble. Je me sens fiévreux, chaleureux — artiste ! Tant de richesses me provoquent. Je les respecte mais je voudrais en faire autant. » (Correspondance, août 1952.)

Après le départ de Michelle Lasnier le 20 août, il continue seul son voyage en Italie sur les traces de Stendhal. Il se rend notamment à Naples et à Pompéi, puis il gagne la Grèce, sa plus belle expérience de voyage, écrit-il à ses amis montréalais : il éprouve sur l'Acropole une exaltation totale. Il aimera retrouver plus tard le charme de la vie en Grèce dans la musique des restaurants grecs de Montréal. Plongeant dans l'histoire moderne de la Grèce, il découvre la naissance des nationalismes européens de la période de 1820-1860, qui correspond au romantisme en littérature. Son guide de voyage n'y est peut-être pas étranger ; Byron non plus, qui inspire tout ce voyage.

Delphes lui inspire l'idée d'un article.

C'est en août, vraisemblablement, durant la traversée Brindisi-Athènes, qu'il écrit une pièce en neuf tableaux demeurée inédite, *le Prophète* [12]. La pièce est à peu près terminée le 27 août et le sera complètement le 10 février 53.

Il lit *les Confessions* de Jean-Jacques Rousseau, l'*Évangile* selon saint Marc, l'*Évangile* selon saint Jean, l'*Évangile* selon saint Luc, *le Demi-Dieu ou le Voyage en Grèce* de Jacques de Lacretelle (Paris, F. Chamontin, 1930), *Aspects ignorés de la religion grecque* de Georges Méautis (Paris, Albin Michel, 1944).

Il quitte Athènes et la Grèce le 4 septembre.

De Montréal, ses amis Jacques Perreault et Louis-Georges Carrier lui adressent leurs commentaires à propos de son texte *les Rédempteurs*, qui n'est toujours pas publié.

PARIS

J'aime Paris encore plus que l'an dernier, et pourtant jamais comme maintenant je n'ai eu le goût de partir.

(Correspondance, 6 novembre 1952, Hubert Aquin à Lucien Pépin.)

Il revient à Paris en septembre et il apprend qu'on lui accorde une autre bourse pour lui permettre de prolonger son séjour en Europe d'une année à la faculté des lettres de l'Université de la Sorbonne à Paris[13]. Il est enchanté (lettre à Marcel Blouin du 18 octobre 1952). Il abandonne alors les sciences politiques et il étudie la littérature, l'histoire et la philosophie de façon informelle[14]. Il est admis le 24 novembre 1952, à la Sorbonne pour préparer le doctorat d'université en esthétique, sous la direction d'Étienne Souriau. Il songe à une thèse qu'il intitulerait « Phénoménologie de la création du personnage dans le roman ». Sa méthode serait empruntée à la phénoménologie de Husserl et appliquée à des romans de Green, Joyce, Faulkner et Dostoïevski. Toutefois, il n'achèvera pas ce projet, car il préfère se consacrer à son projet romanesque.

Le 20 septembre, il jette des notes dans son journal intime pour son projet romanesque *la Rencontre*, qu'il continue à élaborer en octobre et pense intituler *les Condamnés*. Le 6 octobre, il écrit : « J'ai une rage de m'exprimer. S'il fallait que je conserve toute ma vie le feu qui me brûle en ce moment — je ferais sûrement de grandes choses. Mais mais mais » (*Journal intime*). Le 14 octobre, il porte *les Rédempteurs* chez l'éditeur parisien José Corti.

En novembre, il se présente à un concours de recrutement du ministère des Affaires extérieures. Il s'ennuie et cherche un but à sa vie. Il prépare alors une série de trois émissions sur la Grèce, dont l'éventuelle réalisation est aujourd'hui perdue.

Ses compagnons sont alors Louis-Georges Carrier, Michelle Lasnier, Gilles Derome, Jean Octeau, Jacques Languirand, André Patry et Roland Berthiaume, Michel Van Schendel, Adèle Lauzon et Michèle Favreau. S'adjoindront bientôt Maurice Leroux, Jean-Paul Jeannotte, Marcel Dubé et Andrée Lachapelle.

De 1952 à 1954, il entretient avec Jacques Perreault une correspondance suivie (inédite) où il aborde les questions de la vie, la mort, l'amour, du suicide, de la religion et de l'écriture.

Dans son journal intime, il exprime ses émotions, ses humeurs et son désarroi, ainsi que l'évolution de ses conceptions littéraires. Il accepte que *les Rédempteurs*, refusé par les éditeurs français, soit pour lui un projet désormais dépassé.

ACTIVITÉS CULTURELLES

En septembre, il lit *l'Ecclésiaste*, *le Cantique des Cantiques*, *le Livre d'Isaïe* ; *Fourteen Stories* d'Henry James (Londres, 1946), *Jackpot* d'Erskine Caldwell (New York, 1949).

En octobre, *Méditations cartésiennes* de Husserl (Paris, Vrin, 1947), *le Cogito dans la philosophie de Husserl* de Gaston Berger (réimpr. Paris, Aubier, 1950), *Qu'est-ce que la métaphysique ?* de Heidegger (Paris, Gallimard, 1951), *Problèmes actuels de la phénoménologie*, collectif de Paul Ricœur, Jean Wahl et Maurice Merleau-Ponty (Paris, Desclée de Brouwer, 1955), *la Phénoménologie* de Francis Jeanson (Paris, Tequi, 1952), *Journal V (1946-1950)* de Julien Green (Paris, Plon, 1951).

En novembre, *la Crise de la pensée économique* d'Henri Denis (Paris, PUF, 1951), *le Visionnaire* (Paris, Plon, 1934), et *Moïra* de Julien Green (Paris, Plon, 1950) ; il reprend *Situations II* de Sartre, déjà mentionné en 1948.

En décembre, *Phénoménologie de la rencontre* de J.-J. Buytendijk (Paris, Desclée de Brouwer, 1952), *Lettre à la Comtesse de Noailles* de Proust (Paris, Plon, 1931), *Notre avant-guerre* de Robert Brasillach (Paris, Plon, 1941), *Lettres à quelques-uns* de Paul Valéry (Paris, Gallimard, 1952). Dans ses lettres, il évoque aussi la lecture de Balzac et de Georges Simenon.

Plus que jamais, il fréquente les salles de théâtre : en septembre, il assiste à *la Valse des toréadors* d'Anouilh au théâtre des Champs-Élysées, à *la Cuisine des Anges* d'Albert Husson au Vieux Colombier.

En octobre, il retourne voir la pièce d'Anouilh, puis *Nina* d'André Roussin aux Bouffes parisiens, *Donogoo* de Jules Romains à la Comédie française, *la Dame de trèfle* de Gabriel Arout monté par M. Vitold au théâtre Saint-Georges, *la Dame aux Camélias* d'Alexandre Dumas au théâtre Sarah Berhnardt, *Siegfried* de Jean Giraudoux au théâtre des Champs-Élysées. À propos de cette pièce ainsi que de *Dom Juan* de Molière, à laquelle il assiste à la même époque, il écrit que l'interprétation des comédiens l'agace, car selon lui, elle manque de créativité (lettre à Lucien Pépin du 6 novembre).

En novembre, *Velca* d'Alberto-Carlo Pinelli au théâtre Babylone, *Andromaque* de Racine au théâtre français, *Mère Courage* de Brecht, monté par Jean Vilar au Palais de Chaillot.

En décembre, *Dona Rosita* de Garcia Lorca au théâtre de l'Œuvre, *Roméo et Juliette* d'après Shakespeare au Luxembourg, *Meurtre dans la cathédrale* de T. S. Eliott par Jean Vilar au Palais de Chaillot, *Mithridate* de Racine au théâtre français. Puis, durant un séjour en Angleterre, il assiste aux représentations de *Quadrille* de Noel Coward au Phoenix et de *Romeo and Juliet* de Shakespeare au Old Vic Theatre.

À Paris, c'est l'époque des grands succès des chansons de Georges Brassens, ainsi que de la musique de jazz de Sydney Bechet et de Claude Luther, dont il est un fervent amateur.

Notes

1.   Les étudiants qui n'avaient pas de carte de séjour devaient sortir du territoire français tous les trois mois. C'est le cas d'Aquin.

2.   M. Bruchési a été le premier professeur québécois invité à l'Institut en 1948.

3.   Ces deux titres, probablement retranscrits de façon erronée par Aquin, n'ont pu être identifiés.

4.   *Le Fratricide*, roman inédit à propos duquel Languirand confie à Monique Genuist : « [...] un horrible mélo que j'ai écrit dans un style absolument incompréhensible de pureté, de perfection, tellement incroyable que c'était laid [...] » *Languirand et l'absurde*, Montréal CLF, 1982, p. 163.

5.   La Maison canadienne reçoit aussi nombre d'invités français : le philosophe Pierre Emmanuel, le cinéaste Jacques Tati notamment viendront rencontrer les étudiants.

6.   L'exemplaire conservé par Aquin dans sa bibliothèque est très annoté.

7.   Correspondance. Selon le témoignage de Claude Lacombe, le titre premier de ce texte était au singulier (Radio-Canada, *Aux vingt heures*, 17 mars 1977) ; n'a-t-il pas été confondu avec *le Prophète* ?

8.   Dans un curriculum vitæ, Hubert Aquin indique qu'il aurait obtenu ce diplôme en 1954. Cette hypothèse nous semble peu probable. Cependant, Michelle Lasnier affirme que celui-ci n'a pas obtenu ce diplôme et qu'elle fut la seule Québécoise reçue.

9.   C'est du moins le souvenir qu'en garde Michelle Lasnier plus de trente ans après.

10.   Ce film suédois suscita d'abondantes polémiques pour l'audace d'une séquence d'amour qui fit date.

11.   Voyage en train, autobus et auto-stop qui les a conduits à Quimper, Audierne, à l'Ile-de-Sein, à Douarnenez, Brest, Morlaix, Perros-Guirec, Rennes.

12.   Dans son journal intime, il note son projet de pièce pour la première fois à Amsterdam, le 12 juillet.

13.   Il a obtenu l'équivalence de sa licence en philosophie de l'Université de Montréal avec celle de la Sorbonne.

14.   Il est possible qu'entre 1952 et 1954. il ait assisté à des conférences de Merleau-Ponty au Collège de France.

1953

LONDRES

Hubert Aquin se rend à Londres pour y passer une dizaine de jours, pendant les vacances de Noël.

Outre les deux pièces mentionnées précédemment, il voit *The Deep Blue Sea* de Terence Rattigan au Duchess ; *Call me Madam* d'Anton Walbruck au Coliseum ; *The River Line* de Charles Morgan au Strand ; *Fliedermauss*, opérette de Strauss au Sadlers Well.

PARIS — ÉTUDES

De retour à Paris, il prépare sa thèse. Il semble que la philosophie allemande (Heidegger notamment) provoque en lui une profonde remise en question de l'enseignement qu'il a reçu jusqu'alors. Il achète et annote *l'Être et le néant* de Sartre (Paris, Gallimard, [1948]).

Certaines notes de lecture, datées de 1953, indiquent qu'il reprend des textes découverts précédemment : de Terence Rattigan *The Deep Blue Sea* ; de Julien Gracq, *Au château d'Argol* (Paris, Corti, 1938), *Un beau ténébreux, le Rivage des Syrtes* ; de Julien Green, *Journal* ; de Shakespeare *Roméo et Juliette* ; Roger Martin du Gard et André Gide[1]. En janvier, il consigne dans son journal intime : *l'Amant de Lady Chatterley* de D. H. Lawrence (trad., Paris, Gallimard, 1951), *Défense de Lady Chatterley* de D. H. Lawrence (trad., Clichy, P. Dupont, 1932), *Lettres à Robert de Montesquiou* de Marcel Proust (Paris, Plon, 1930), *Jean Santeuil* de Marcel Proust (Paris, Gallimard, 1952).

À la Bibliothèque nationale, il lit *l'Église primitive* de Jules Lebreton et Jacques Zeiller (Paris, Bloud et Gay, 1946), *Rome et l'Église primitive, la suprématie et l'infaillibilité papales aux premiers siècles* d'H. A. Moreton (Paris, Fischbacher, 1938), *le Christianisme aux origines et à l'âge apostolique* de Louis Lacqar, *Histoire de l'Église ancienne, tome I : les Commencements* de Hans Lietzmann (Paris, Payot, 1936), *la Théologie de l'Église, de Saint Clément à Saint Irénée* (Paris, Éd. du Cerf, 1945) et *la Théologie de l'Église de Saint Irénée au Concile de Nice* de Gustave Bardy (Paris, Éd. du Cerf, 1947), *Histoire sociale de l'Église* de Pierre Maillard (Paris, Picart, 1939), *The Church and its Organisation in Primitive and Catholic Times* de Walter Lowrie (Londres, Longmans, Green and Co., 1904), *Seven Centuries of the Problem of Church and State* de Frank Gavin (Princeton University Press at Oxford, 1938), *Christianity and Politics* d'A. Hyrna (Philadelphie, New York, 1938).

Ces lectures spécialisées ont sans aucun doute été suggérées par les professeurs d'Aquin à Paris.

THÉÂTRE

En janvier, il consigne dans son journal intime qu'il s'est rendu aux Gaîtés Montparnasse voir *Philippe et Jonas* d'Irwin Shaw ; *Hélène ou la joie de vivre* d'André Roussin au théâtre de la Madeleine ; *Monsieur le Trouhadec saisi par la débauche* de Jules Romains au Luxembourg.

En février, c'est *la Puce à l'oreille* de Feydeau au théâtre Montparnasse.

VIE SENTIMENTALE

À cette époque, Hubert Aquin noue une relation avec Michèle Favreau, dont le témoignage est cité dans l'ouvrage *Desafinado* de Françoise Maccabée-Iqbal.

Sa liaison avec Michèle Arbour, présente dans le livre *Signé Hubert Aquin* d'Andrée Yanacopoulo et Gordon Sheppard, demeure sans date, même si elle se situe au cœur des années parisiennes.

ÉCRITURE

À partir de décembre 1952, apparaît dans son journal intime le projet d'une pièce de théâtre qu'il considère achevée le 10 février. S'agit-il d'un projet d'écriture né à Londres ou de la transformation du roman préparé à l'automne 1952 ? Il semble que le monologue intérieur ait entraîné la transformation du genre. La lecture de Joyce, de Green et de Shakespeare joue un rôle important dans cette maturation. Pour la première fois apparaît le nom de Joyce dans les écrits d'Aquin à côté de Dostoïevki et de Faulkner (lettre d'Aquin à Lucien Pépin, 6 novembre 1952).

ALLEMAGNE : LES MUSÉES

À la mi-février, il fait un voyage en Allemagne d'une durée d'une semaine durant lequel il écrit se vider de ce qui l'oppresse et se libérer des valeurs sur lesquelles il comptait édifier sa vie. À Bâle, le 15 février, il visite une exposition de dessins de Goya ; le Kunstmuseum lui laisse une impression marquante, en particulier certaines toiles de Holbein[2]. Son voyage semble culminer à Heidelberg, le 18 février, où un tableau, le portrait de Gemma, est pour lui une révélation.

PARIS : LE JOURNALISME

Il prépare des interviews littéraires pour le journal *l'Autorité*. À cette fin, notamment, il lit en mars, *Jean-Jacques,* tomes I et II de Jean Guéhenno (Paris, Grasset, 1949), *Mont-Dragon* de Robert Margerit (Paris, Gallimard, 1952, [1952]), *Léon Morin prêtre* de Béatrix Beck (Paris Gallimard, 1952, [1952]), *les Marais* de Dominique Rolin (Paris, Seuil, 1952, [1952]), *l'Amour de rien* de Jacques Perry (Paris, Julliard, 1952, [1952]), *On vous parle* (Paris, Seuil, 1952, [1952]) et *la Fin des jours* de Jean Cayrol (Paris, Seuil, 1947).

En avril, *Cherchant qui dévorer* de Luc Estang (Paris, Seuil, 1952, [1952]), *Accent de Paris* de Louis Guilloux (Paris, Gallimard, 1952, [1952]), *le Pont de la rivière Kwai* de Pierre Boulle (Paris, Julliard, 1952, [1952]), *la Femme du docteur* de Jacques Cervione (Paris, Gallimard, 1951), *la Lumière et le fouet* de François Régis Bastide (Paris, Gallimard, 1952, [1952]), *le Feu qui prend* de Jean Cayrol (Paris, Seuil, 1949).

Figurent aussi dans ses lectures de mars *l'Être et le néant* de Jean-Paul Sartre (Paris, Gallimard, 1943) et *Jean Santeuil* de Marcel Proust (Paris, Gallimard, 1952) qui répondent manifestement à d'autres objectifs.

Le 25 mars, il rencontre Henri Martineau à la librairie le Divan où celui-ci lui dédicace, après une longue conversation sur Stendhal, son ouvrage *le Cœur de Stendhal* (Paris, Albin Michel, 1952).

THÉÂTRE

En mars, il fréquente assidûment les salles de spectacle : au théâtre français *le Jeu de l'amour et du hasard* de Marivaux et *Pasiphaé* de Montherlant, *Lorenzaccio* de Musset au Palais de Chaillot avec la troupe de Jean Vilar, *Schnock* de Jean Rigaux à l'Européen, *Sud* de Julien Green à l'Athénée, *l'Heure éblouissante* d'Henri Jeanson au théâtre Antoine, *Jehanne* à la comédie Caumartin, *Victimes du devoir* de Ionesco au théâtre du Quartier latin (il s'y rend deux fois), *Arlequin serviteur de deux maîtres* de Goldoni au théâtre Marigny, *Six Personnages en quête d'auteur* de Pirandello au Luxembourg, *le Misanthrope* de Molière par la comédie française.

En avril, *Spectacle André Frère* et *le Professeur Buissonnet* au théâtre du Quartier latin, *Médée* d'Anouilh à l'Atelier, *Palsambleu* de Sacha Guitry aux Variétés, *le Dindon* de Feydeau et *les Caves du Vatican* de Gide au Luxembourg, *la Leçon* et *la Cantatrice chauve* de Ionesco à la Huchette, *La neige était sale* d'après Georges Simenon à la Comédie Caumartin.

ITALIE

Il effectue un nouveau voyage en Italie où il marche sur les pas de Stendhal. L'accompagnent ses lectures de *Rome, Naples, Florence*, tome II, et *Histoire de la peinture en Italie*, tome II de Stendhal (Florence, au cabinet scientifique et littéraire de J.-P. Vieusseux, 1840), *Idées italiennes sur quelques tableaux célèbres* d'A. Constantin[3], *Stendhal à Rome* de Roger Boppe (Paris, Mercure de France, 1944).

Il se rend notamment à Palerme le 4 mai, puis à Agrigente le 5 mai, à Syracuse le 6, à Naples le 10 où il assiste à un spectacle de ballet contemporain, puis à Rome le 12 ; et dans chacune de ces villes, il écrit un texte de voyage qui est resté inédit à ce jour : c'est la nouvelle *les Sables mouvants*. Il s'agit d'un itinéraire qu'il affectionnera toute sa vie.

À son retour, il achète *les Romantiques. Stendhal* d'Albert Thibaudet (Paris, Hachette, [1931]).

RETOUR AU QUÉBEC

Le 7 juin, il rentre au Québec et il travaille comme journaliste pour *l'Autorité* (« Jacques Perry : je n'aime écrire un roman qu'à la première personne... ») et pour *la Patrie* (« Une nouveauté en Amérique : des missionnaires auprès des Juifs » ; « Démonstration de puissance du CF-100 à North Bay, Ontario » ; « Un étudiant de Rhodésie à l'Université d'Ottawa »).

Il suspend alors son journal intime, hormis quelques notes traversées par l'évocation de ses sentiments pour Michelle et de sa liaison avec Madeleine.

Durant l'été, il lit *Dostoïevski* (Paris, Plon, 1949-1950) et *Lettres à un sculpteur* d'André Gide (Paris, Gauthier, 1952), *l'Énergie spirituelle* de Bergson (1919), *Lettres à André Gide* de Marcel Proust (Neuchâtel et Paris, 1949) et *l'Homme révolté* d'Albert Camus (Paris, Gallimard, 1946).

PARIS

Il retourne à Paris en septembre où désormais il est davantage journaliste qu'étudiant. En plus de travailler pour la radio-diffusion française, il est correspondant pour *l'Autorité* : « Il y a des choses tellement plus intéressantes que les romans... avoue la romancière Béatrix Beck » ; « À la Galerie Antoin.e. Les grands maîtres de l'impressionnisme » ; « Si l'on en croit Jean Cayrol... Le romancier ne peut traiter qu'un seul sujet : le péché » ; « Gérard Filion » ; « Il faut servir la langue que l'on parle nous déclare Louis Guilloux évoquant le problème des satellites litéraires ».

RETOUR À MONTRÉAL

Il revient à Montréal en octobre où il écrit pour *la Patrie* : « Margaret Truman ne chante jamais Missouri Waltz » et pour *l'Autorité* : « Malgré Sartre et Camus... la littérature française n'a pas rebondi depuis l'avènement du surréalisme », « Les Français aussi achètent des livres qu'ils ne lisent pas, nous déclare François Régis Bastide, qui place le roman social à la Druon au premier rang du goût populaire », « En évoquant Jacques Rivière, Paul Beaulieu a retrouvé l'esprit de la *Nouvelle Relève* », « Jacques Cervione, un engagé, dénoncé. L'escroquerie littéraire de Montherlant », « Le roman se bâtit sur une idée générale, du moins pour Pierre Boulle qui déclare recommencer au moins trois fois chaque chapitre de ses ouvrages », « Les romans sont plus écrits qu'avant la guerre déclare Robert Margerit », « Dominique Rolin : La famille est la cellule d'où surgit la substance romanesque », « Luc Estang : victime de l'inquisition », « La nostalgie d'un art complet. Paul-André Lesort ».

Il songe à épouser Michelle Lasnier.

C'est sans doute au cours d'un de ces voyages au Québec qu'Hubert Aquin remet à Louis Portugais, secrétaire aux Éditions de l'Hexagone, son manuscrit des *Rédempteurs*. Deux ans plus tard, Hubert Aquin lui fait savoir qu'il ne désire plus donner suite à cette démarche.

RETOUR À PARIS

Il est de retour à Paris avant Noël et s'installe dans un petit hôtel du Quartier latin[4].

Il passe la Saint-Sylvestre en compagnie d'André Raynauld, de Pierre Lefebvre et de Camille Laurin. Lors de cette rencontre, il s'interroge sur ses choix littéraires et pense se réorienter vers la politique. Il souhaiterait entreprendre des études en politique internationale à la London School.

THÉÂTRE

Au théâtre, il voit en décembre *la Rose des Vents* de Claude Spaak au Babylone, *Kean* d'Alexandre Dumas-Jean-Paul Sartre au Sarah Bernhardt, *les Fausses Confidences* de Marivaux et *les Caprices de Marianne* de Musset à la salle Richelieu, *Crime parfait* aux Ambassadeurs, *les Hussards* de P. A. Bréal au théâtre des Noctambules, *Dom Juan* de Molière et *Lorenzaccio* de Musset par le Théâtre national de Paris au Palais de Chaillot, *Jeanne au bûcher* de Paul Claudel à l'Opéra, *Azouk* d'Alexandre Rivewale, au théâtre Fontaine.

Notes

1.   La date peut être erronée. Sa lecture de Gracq date de deux ans plus tôt.

2.   *Le Christ au tombeau* et *la Femme et les enfants de l'artiste*.

3.   Stendhal prit une large part à la rédaction par A. Constantin de cet ouvrage, édité en 1840 par Frank Gavin.

4.   L'hôtel de Lisbonne, 4 rue Vaugirard, Paris 6e.

1954

PARIS

Il travaille comme correspondant officiel pour *l'Autorité* : « J'ai tout dit sur Stendhal, déclare Henri Martineau qui s'intéresse maintenant à l'œuvre de J.-P. Toulet » (2 janvier) ; « Monsieur Goncourt 53 a lu François Hertel. Pierre Oscar se confie à un Canadien » (30 janvier) ; « La chasse royale. Pierre Moinot, Prix Sainte-Beuve 53, nous parle de sa technique et rêve de chasser le chevreuil au Canada » (6 février).

Il est possible qu'il travaille comme rédacteur au service de presse de Gallimard et du Seuil et qu'il écrive à ce titre des recensions de livres récemment parus. Sa sélection de l'actualité littéraire parisienne pour *l'Autorité* pourrait être en rapport.

Au théâtre, il voit au cours du mois de janvier *le Dindon* de Feydeau au Luxembourg, *l'Alouette* de Jean Anouilh au théâtre Montparnasse, *Été et fumées* de Tennessee Williams au théâtre de l'Œuvre, *Partage de midi* de Paul Claudel au Marigny.

Le désir d'écrire un roman le travaille, mais il n'en a pas trouvé le sujet. C'est le 29 janvier que prend fin son journal intime parisien.

Il passe de longs après-midi à la Bibliothèque nationale[1].

LA YOUGOSLAVIE

Le 10 février, il part en reportage pour la Yougoslavie avec trois amis[2]. Il a préparé son voyage à l'aide d'articles du journal *le Monde*, d'un numéro spécial sur la Yougoslavie de la revue *Esprit* et de *l'Information yougoslave*.

Après une halte à Lausanne puis à Ljubljana et à Zagreb, il arrive avec André Raynauld à Belgrade le 18. Le voyage a été difficile en raison des conditions climatiques et ses coéquipiers ont changé de direction. La ville ne lui plaît pas et il a des problèmes financiers. Cependant, il s'intéresse vivement au régime du pays : la nouvelle constitution, la décentralisation ; il écrit des articles sur l'autogestion des entreprises et les relations entre l'État et l'Église[3], mais ses observations le laissant perplexe, il ne les fait pas parvenir à *la Patrie*[4] ; il présentera toutefois ses conclusions lors d'un congrès, à son retour à Montréal. Son séjour dure jusqu'au 2 mars et il est à Paris deux jours plus tard.

FIN DU SÉJOUR PARISIEN

En février et en mars, d'autres articles de lui paraissent dans *l'Autorité* : « Je ne cherche pas un style : il se trouve que j'écris comme cela confie Bourniquel » à notre correspondant » (20 février) ; « Pour situer son œuvre, empreinte de poésie, de mystère et de sacrilège, une étrange et jeune romancière avoue : Seuls les contraires me satisfont. Simone Jacquemard » (20 mars) ; « À notre correspondant, Pierre Emmanuel démontre que les intellectuels sont les consciences malheureuses de notre temps » (27 mars). Ce dernier entretien à propos de *l'Ouvrier de la onzième heure* (Paris, Seuil, 1953) rappelle que ce poète et essayiste a été un conférencier apprécié à Montréal.

Il souhaiterait rencontrer André Malraux, mais l'interview n'aura pas lieu.

Avant de rentrer définitivement au Québec, il voyage avec quelques amis québécois, André Patry, Marcel Dubé, Gilles Potvin, en Hollande au mois d'avril[5] et dans la vallée de la Loire ; Louis-Georges Carrier et Andrée Lachapelle se sont joints au groupe : « Tu as été alors mon guide, sans toi je n'aurais su où aller alors que toi tu paraissais t'y connaître et que tu avais un merveilleux sens de l'orientation. Tu as été mon guide et ami à Bruxelles, à Anvers, à Gand, à Amsterdam, à Rotterdam, à La Haye, à Genève, à Vérone, à Milan, à Venise... » (Marcel Dubé, *le Dimanche*, 1er mai 1977.)

RETOUR AU QUÉBEC

Il rentre le 10 mai[6], après une traversée à bord du navire Homeric, en compagnie de Louis-Georges Carrier et de Jacques Languirand. Sur le bateau, les trois amis montent un spectacle improvisé sur des aspects de la vie québécoise. En juin, il dit avoir égaré, au cours de ce voyage de retour, un roman qu'il aurait composé sur un sujet biblique.

Il demeure au 10175, rue Meunier, à Montréal, avec sa famille.

RADIO-CANADA :

La « période rose » des émissions « géné-
ratrices de satisfaction ».

(Aquin, correspondance, 1973.)

Je suis dans le monde des artistes parce
que j'ai mis le pied dans l'engrenage en
1954.

(*Le Magazine Maclean*, septembre
1966.)

Aquin entre alors dans la vie professionnelle, en com-
mençant à travailler pour Radio-Canada en juillet[7], dans le
cadre des programmes de Radio-Collège. Son tuteur est Guy
Mauffette ; Aquin aurait remplacé son ami Louis-Georges
Carrier, alors réalisateur dans ce programme.

Créé en 1941, Radio-Collège est un service qui a
vocation d'enseignement. Sa saison régulière se déroule
d'octobre à fin mai. Dirigé par Raymond David à partir de
1954, Radio-Collège est peu à peu intégré à la télévision et
fusionne le 16 janvier 1956 avec le Service des causeries
pour former le Service des émissions éducatives et d'affaires
publiques (SEEAP). Le SEEAP sera fondu à son tour avec le
Service des nouvelles pour former le Service information en
1964[8].

C'est à Radio-Canada, dans le courant de l'été, qu'il
fait la connaissance de Thérèse Larouche, scripte de son ami
Louis-Georges Carrier[9]. Thérèse Larouche est originaire de
Victoriaville ; fille du dentiste J. Edgar Larouche, elle a fait
ses études au collège Villa-Maria à Montréal. À ce moment,
Hubert Aquin travaille à l'adaptation de *Moïra* de Julien
Green que Louis-Georges Carrier doit réaliser.

À Radio-Canada, il débute en juillet par l'adaptation à
la radio de *l'Homme qui a perdu son ombre*, de Paul Gilson
d'après un conte de Chamisso, au « Théâtre de Radio-
Canada », que réalise Louis-Georges Carrier. *La Toile
d'araignée*, titre précédé originellement de la mention

« Histoire d'amour », est le premier texte radiophonique qui soit signé par Aquin et réalisé, le 29 juillet, par Louis-Georges Carrier, dans la série « Théâtre de Radio-Canada », avec les voix de Marthe Thiéry, Monique Miller, Robert Gadouas, Andrée Lachapelle et Henri Norbert[10].

Puis en août, il met en ondes *la Légende de l'homme à la cervelle d'or*, pour la série radiophonique *les Lettres de mon moulin* d'Alphonse Daudet ; il réalise quatre épisodes de la série radiophonique *la Chronique des Pasquier*, de Georges Duhamel.

Sa période de stage terminée, il est alors confirmé dans son poste de réalisateur, le 7 septembre.

Au même moment, commence à la radio la série « Les voix du ciel et de l'enfer dans notre littérature ». C'est la première série, placée sous l'égide de Radio-Collège (quinze émissions), que réalise Hubert Aquin.

On lui confie aussi, dans le même cadre, la réalisation de « La musique parmi nous » (quinze émissions), avec la collaboration de Jean-Paul Jeannotte. Débute aussi la série « Hommes illustres » (trente émissions), consacrées à François Ier, Élisabeth II, Rabelais, Shakespeare, Érasme, Vinci, Louis XIV, Guillaume II d'Orange-Nassau, Molière, Pascal

Il met en ondes, en décembre, *Titange* de Louis Fréchette, pour une émission spéciale intitulée « Légendes canadiennes » ; de même, l'émission spéciale « Hommage à Arthur Rimbaud », dont le texte est écrit par Louis-Georges Carrier.

Il serait de plus réalisateur d'une émission spéciale sur Tagore, il travaillerait pour la série « Les ineffables », et écrirait pour « Philosophes et penseurs » un texte sur Nietzsche dont les traces semblent aujourd'hui perdues.

Dans une lettre écrite en 1973, il évoque son travail à la radio : « L'émetteur (que j'étais) était *seul dans son réduit* et tentait, de façon généralement obsédante, de confec-

tionner une émission qui — sait-on jamais ? — pouvait être
écoutée par un marin perdu dans l'Atlantique... »

Notes

1.   C'est au cours de cette année ou de la précédente qu'il se
présente à un concours du service civil au ministère des Affaires
extérieures ; sans résultat.

2.   Michelle Lasnier, André Raynauld et Marcel Dubé.

3.   Il souhaite rencontrer Milovan Djilas, compagnon de Tito
disgracié pour sa conception d'un socialisme pluraliste, mais celui-ci est en
résidence surveillée.

4.   Il écrit un article sur les usines pour *le Devoir*, mais il demeure
inédit. Il souhaite pouvoir utiliser ses textes au Québec, dans des émissions
de télévision qu'il préparerait avec André Raynauld.

5.   À Charleville et à Amsterdam, où il se trouve le 12 avril.

6.   Il a renoncé à une excursion en Orient.

7.   C'est André Patry qui lui permet de se présenter. Il lui confiera
trois projets de réalisation : une conférence sur la Chine, trois émissions sur
l'art chinois du musée de Toronto, l'émission « Cartes sur table ».

8.   Radio-Collège, « premier grand essai de culture populaire au
Canada français » (Jean Sarrazin, émission universitaire « Radio-Collège »
du 2 octobre 1961, réalisée par Fernand Ouellette), avait pour
caractéristique d'« instruire en délassant ». Les principaux réalisateurs qui
ont contribué au prestige de cette émission furent Aurèle Séguin, Gérard
Lamarche, Raymond David, Marc Thibault, Louis-Georges Carrier, Hubert
Aquin, Roger Citerne... Cet ensemble de programmes marque l'histoire des
communications du sceau de la ferveur et de l'enthousiasme pour la culture.
Les émissions auxquelles travaille Aquin sont essentiellement littéraires et
historiques.

9.   Un témoignage indique toutefois qu'il aurait séjourné à Paris
avec Thérèse Larouche au printemps 1954. Il s'agit sans doute de 1955.

10.   Le 14 novembre 1954, Jacques Godbout signera un radio-
théâtre du même titre, première émission de « Nouveautés dramatiques ».

1955

RADIO-CANADA

À la télévision, le 30 janvier, est diffusée son adaptation de *Moïra*, de Julien Green, que réalise Louis-Georges Carrier pour le « Télé-théâtre de Radio-Canada » avec Robert Gadouas et Monique Miller dans les rôles principaux.

Mais Hubert Aquin travaille surtout à la radio. En janvier, Aquin présente la série « Témoignages de notre poésie » ; le texte est de Gilles Marcotte. Les auteurs choisis sont Octave Crémazie, Louis Fréchette, Alfred Garneau et Albert Lozeau, Nelligan, Alfred Desrochers, René Chopin et Paul Morin, Medjé Vézina, Jovette-Alice Bernier et Simone Routier, Rina Lasnier, François Hertel, Saint-Denys Garneau, Alain Grandbois, Anne Hébert, Fernand Dumont et Roland Giguère, Éloi de Grandmont et Sylvain Garneau.

La série « Hommes illustres », réalisée par Aquin, se poursuit avec l'évocation de Beaumarchais, Mozart, Watteau, Disraeli, Bismark, Beethoven, Dostoïevski,

Laënnec, Darwin, Gandhi, Roosevelt, Malraux, Freud, Einstein, Stravinski[1].

Hubert Aquin réalise en outre la série « Les gens qu'on dit sauvages », quinze émissions radiophoniques dont le conférencier est Jacques Rousseau et l'animateur, Claude Melançon. Ces trois séries prennent fin en avril. Au mois de mai, Radio-Collège voit l'ensemble de ses programmes couronné par le prix Henry-Marshall-Tory, reconnaissance d'une « contribution remarquable dans le domaine de l'éducation des adultes au Canada ».

VIE PRIVÉE

Il fréquente, à cette époque, Thérèse Larouche, scripte de son ami Louis-Georges Carrier à Radio-Canada. Il se rend avec elle à Paris pour Pâques, et ils y retrouvent Jacques Languirand[2].

RADIO-CANADA

On lui confie ensuite la réalisation d'une série théâtrale pour la radio, intitulée « Billet de faveur », qui comprend, dans l'ordre, *Naissance des personnages ou Tout leur est aquilon* de Jacques Languirand, *Cinquième Étage* de Marcelle Bazzana, *l'Entonnoir* de Jacques Languirand, *Portrait d'un squelette* de Jean Lazare, *Mine de rien* de Jacques Languirand, *le Retour* de Lomer Gouin, *Monsieur Fougasse* de Marcel Cabay, *Excès de vitesse* de Mario Duliani, *le Boxeur malgré lui* d'Adèle Lauzon, *Émission spéciale* de Jacques Languirand, *Le bonheur est au bout du monde* de François Moreau, *l'Assassin viendra ce soir* de Marcel Cabay, *Croyez-vous que je sois un cowboy* de Jacques Languirand, *la B.C.R.A.* de Louis-Martin Tard, *Lancement d'une vedette* de Claude Brazeau, *Mesure à cinq temps* d'Éloi de Grandmont, *l'Héritage* de Gilbert Choquette. Ces pièces sont diffusées du 1er mai au 25 septembre.

À partir du 7 juin commence la première d'une série de quatorze émissions intitulée « L'âme des poètes », réalisée par Hubert Aquin. Y figurent Ronsard, Louise de Vilmorin, Albert Samain, Nerval et Marceline Desbordes-Valmore, Henri de Régnier, Apollinaire, Mallarmé et Léon-Paul Fargues, Paul Fort, Rimbaud, Éluard, entre autres[3].

De même, la première d'une série de dix-huit émissions intitulée « Omnibus » et réalisée par Hubert Aquin, débute le 15 juin et se poursuit jusqu'au 12 octobre.

ÉCRITURE

Cette intense activité porte Hubert Aquin à s'éloigner de ses écrits antérieurs. Il désire toujours publier un roman et il ébauche un projet à cet effet au mois de mai. Il estime que son style évolue vers une expression plus directe, moins poétique qu'auparavant. C'est pourquoi il juge *les Rédempteurs* dépassé et demande en juin aux Éditions de l'Hexagone de ne pas le publier. Il songe aussi à une pièce de théâtre pour laquelle il rédige des notes et qui s'intitule *la Dernière Cène*.

RADIO-CANADA

En juillet, il réalise *le Joueur* de Dostoïevski pour le « Théâtre de Radio-Canada », adapté par Marcel Blouin, avec Robert Gadouas. Vient ensuite « Flagrand délit », le 18 juillet, le 15 août et le 26 septembre, série radiophonique pour laquelle Hubert Aquin réalise *Lettres anonymes* de Marcel Blouin, *Un cadavre au Bassin 13* de Jean Lazare et *Louis Ferro investigateur* de Claude Brazeau.

En août, il remplace un collègue à « L'album des as », émission pour la jeunesse qu'il réalise à cette occasion sur le sujet suivant : « Frontenac ».

L'été est entrecoupé de fins de semaine à Sainte-Marguerite, où il retrouve des amis.

C'est en septembre qu'est programmé à Radio-Canada son premier texte de téléthéâtre, d'abord intitulé *Porte tournante*[4], puis dans sa version définitive *Passé antérieur*. Il est diffusé le 28 septembre, dans le cadre de « Été 55 », réalisé par Louis-Georges Carrier et interprété par Dyne Mousso, Jean Brousseau, Lucile Gauthier et Sacha Tarride.

Après un « Hommage à Gérard de Nerval » à la radio, le 1er octobre, il réalise encore « L'attente » à la radio, choix de textes présentés par Robert Gadouas et François Rozet le 24 décembre[5].

Enfin, il réalise à la radio, onze des quinze émissions de « Chacun sa vérité », du 13 septembre au 13 décembre, consacrées à Chateaubriand, Stendhal, Goethe, Byron, Flaubert, Baudelaire, Tolstoï, Nietzsche, Rilke, Valéry, Malaparte.

Cette fructueuse activité lui vaut une promotion à Radio-Canada en cette fin d'année : il est nommé organisateur d'émissions dans la série « Causeries et affaires publiques » que dirige Raymond David.

VIE PRIVÉE

Il se marie le 3 décembre avec Thérèse Larouche, à l'église Saint-Léon de Westmount ; les époux partent en voyage de noces à New York. Les fiançailles ont eu lieu au Ritz-Carlton. À son retour, le couple emménage à Ahuntsic, rue Fleury, à proximité des Blouin, de Louis-Georges Carrier et des parents Aquin.

Par le contrat notarié qui les lie, Thérèse Larouche bénéficie d'avantages matrimoniaux qu'elle fera valoir à partir de 1966 jusqu'après la mort d'Aquin.

Amitié et profession lient toujours Marcel Blouin, Louis-Georges Carrier et Hubert Aquin qui se réunissent volontiers pour écrire des textes en commun ; l'ambiance est joyeuse.

Notes

1.   Il achète et annote *Malraux par lui-même* de Gaétan Picon (Paris, Seuil, [1953]) en février 1955.

2.   De ce voyage, il conservera dans la bibliothèque *l'Homme et lui-même* de Graham Greene (Paris, Plon, [1951]), ouvrage dont il a daté l'achat avril 1955, ainsi que *Stendhal par lui-même* de Claude Roy (Paris, Seuil, [1951]).

3.   L'émission a duré cinq ans. Des textes sont lus par un comédien, les chants dus à Jean-Paul Jeannotte qui choisit le comédien et la musique. L'émission présente d'abord les auteurs, puis leur succèdent des thèmes littéraires.

4.   Selon une annonce de *la Semaine à Radio-Canada* (22 au 28 mai 1955, vol. V, n° 33).

5.   Lectures de pages de l'Écriture Sainte et de littérature religieuse, choisies par Raymond David.

1956

RADIO-CANADA

Cette année est encore placée sous le signe de Radio-Canada, dont les services connaissent une complète réorganisation au mois de janvier. Radio-Collège fusionne avec le Service des causeries pour former le SEEAP (Service des émissions éducatives et d'affaires publiques), et oriente ainsi sa politique éducative et culturelle vers celle d'un plus grand suivi de l'actualité. C'est surtout à la télévision que se dessine cette tendance tandis que la radio conserve l'esprit d'un approfondissement plus soigné.

À cet égard, l'itinéraire d'Hubert Aquin est significatif ; il touche à tous les secteurs caractéristiques, dans des séries d'émissions qui connaissent succès et longévité.

C'est ainsi qu'à partir du 8 janvier jusqu'au 22 avril, Hubert Aquin réalise hebdomadairement à la radio « Les carrefours de l'histoire ». On y traite du siècle de Périclès, de la décadence de Rome, de la République de Genève, de la Renaissance en Europe, de la révolution de 1789, du mouvement ouvrier au XIXe siècle, des débuts de la révolution russe, du mouvement surréaliste, de la montée des États-Unis au XXe siècle, de Munich en 1938, de la guerre d'Espagne, de l'après-guerre[1]. Il réalise aussi trois des quinze émissions de la série « Les villes » : Vienne et Florence en janvier et Rome en mars[2].

Le 26 février, il réalise à la radio une émission spéciale intitulée *Hommage à Claudel*. Du 30 avril au 4 mai, il réalise quotidiennement « Lectures de chevet », où est lu *Adrienne Mesurat* de Julien Green, par Jean-Louis Roux.

Courant avril, il se rend à Vancouver, où il représente le réseau français de Radio-Canada au congrès des directeurs des musées.

En mai, Hubert Aquin réclame, de nouveau en vain, son manuscrit *les Rédempteurs* auprès de l'Hexagone.

Du 24 juin au 16 décembre 1956, puis jusqu'au 19 mai 1957, à la télévision, il organise « Prise de bec », réalisé par Claude Sylvestre, puis par Jean-Pierre Sénécal et animé alternativement par Jean-Charles Bonenfant et André Patry ; Marcel Blouin choisit les citations soumises aux participants de chaque discussion. L'émission, conçue au départ pour être une distraction instructive, devient rapidement un lieu d'altercations où les prises de position sont souvent violentes. Elle est centrée sur des questions d'actualité.

À partir de septembre, il est organisateur, à la télévision de Radio-Canada, de la série « Pays et merveilles », réalisée par Jean-Pierre Sénécal et animée par André Laurendeau. Cette émission, très populaire auprès des téléspectateurs, en est à sa cinquième saison ; le choix des invités incombe à Hubert Aquin.

Il organise aussi les huit émissions du « Musée intime » à la télévision, série inspirée du « Musée imaginaire » de Malraux, du 8 juillet au 26 août, dont la réalisation est confiée à Paul Blouin, puis à Claude Sylvestre.

Puis « À votre service », trente et une émissions télévisées de novembre 1956 à juin 1957, réalisées par Robert Séguin et animées par Alban Flamand. Elles consistent en reportages sur différents services publics au Québec. Mais il semble qu'Hubert Aquin ait laissé la responsabilité de cette émission à Romain Desbiens, après quelque temps.

Il organise aussi « C'est la vie », à la télévision également, qui débute le 18 septembre et dure jusqu'à l'été 1957 ; il s'agit d'une émission d'éducation populaire hebdomadaire, réalisée en direct, qui traite de différents métiers. La série, qui entame avec Hubert Aquin sa deuxième année, se transforme sous sa direction en une émission d'actualité ; les problèmes de santé y sont fréquemment abordés.

Le 17 décembre, Hubert Aquin est nommé superviseur (*Supervising Producer*), sous l'autorité directe du directeur Raymond David et du directeur adjoint Edmond Labelle du SEEAP. Cette fonction consiste essentiellement en la coordination des équipes de réalisation, et si Hubert Aquin doit répondre aux exigences d'une planification méthodique, il participe aussi à la qualité et à la mise en place des programmes.

Son activité créatrice est donc mise au service de projets divers, télévisuels ou radiophoniques, déposés et discutés auprès de Raymond David. Lui parviennent également diverses propositions d'émissions qu'il sélectionne.

ÉCRITURE

Ses seules activités littéraires connues, cette année-là, sont sa collaboration à la chronique littéraire du journal *Vrai*, en décembre, qui débute par la présentation de trois auteurs québécois : « *l'Échéance* de Maurice Gagnon » (1955), « *les Inutiles* d'Eugène Cloutier » (1956) « *Mon fils pourtant heureux* de Jean Simard » (1956), et « De Frontenac à Saint-Denys Garneau ».

AMITIÉS

À cette époque, Hubert Aquin fréquente notamment Bernard Carisse et Colette Beaudet-Carisse, André et Louise Jasmin, Suzanne et Laurent Lamy, André et Michèle Raynauld ainsi que Denise et Roland Berthiaume.

Notes

1. Les auteurs des textes sont Michel Van Schendel, André Laurendeau, Victor Hinckz, Lucien Pépin, Louis-Martin Tard et Marcel Blouin, Michelle Lasnier, Gilbert Choquette, André Raynauld.

2. L'auteur en est Pierre Gauthier.

1957-1958

UNE VIE RANGÉE

On sait peu de choses de la vie d'Hubert Aquin au cours de
ces deux années-là. Il demeure au 9919, avenue d'Auteuil, à
Montréal.

ÉCRITURE

Il continue de collaborer à *Vrai*, auquel il propose trois articles en janvier et février sur des auteurs français : « *Les Roses de septembre* d'André Maurois », « *Lettres de voyage* de Teilhard de Chardin », et « *Le Déménagement* de Jean Cayrol ». Dans ces articles, très liés à l'actualité littéraire, son point de vue critique est guidé par la recherche de la vie spirituelle secrète, manifestée par un style poétique et un sens de l'analyse qui pénètre au-delà des conventions.

En mai 1957, il a un projet de roman, mais il ne jette que quelques notes sur le papier.

RADIO-CANADA

Il travaille toujours à Radio-Canada. Ses fonctions s'orientent davantage vers la direction[1] : il devient cadre hors statut au printemps 1957. Il a la charge d'émissions de télévision qui voient le jour comme de plus anciennes, « Prise de bec », par exemple. Travaillent sous sa direction deux organisateurs d'émissions télévisées[2] et onze réalisateurs[3].

Il est désormais loin des questions concrètes de réalisation et sa seule implication notoire est sa participation à l'organisation de l'émission télévisée spéciale « Les élections fédérales », le 10 juin 1957.

Le 12 novembre, il engage Marcel Blouin et André Payette comme organisateurs d'émissions.

UNIVERSITÉ DE MONTRÉAL

Il songe sans doute à une nouvelle orientation professionnelle. Il s'inscrit alors en septembre 1957 à l'Université de Montréal en maîtrise d'histoire, au cours de méthodologie, d'histoire internationale (1871-1947), d'histoire des États-Unis (1607-1865) et au séminaire d'historiographie.

L'histoire internationale l'intéresse particulièrement ; toutefois, il ne se présente pas aux examens, si ce n'est au cours de méthodologie. Il ne terminera pas cette maîrise[4].

RADIO-CANADA

D'une façon générale, la politique l'intéresse. Ainsi, il supervise une émission spéciale sur le Congrès libéral qui se tient en janvier 1958 à Ottawa.

Ce sont peut-être ces activités qui le signalent à la Gendarmerie royale du Canada (GRC) au cours de l'année 1958. Une visite à son bureau lui vaut la confiscation d'ouvrages d'auteurs philosophiques comme Hegel, Marx, Engels, suivie d'un procès secret à Ottawa, au ministère de la Justice, d'une durée de trois ou quatre jours. On l'interroge sur ses amitiés durant ses années universitaires : la GRC traque les communistes. Hubert Aquin se dit « dégoûté de ces pratiques » (entretien « Quebec Now ») qui précipitent sa conscientisation politique et qui font naître en lui l'adhésion à l'idéologie séparatiste.

En janvier 1958, le service qu'il supervise produit dix-sept émissions par semaine : « Rencontre », « Affaires de famille », « C'est la vie », « Point de mire », « Le roman de la science », « Pays et merveilles », « Eaux vives » et « Des yeux pour voir », par exemple.

Sa carrière à Radio-Canada se poursuit normalement, il monte en grade au mois d'avril 1958. Mais les remous politiques compromettent sans aucun doute sa situation.

Il fait alors une demande de bourse auprès du Conseil des arts pour faire une brève étude sur la télévision éducative à Londres, Paris, Genève et Rome. L'ayant obtenue, il se rend à Paris et à Londres auprès de la BBC et de la RTF (vraisemblablement fin juin), et il revient avec la conviction que les émissions éducatives de Radio-Canada « concèdent beaucoup trop à la vulgarisation[5] ». Cette étude se concrétise par l'inscription, en 1960, d'une série sur l'art par René Huyghe, proposée par Aquin à la direction.

De juin à septembre, il poursuit son expérience des débats d'actualité, en réalisant « Carrefour », série qui existe depuis déjà quelques années. Les animateurs en sont Renée Larochelle, Guy Viau, Wilfrid Lemoyne et Judith Jasmin.

À partir de septembre, il est nommé directeur adjoint du SEEAP et coordonnateur de la section Arts et lettres, qui comprend des « Émissions radiophoniques » à la radio et des « Arts et lettres » à la télévision.

Dans l'entretien « Quebec Now » de *Midday Magazine* (1973), Aquin dira que la structure même de la société de radiodiffusion et de télévision l'obligea à orienter ses émissions vers le Canada anglais, en présentant des aspects de la société et de la culture québécoises. Il était naturel, avouera-t-il, qu'il se soit par la suite impliqué dans la définition de l'identité québécoise.

VIE PRIVÉE

Le 13 septembre, naît son premier fils, Philippe ; il est baptisé le 24.

Le 23 septembre 1958, il aurait indiqué « écrivain » sur son passeport comme profession ; ce fait n'a pu être vérifié.

Par ailleurs, il découvre la course automobile ; il rêve de se faire pilote, mais il est trop tard, dit-il dans un entretien, pour qu'il y songe sérieusement.

RADIO-CANADA

La fin de l'année est marquée par la grève des réalisateurs à Radio-Canada, qui met un terme au tournage du *Choix des armes*, téléthéâtre écrit par Hubert Aquin, jamais réalisé par la suite à notre connaissance. Sa diffusion était prévue pour le 8 janvier[6] : « [...] la longue grève des réalisateurs de la

télévision de Radio-Canada, cette année-là, qui voulaient
fonder, suivant un modèle français, un syndicat de cadres,
nous toucha tous profondément : Ottawa, perdit, à cause de
cette grève, l'adhésion spontanée des intellectuels préo-
ccupés des droits de l'homme qui découvraient soudain
"l'étroite interdépendance de la liberté et de la vie
culturelle". » (Jacques Godbout, *Le Devoir*, 5 novembre
1983.)

Notes

1.   « La "colonne vertébrale de Radio-Canada " est constituée par
des Anciens de Sainte-Marie », écrit Gérard Lamarche, directeur des
réseaux français pour la Province de Québec (correspondance à ses condisciples du 13 août 1958).

2.   Gérard Lemieux et Romain Desbois.

3.   Jean Saint-Jacques, Jean-Pierre Sénécal, Claude Sylvestre,
Jean-Maurice Laporte, Jean Pellerin, Robert Séguin, Yvette Pard, Noël
Fortin, Pierre Castonguay, Jean Valade et Marcel Brisson. Dans ces
émissions, l'organisateur est responsable du contenu et le réalisateur de la
mise en scène.

4.   En novembre 1957, il achète *Louis XIV* d'Hubert Méthivier
(Paris, PUF, 1950]) et *James Joyce par lui-même* de Jean Paris (Paris, Seuil,
[1957]). Au printemps 1958, il achète *Stendhal romancier* de Maurice
Bardèche (Paris, Éditions Table ronde, [1947]). Courant 1958, il se procure
Byron d'André Maurois (Paris, Grasset, [1930, tomes I et II]).

5.   C'est ce qu'il écrit en août 1960 au responsable du Conseil des
arts.

6.   Les premiers contacts avec l'ONF semblent dater de 1958. Ils
se seraient établis au cours de la production du film *l'Art chinois*, réalisé à
l'ONF.

1959

RADIO-CANADA

La grève des réalisateurs à Radio-Canada, qui débute le 29 décembre, dure jusqu'au 7 mars. Hubert Aquin prend parti en signant avec vingt de ses collègues de la direction une pétition contre le licenciement des grévistes. Ce document est présenté, le 27 janvier, au président intérimaire E. L. Bushnell de Radio-Canada à Ottawa, afin de protester contre une éventuelle refonte complète du réseau français[1].

Au cours de cette année, ses activités se partagent entre la lecture, l'écriture, les projets d'émissions et un peu d'enseignement.

LECTURES

Il lit beaucoup de romans, en particulier les romans policiers de Simenon, ainsi que des romans contemporains français et américains. Michel Butor *l'Emploi du temps* (Paris, Éd. de Minuit, 1956), André Pieyre de Mandiargues *Feu de braise* (Paris, Grasset, 1959), Françoise Sagan *Aimez-vous Brahms* ? (Paris, Julliard, 1959), Philippe Sollers *Une curieuse solitude* (Paris, Seuil, 1957), François Nourrissier *Chiens à fouetter* (Paris, Julliard, 1956), Nabokov *la Vraie Vie de Sébastien Knight* (1941), *Lolita* (trad., Gallimard, 1959), *Conclusive Evidence* (New York, 1951), *Chambre obscure* (trad., Paris, Gallimard, 1959) et *la Course du fou* (trad., Paris, Fayard, 1934), Graham Greene *Tueur à gages* (Paris, Laffont, 1947) et *Orient-Express* (Paris, Stock, 1956), J. M. Synge *le Baladin du monde occidental* (trad., Paris, Librairie théâtrale, 1954). De nouveau, il reprend Stendhal, notamment à travers la lecture de Maurice Bardèche.

On notera ici l'attirance marquée d'Aquin pour Nabokov, confirmée maintes fois par lui-même dans ses entretiens.

Entre mars et octobre, il lit encore Jean Cayrol *Des corps étrangers* (Paris, Seuil, 1959), Michel Lebrun *Un silence de mort* (Paris, Presses de la Cité, 1956), Christiane Rochefort *le Repos du guerrier* (Paris, Grasset, 1958), André Duquesne *Zéro pour la question* (Paris, Presses de la Cité, 1958), René Huygue *Dialogue avec le visible* (Paris, Flammarion, 1955), Anna de Noailles *les Forces éternelles* (1920), Peter Cheyney *Un whisky de plus* (Paris, Presses de la Cité, 1951), Stendhal *la Chartreuse de Parme* (1839), Roger Peyrefitte *l'Exilé de Capri* (Paris, Flammarion, 1959), Roger Vailland *les Mauvais Coups* (Paris, Éd. du Sagittaire, 1948), Louis Réau *Iconographie de l'art chrétien* (Paris, PUF, 1955-1959), Balzac *Splendeurs et misères des courtisanes* (1839-1847). En septembre, il achète *l'Âme romantique et le rêve* (Marseille, 1937, [1956]) d'Albert Béguin, qu'il annote.

ÉCRITURE

Ses lectures servent autant son activité d'écrivain que ses projets à Radio-Canada.

Il écrit *l'Invention de la mort*, récit qui demeurera inédit de son vivant. Ce texte est à rapprocher d'un projet d'abord intitulé « L'instant d'après »[2].

Les Rédempteurs est enfin publié dans *Écrits du Canada français*, au mois de mai.

RADIO-CANADA

Durant l'été, il élabore de nouvelles émissions, reprenant la série « Comment dirais-je » à la télé, visionnant les films de Rossellini sur l'Inde achetés par la RTF, élaborant une série intitulée « Les anciens Canadiens », sur un texte écrit par Michel Van Schendel.

Il coordonne diverses émissions, toutes à vocation culturelle et éducative : « Arts et lettres », « L'art et son secret » à la télévision ; « L'art et les écrivains »[3], « Disques et discussions », « Lectures de chevet », « Les grandes correspondances »[4], « Les livres qui nous ont faits », « Sur toutes les scènes du monde »[5], « Revue des arts et des lettres » et « Université radiophonique internationale »[6] à la radio.

Son texte théâtral *Oraison funèbre* devait être diffusé à l'émission « Première » le 6 septembre, mais l'émission est annulée. Il signe encore *les Armes à feu*, drame de mœurs, à l'émission « Téléthéâtre », le 29 octobre[7].

Il remplace Marcel Blouin, qui s'absente momentanément durant le mois d'octobre, à la coordination de « Premier Plan » et anime « Arts et lettres » à la télévision à partir du 15 octobre, émissions hebdomadaires sur lesquelles il travaille avec Michel Van Schendel et Gilles Sainte-Marie.

Mais Hubert Aquin ne désire plus travailler à Radio-Canada, et le 16 octobre, il annonce à son supérieur Marc Thibault qu'il quitte Radio-Canada pour entrer à l'ONF.

Avant son départ, il propose toutefois à Marc Thibault huit séries d'émissions télé pour l'été 1960 ; certaines seront retenues : « Histoire de l'art » par René Huyghe, « Les hymnes de la nuit », projet de Jean-Paul Jeannotte et Claude Lacombe, « Comment dirais-je ? », « Table rase » une émission déjà existante, « J'ai fait un beau voyage », série filmique de Rossellini, « Ciné-club », « Dans le sillage d'Ulysse », projet de Victor Hinckz de refaire le voyage d'Ulysse.

Il travaille cependant à une adaptation de *l'Échange* de Paul Claudel, en novembre.

Il animera encore « La revue des arts et des lettres », le 31 décembre, à la radio.

LECTURES

En novembre, il lit *la Signification métaphysique du suicide* de Camille Schuwer (Paris, Aubier, 1949), *l'Eau et les rêves* de Gaston Bachelard (Paris, Corti, 1942), *l'Échange* de Paul Claudel (1re et 2e version, 1894-1952), *les Vivants, les morts et les autres* de Pierre Gélinas (Montréal, CLF, 1959), *A Theory of the Labor Movement* de Selig Perlman (1928), *les Sentiers de la nuit* de Jean Simard (Montréal, CLF, 1959), *la Belle Bête* de Marie-Claire Blais (Québec, Institut littéraire, 1950), *Melville par lui-même* de Jean-Jacques Mayoux (Paris, Seuil, 1958).

En décembre, il lit *la Nature sociale* (Paris, Colin, 1957) et *la Bureaucratie* (Paris, PUF, 1956) d'Alfred Sauvy, *Yerma* de F. Garcia Lorca (1944), *Saint-John Perse* de

Maurice Taillet (Paris, Mercure de France, 1952), *l'Odyssée* d'Homère[8] et encore Simenon.

ONF

À partir du 6 novembre, il commence une carrière à l'ONF en tant que producteur, réalisateur et scénariste[9].

Sa première réalisation est celle des entrevues de la série « Quatre Enfants du monde ». Dans ses archives figure aussi un projet de « poème filmique », selon ses termes, ou « film expérimental », qui serait sa première expérience de tournage en studio ; la technique serait empruntée au monologue intérieur et le sujet à la vie intime d'une comédienne. Ce projet, toutefois, ne comporte aucune date précise.

VIE PRIVÉE

Son second fils, Stéphane, naît le 28 décembre et il est baptisé le 31.

À partir d'octobre 1959, Hubert Aquin est domicilié au 5552, rue Coolbrook à Montréal.

ENSEIGNEMENT

De 1959 à 1961, Hubert Aquin enseigne l'histoire, au niveau treizième, à l'École scientifique Lafond.

Notes

1.   Les soixante-quatorze réalisateurs en grève réclament le droit de former une association affiliée à un syndicat, afin de réviser leur statut avec la direction de Radio-Canada. En effet, selon le contrat de travail signé par tout réalisateur, ce poste comprend « la création et la réalisation d'émissions télévisuelles et toute autre tâche ou fonction que pourra vous confier la Société et qui se rapportera directement ou indirectement à la réalisation d'émissions à Radio-Canada » ; les réalisateurs estiment que ce poste, depuis sa création en 1952, est très mal défini et que les semaines de travail comptent en moyenne cinquante heures, sur six jours. Le 20 janvier, les réalisateurs en grève sont licenciés par la direction ; parmi eux, Max

Cacopardo, Aimé Forget, Gérard Chapdelaine, Guy Beaulne, Louis-Georges Carrier, Paul Blouin, Jean-Pierre Sénécal, Jos Martin, Claude Sylvestre et Robert Séguin. Louis-Georges Carrier réalise un reportage sur la grève en janvier, dont le scénario est écrit par René Lévesque ; il est immédiatement diffusé sur les ondes. L'affaire se rend jusqu'à la Chambre des communes et un accord intervient début mars.

2.   Il est aussi possible que « L'instant d'après » soit le titre d'une autre nouvelle qu'il aurait eu le projet d'écrire, peut-être en septembre 1974.

3.   « Propos critiques et esthétiques des grands écrivains : anthologie sonore » (définition consignée dans le dossier de l'émission aux archives de Radio-Canada).

4.   Lecture d'extraits de grandes correspndances littéraires.

5.   Pièces de théâtre connues présentées en version intégrale.

6.   Emission réalisée et coordonnée par les soins de la RTF, dans laquelle des universitaires connus traitent de sujets variés.

7.   Cette émission est annoncée deux fois dans les programmes de Radio-Canada. Il n'est pas certain qu'elle ait été diffusée.

8.   C'est sans doute à cette époque qu'il adapte *l'Odyssée* avec Gilles Sainte-Marie en vue d'une réalisation filmique. Le texte, qui demeure la propriété de ce dernier, n'a donné lieu à aucune réalisation à ce jour.

9.   Le terme de producteur est sans doute à comprendre dans l'acception fiscale que se choisit Aquin à partir de 1959 jusqu'à la fin de sa vie : il se définit comme « producteur indépendant (cinéma, télévision, littérature) ».

1960

ÉCRITURE

L'activité littéraire d'Hubert Aquin, cette année-là, est encore très intense et diversifiée, tant au plan des lectures et
des interviews que de l'écriture. Son interrogation principale
porte sur « quoi écrire et comment écrire[1] ». En janvier, il

écrit une pièce en trois actes inédite, *l'Emprise de la nuit*, qui remporte le second prix au concours du Théâtre du Nouveau Monde en novembre.

RADIO-CANADA

Le 21 janvier, est diffusée la réalisation de son adaptation de *l'Échange* de Claudel, à l'émission « Le théâtre de Radio-Canada ».

Bien qu'il ait quitté officiellement Radio-Canada, il y demeure toutefois interviewer dans l'émission radiophonique « Les livres qui nous ont faits »[2] durant janvier et février, à « Premier plan », émission télévisée, de février à juillet[3], et à « Arts et lettres » de janvier à mai[4].

LECTURES

Ses lectures sont liées à ses activités de journaliste. En février, elles portent surtout sur le roman policier : Roger Caillois *le Roman policier* (Buenos Aires, 1941), Giuseppe Tomasi di Lampedusa *le Guépard* (Paris, Seuil, 1959), Simenon, Aldous Huxley *Retour au meilleur des mondes* (trad., Paris, Plon, 1959), *les Portes de la perception* (trad., Monaco, Éd. du Rocher, 1954) et *le Génie et la déesse* (trad., *ibid.*, 1956). En mars, Henri Hell *Francis Poulenc musicien français* (Paris, Plon, 1958), Claude Rostan *Entretiens avec Poulenc* (Paris, Julliard, 1954), Lawrence Durrell[5] *Balthazar* (New York, 1958, trad. 1959). Avril et mai *Répertoire* (Paris, Éd. de Minuit, 1960) et *Degrés* (Paris, Gallimard, 1960) de Michel Butor, Paul-André Lesort *GBK* (Paris, Seuil, 1960), *Mythologies* de Roland Barthes (Paris, 1957).

L'ONF

Il travaille par ailleurs à l'ONF. Il participe à la réalisation de cinq films documentaires d'une heure, durant les trois années où il collabore à l'ONF.

Les deux premiers films, inscrits dans la série « Comparaisons », ont en commun le thème « Vivre ici, vivre ailleurs ». Le premier, *Quatre Enfants du monde*, est diffusé à Radio-Canada le 12 mai ; Hubert Aquin en a réalisé les interviews, le commentaire du film étant confié à Marcel Rioux, interrogé par Guy Viau. Le second s'intitule *l'Exil en banlieue* ; il est diffusé le 19 mai, réalisé par Richard Gilbert, secondé par Hubert Aquin pour les interviews.

Puis il réalise un documentaire qui lui tient à cœur. Il l'intitule *le Sport dans le monde* et le dirige à partir d'avril. Pour ce film, il demande à Roland Barthes sa collaboration : il lui offre d'en écrire le commentaire, son propos étant de présenter cinq sports nationaux en tant que « phénomène social et poétique[6] ». Roland Barthes accepte aussitôt.

RADIO-CANADA — ÉCRITURE ET INTERVIEWS

Sous le pseudonyme de François Lemal, il signe un télé-théâtre à Radio-Canada, portant le titre de *Dernier Acte*. La pièce est d'abord présentée le 24 avril à Winnipeg, lors de l'inauguration du nouveau poste de télévision francophone, jouée par une troupe d'amateurs qui connaît un certain succès, le Cercle Molière de Saint-Boniface. Le réalisateur Jean Faucher se rend à Winnipeg pour enregistrer la pièce et celle-ci est diffusée à l'émission « Première » le 29 mai.

Puis, avec Gilles Sainte-Marie, il écrit un autre télé-théâtre *On ne meurt qu'une fois*, diffusé à l'émission « Trio » les 5, 12 et 19 juillet. La réalisation est de Jean Faucher[7].

Au cours de cette période, on l'entend sur les ondes radiophoniques et télévisées dans des émissions ponctuelles, pour lesquelles il est interviewer, ce qui lui permet d'allier son activité professionnelle à ses intérêts d'écrivain : le 2 juin, il reçoit Michel Butor à l'émission radio « Revue des arts et des lettres » et le 12 juin, à « Premier plan », c'est

Aldous Huxley qui lui accorde un entretien dans sa maison de Los Angeles[8] ; à « Des idées et des hommes », émission radio, le 14 juin, il interrroge le poète français Yves Bonnefoy à propos de son ouvrage *l'Improbable* (Paris, Mercure de France, 1959). Dans le cadre de l'émission radiophonique « Soirée littéraire », diffusée les 16 et 23 juin, René Huyghe lui parle de livres qui l'ont marqué ; il s'entretient ensuite avec Francis Poulenc, à New York, pour « Premier plan », diffusé le 31 juillet[9].

LECTURES

En juin, Alain Robbe-Grillet *Dans le labyrinthe* (Paris, Éd. de Minuit, 1959), Boileau-Narcejac *Meurtre en 45 tours* (Paris, Denoël, 1959), Simenon, Pierre Louys *la Femme et le pantin* (1898, rééd. Paris, 1959), Laclos *les Liaisons dangereuses* (1784), Jean Testas *la Tauromachie* (Paris, PUF, 1953). En juillet, Bachelard *Lautréamont* (Paris, Corti, 1939), Bernard Coillet, *Histoire du sport* (Paris, PUF, 1949), Jacques Fauvet *la IVᵉ République* (Paris, Fayard, 1959).

L'ONF

À partir de l'été, Hubert Aquin concentre son énergie sur son travail à l'ONF. Il commence la version française du film *les Grandes Religions* réalisé en anglais pour l'ONF sous le titre *Four Religions*. C'est à Claude Tresmontant qu'il propose le commentaire de ce film et il soumet à ce dernier un premier scénario qui comporte un remaniement substantiel de la partie consacrée au christianisme[10]. Peu à peu, sous la direction de Tresmontant depuis la France, Hubert Aquin modifie le scénario original et oriente le montage des images vers une perspective comparatiste de l'histoire des religions.

Pour son film sur le sport, il rassemble activement des documents empruntés à plusieurs télévisions nationales. C'est dans ce but documentaire qu'il se rend à New York, fin août.

LES AFFAIRES

Il en vient alors à l'idée de fonder sa propre compagnie de courses automobiles, ainsi qu'une maison de production cinématographique. La compagnie, le Grand Prix de Montréal Inc., avait pour but d'organiser des courses sur l'île Sainte-Hélène ; elle est dirigée, outre Hubert Aquin, par Norman Namerow et Jacques Duval. Richard Aquin, frère d'Hubert et ingénieur, effectue tous les relevés de terrain en vue de la construction de la piste. Mais la tentative échoue, faute d'obtenir l'autorisation du maire de Montréal d'utiliser des routes publiques[11].

PARIS — ONF — ÉCRITURE

Le travail analytique d'Aquin sur le phénomène sportif se poursuit sous la direction épistolaire de Roland Barthes, dans l'esprit de *Mythologies*.

Le 27 septembre, il s'envole pour Paris où il séjourne jusqu'au 1er novembre, afin de travailler avec Barthes et d'interviewer Tresmontant.

Les deux rencontres s'avèrent fructueuses sur le plan de la collaboration. Passionné par les analyses de Tresmontant, Hubert Aquin décide de l'enregistrer et d'écrire lui-même le commentaire qui acompagnera les propos de ce dernier. Le 4 octobre, le tournage de *Quatre Religions* est terminé. Avec Barthes, il est décidé qu'Hubert Aquin sera responsable du montage visuel, tandis que Barthes assurera le commentaire du film.

À Paris, Hubert Aquin trouve l'inspiration d'une nouvelle inédite à ce jour, qu'il intitule d'abord *le Repas gâché*, puis *la Dernière Cène*, il la rédige autour du 10 octobre.

Le 15 octobre, de Paris, il propose à Radio-Canada un téléthéâtre sur la mort de César. Le projet sera accepté et repris le 24 mars 1962. Aquin affirme avoir déjà rédigé une vingtaine de pages de ce scénario, pour lequel il a relu *Jules César* de Shakespeare.

Son voyage de retour comporte un arrêt à Londres, où il sélectionne un nouveau document pour son film sur le sport.

RADIO-CANADA

À son retour, il signe avec Radio-Canada un nouveau contrat qui lui assure l'animation et la collaboration à la réalisation de l'émission télévisée « Carrefour », pour la période du 8 novembre 1960 au 15 juin 1961, quatre fois par semaine. Il se joint ainsi à une prestigieuse et vivante équipe d'animateurs : Judith Jasmin, Raymond Charette, Wilfrid Lemoyne, Andréanne Lafond, René Ferron, Lizette Gervais et Pierre Nadeau[12].

Le 11 novembre, il est reçu par Wilfrid Lemoyne à l'émission « Partage du matin »[13].

Le 29 décembre, il reçoit Marcel Laurin, maire de Ville Saint-Laurent, à « Carrefour », à propos d'une éventuelle annexion des municipalités par la Ville de Montréal.

LECTURES

Son journal intime porte mention de son intérêt toujours aussi vif d'une part pour des ouvrages de type philosophique et historique, d'autre part pour la réflexion sur l'écriture, concernant principalement l'épopée et la sémantique générale.

Simenon, *J'aurai ta peau* de Mickey Spillane (trad., Paris, Presses de la Cité, 1948), *la Chute* d'Albert Camus (Paris, 1956), *les Mandarins* de Simone de Beauvoir (Paris, 1954) en janvier ; *le Père de Foucauld, le cardinal Lavigerie* en août ; en octobre *Jules César* de Shakespeare (1799 et 1623), *Études de métaphysique biblique* de Claude Tresmontant (Paris, Gabalda, 1955), *Maigret à New York* de

Simenon (Paris, Presses de la Cité, 1947), *Saint Paul et le mystère du Christ* de Claude Tresmontant (Paris, Seuil, 1956), *Un garçon d'honneur* d'Antoine Blondin et Paul Guimard (Paris, 1960), *Brutus* de Paul Toupin (Montréal, Librairie Saint-Joseph, 1952) en novembre. En décembre, il lit *Méduse et Cie* de Roger Caillois (Paris, Gallimard, 1960). Dans son journal, il consigne ses intentions de lecture : l'histoire de l'Église, l'histoire du peuple juif, Teilhard de Chardin, Saint-Simon, Husserl, Jérôme Carcopino, Theodor Mommsen, un traité de paléontologie et un traité de sémantique.

LIBERTÉ

Le 4 novembre, Jacques Godbout propose à l'équipe de la revue *Liberté* qu'Hubert Aquin fasse désormais partie du conseil de rédaction. Courant 1960, il se lie alors d'amitié avec Michèle Lalonde, dans une relation qui s'étendra sur plusieurs années.

POLITIQUE

Il semble que ce soit en cette fin d'année qu'André d'Allemagne, co-fondateur du regroupement RIN avec Marcel Chaput le 10 septembre 1960, contacte Hubert Aquin, dont il connaît la sympathie pour la thèse indépendantiste, et l'invite à s'informer du développement du mouvement. Mais ce dernier n'a sans doute pas assisté au premier congrès, du 26 novembre précédent, qui regroupait quatre-vingts membres environ[14]. Le RIN se définit alors comme un groupe de pression et d'éducation politique favorable à l'indépendance du Québec.

Notes

1.   « Peu à peu, il s'est pris au jeu, il a voulu être un vrai écrivain », témoigne Gilles Sainte-Marie à propos des années 1958-1961 dans une interview pour l'EDAQ en février 1987.

2.   Cette émission s'inscrit dans le cadre hebdomadaire de « Soirée littéraire », que se partagent quatre réalisateurs. « Les livres qui nous ont faits » est réalisé par Gilles Derome. Aquin y reçoit notamment Claude Tresmontant.

3.   Le 22 mai, il reçoit Michel Butor qui l'entretient durant trente minutes de son itinéraire littéraire. Réalisation Robert Séguin.

4.   Il y traite de Saint-John Perse, d'Albert Camus, du théâtre canadien, de la musique concrète, du roman policier, des revues québécoises, de Lawrence Durrell et d'Yves Bonnefoy, de peinture contemporaire, de caricature.

5.   C'est Gilles Sainte-Marie qui aurait fait connaître Durrell à Aquin, *Justine* d'abord, ses autres romans ensuite.

6.   Correspondance.

7.   « Nous étions à l'époque de véritables écrivains, payés pour produire des textes. Nous avions beaucoup d'idées, mais une partie des projets que nous avons proposés est restée dans les tiroirs de Radio-Canada. Je dois encore posséder plusieurs textes que j'ai écrits en collaboration avec Aquin. Je me souviens en particulier d'un téléthéâtre que nous aurions fait ensemble : "Le linge sale". À cette époque, nous voulions écrire des textes policiers, nous avions tout lu dans ce domaine. James Bond, c'était notre idéal [...] Nous écrivions en général chacun une scène, l'une après l'autre. D'abord on se réunissait, on prenait un verre et les idées fusaient de toutes parts. Le lendemain, on faisait le tri et on ébauchait aussi le scénario. » (Gilles Sainte-Marie, février 1987, interview pour l'ÉDAQ.)

8.   Huxley y parle durant une demi-heure de son itinéraire littéraire, de son intérêt pour les drogues, pour la psychiatrie et commente *le Meilleur des mondes*.

9.   On note aussi une apparition d'Aquin à l'émission « Passe-partout » le 4 avril.

10.   Aquin justifie la participation de Claude Tresmontant auprès de Guy Glover, responsable du projet : « Claude Tresmontant est un historien des religions, mais surtout, si l'on peut dire, un philosophe des religions. Sa méthode intellectuelle tient compte de la rigueur de l'histoire, de la discipline de l'exégèse et aussi de l'apport plus nouveau de la psychologie et de la phénoménologie. Enfin, sur un plan disons diplomatique, Claude Tresmontant offre des garanties solides auprès des milieux reli-

gieux. » (Correspondance 9 août 1960, Hubert Aquin à Guy Glover et Pierre Juneau.)

11.   Ce projet semble s'étendre jusqu'en décembre 1962 (voir *Journal intime*). Il verra le jour seulement quelques années plus tard sous l'effet d'autres initiatives. Aquin a lui-même suivi des cours de conduite sportive. Cette passion pour la vitesse lui vaudra plusieurs accidents graves.

12.   L'émission est définie ainsi : « Magazine varié qui dégage et commente les éléments familiers inconnus de la grande comme de la petite actualité » (archives de Radio-Canada).

13.   La discussion porte sur la liberté de presse pour les étudiants.

14.   Dans l'entrevue « Quebec Now » de *Midday Magazine*, il dit être devenu membre du RIN en 1960.

1961

[...] je souffre fortement de ce rythme de
périodes qui mesurent mon temps, qui
brisent l'année en saisons intérieures de
création ou de mort.

(H. Aquin *Journal intime*,
12 janvier 1961.)

1961   Création du ministère des Affaires culturelles du
Québec.

Inauguration de la Délégation du Québec à New York
en mai et de la Maison du Québec à Paris en octobre.

Fondation du Conseil des arts du Québec.

Réformes politiques : assurance-hospitalisation. Création du Conseil d'orientation économique du Québec
et Commission Parent sur l'éducation.

Fondation du Nouveau Parti démocratique (NPD)
comme Parti social-démocrate, dirigé par T. C. Douglas.

Création de Télé-Métropole et de l'Office du film du
Québec.

Fondation de *Livres et auteurs canadiens*, de l'Office
de la langue française et des Éditions du Jour.

Liberté se sépare de l'Hexagone.

Recours au pays de Jean-Guy Pilon.

ONF — RADIO-CANADA

Hubert Aquin poursuit son travail avec Barthes. Il prépare un séjour pour celui-ci au Québec, organisant une interview à la télévision par Réal Michaud et une tournée de conférences universitaires, sous la responsabilité de Jean-Charles Falardeau à l'université Laval et de Guy Rocher à l'Université de Montréal. Barthes arrive le 15 janvier à Montréal, pour une durée de dix jours. Leur collaboration se poursuit jusqu'en avril, notamment par l'intermédiaire des studios de l'ONF à Londres[1].

Durant ce temps, Hubert Aquin continue d'être pigiste à Radio-Canada : il est interviewer à « Carrefour », ainsi qu'à l'émission « Les livres qui nous ont faits », les 17, 24, 31 janvier, 28 février et 7 mars, ces deux dernières dates étant celles de la diffusion d'une interview d'Hubert Aquin avec Barthes[2].

Le 19 janvier, il adapte *Yerma* de Federico Garcia Lorca au « Théâtre de Radio-Canada ». Dans son *Journal intime*, il consigne, le 12 janvier : « La fabrication d'un film ne peut me combler tout à fait, à moins que j'en fasse le montage et que j'en aie inventé toutes les images. Et encore. »

VIE PRIVÉE

Sur le plan privé, cette année est vécue sur le mode du trouble intérieur. Il songe à quitter l'ONF et à s'exiler, peut-être à Paris.

LIBERTÉ

Le 13 janvier, il assiste à une réunion de travail pour la revue *Liberté*[3]. Il est bientôt adjoint à l'équipe dirigeante en même temps que Jacques Bobet ; sont à l'ordre du jour la question de l'école non confessionnelle[4] et la création d'un prix

« Liberté » en collaboration avec *Cité libre* « susceptible de faire progresser la cause de la liberté au Canada français[5] ».

ÉCRITURE

Par ailleurs, il travaille à des écrits personnels : en février, il compose *Confession d'un héros*, pièce radiophonique réalisée par Gilles Derome et diffusée le 21 mai dans la série « Nouveautés dramatiques ».

Il songe en même temps à reprendre le sujet de *l'Invention de la mort* pour en faire un roman. Ce n'est qu'en mars qu'il se relit, mais il est déçu par son texte : « Je viens de relire en biais mon roman. Chose curieuse : j'ai tendance à sauter tous les dialogues ! Pour le reste, il me semble que l'écriture est un corset. Pas assez de facilité, d'aisance, de respiration, mais assez de distanciation. Je cherche à me tenir toujours dans ces moments ! Erreur. Les mots ne dépassent pas le contenu — mais le figent prétentieusement. À quand la simplicité ? » (*Journal intime*, 31 mars 1961.)

Il réoriente alors son projet narratif ébauché en mai, en s'inspirant de son expérience cinématographique. Hésitant entre le roman et le cinéma, il rêve un temps de tourner un long métrage, dont le sujet serait une histoire d'amour et qui illustrerait le thème de la fuite du réel (*Journal intime*, 27 mai 1961).

Puis en juin, c'est un nouveau téléthéâtre qui l'occupe et dont il discute avec Jean Faucher.

Le Sport et les hommes est enfin achevé. Il est diffusé le 1er juin dans la série « Temps présent » de Radio-Canada.

Le 8 avril 1961, création à l'Université de Montréal du Mouvement laïque de langue française (MLF) qui entend promouvoir la laïcité de l'enseignement et la nationalisation des établissements scolaires.

LECTURES

J. Gramin *The Gurites*, Maurice Blanchot *le Livre à venir* (Paris, Gallimard, 1959) en février ; *Madame Bovary* de Flaubert (1857), *la Vie de Galilée* de Bertold Brecht (trad., 1955), en mars ; *la Saison des pluies* de Graham Greene (trad., Paris, 1961), *la Princesse de Clèves* de Mme de Lafayette (1678), *l'Érotisme* de Georges Bataille (Paris, Éd. de Minuit, 1957), *Psychanalyse du symbole religieux* de Charles Baudoin (Paris, Fayard, 1957) en avril ; *The French Canadians* de Mason Wade (Toronto, McMillan, 1955), *Blason d'un corps* d'Étiemble (Paris, Gallimard, 1961), *la Danseuse du gai moulin* de Simenon (Paris, Fayard, 1931) en mai ; *les Mentalités* de Gaston Bouthoul (Paris, PUF, 1952), *les Altérations du langage* de Guy Rosolato (Paris, PUF, 1956), *Introduction à une psychothérapie des schizophrènes* (Paris, PUF, 1954) et *Journal d'une schizophrène* de Marguerite-Albert Sechehaye, *Thèmes de culture de la France* de Margaret Mead et Rhoda Metraux (trad., Le Havre, 1958) en juin.

LIBERTÉ

Membre du conseil de rédaction et officiellement intégré au comité de direction début juillet, Hubert Aquin est élu directeur de la revue le 14 juillet. Il succède à Jacques Godbout après que Fernand Ouellette a démissionné de ce poste[6]. Le premier soin d'Hubert Aquin à la direction est d'élargir sa diffusion en augmentant le tirage de mille à deux mille exemplaires et de se fixer l'objectif d'une périodicité mensuelle à partir de novembre. Il rêve de diffuser la revue à travers tout le monde francophone et d'inscrire la réflexion québécoise dans la problématique générale des littératures d'expression française. Des numéros sont déjà prévus sur le thème du bonheur et sur celui de l'indépendance.

Dans le numéro de *Liberté* de mi-août, paraît son premier article ; il s'intitule « Qui mange du curé en meurt »[7].

Les débats soulevés à *Liberté* sont au cœur de l'actualité et Hubert Aquin y participe activement. La question politique l'amène à prendre une position plus affirmée et publique[8]. Celle du bonheur soulève son rapport à la vie qui, depuis longtemps problématique, réveille en lui des préoccupations de plus en plus morbides : la tentation de la mort par suicide s'impose à son esprit[9]. Il évoque fréquemment cette hypothèse auprès de ses amis sous forme de plaisanteries macabres.

RADIO-CANADA — ONF

Il est toujours attaché à « Carrefour » et son contrat est prolongé jusqu'à son départ pour l'Europe. Le 7 août, il reçoit dans cette émission René Lévesque, qui est alors ministre au gouvernement provincial et qui revient d'un voyage dans le Grand Nord. Il reçoit aussi Jean-Marie Domenach, de la revue *Esprit*, le 4 septembre. De plus, il est nommé responsable des entrevues de la série « Premier plan » pour la période d'octobre à juin 1962. Il participe aussi à une émission intitulée « La guerre atomique » le 10 octobre, réalisée par Marcel Blouin.

Au mois d'août, il prépare le tournage d'un documentaire sur Saint-Henri pour l'ONU, qui est réalisé sous son nom le 5 septembre ; d'où le titre *À Saint-Henri le cinq septembre*[10]. Ce film est diffusé à Radio-Canada le 9 septembre 1962 et le jour suivant en anglais.

Le 21 septembre, à Radio-Canada, dans la série « Comparaisons », est diffusé le film *le Temps des amours* qu'Hubert Aquin a réalisé à l'ONF au cours de l'année. Le script, dont il est l'auteur, était d'abord intitulé *Fréquentations et mariage* ; c'est un documentaire qui présente les rites de la rencontre amoureuse en Sicile, en Iran, en Inde et au Canada. Le script est daté du 1er novembre 1961. Hubert Aquin a choisi Geneviève Bujold et Jean Faubert pour les rôles de la séquence fictive ; participent aussi André Lussier, psychanalyste, et Marcel Rioux, sociologue, à titre de commentateurs. Il a aussi produit pour l'ONF, au cours de l'année, *Quatre Instituteurs*.

En août, il voit *Lola*, film de Jacques Demy qui lui plaît beaucoup.

LECTURES

Anthropologie structurale de Claude Lévi-Strauss (Paris, Plon, 1958), *la Psychologie des peuples* d'Abel Miroglio (Paris, PUF, 1958), *Dimension de la conscience historique* de Raymond Aron (Paris, Plon, 1961), *Entretiens avec Claude Lévi-Strauss* de Georges Charbonnier (Paris, Julliard, 1961), *Échantillons de civilisation* de Ruth Benedict (Paris, Gallimard, 1950), *Grandeur et misère de l'individualisme français* du duc de Lévis-Mirepoix (Paris, Genève, 1957), *Sociologie et anthropologie* de Marcel Mauss (Paris, PUF, 1950), en juillet ; *la Géographie psychologique* de Georges Hardy (Paris, Gallimard, 1939), *le Souffleur ou le théâtre de société* de Pierre Klossowsky (Paris, Pauvert, 1960), *le Bonheur et le salut* de Luc Estang (Paris, Seuil, 1961), *Psychologie de la colonisation* d'Octave Mannoni (Paris, Seuil, 1950), *la Possession [et ses aspects théâtraux] chez les Éthiopiens de Gondar* de Michel Leiris (Paris, Plon, 1958), *l'Air et les songes* de Gaston Bachelard (Paris, Corti, 1943), en août ; *À l'Américaine* (Paris, Presses de la Cité, 1960), *la Veuve* (Paris, 1958), *Reproduction interdite* (Paris, 1957) de Michel Lebrun, *la Maison du canal* (Paris, 1956) de Simenon, *la Civilisation américaine* de Max Lerner (Paris, Seuil, 1961) en septembre.

VIE PRIVÉE

Au cours de juillet, il fait de fréquents déplacements à Wells Beach, dans le Maine, aux États-Unis, où sa famille est en vacances.

Il a alors une liaison qui rend sa vie particulièrement agitée.

ACTIVITÉ LITTÉRAIRE

Le 30 septembre se tient la Rencontre internationale des écrivains québécois à Saint-Sauveur-des-Monts.

EUROPE — AFRIQUE

Mais le 16 octobre, Hubert Aquin est à Leysin, en Suisse où il installe provisoirement sa femme et ses enfants, avant de partir pour l'Afrique via la France et la Belgique. Il prend contact avec quelques journalistes et écrivains suisses-romands.

Le 23 octobre, il se rend à Paris[11], où il travaille à la diffusion africaine de *Liberté* : il rencontre M. Kala-Kobé, directeur de *Présence africaine* dont il pense jumeler la distribution avec celle de *Liberté*.

Il s'occupe aussi du numéro de *Liberté* sur le bonheur en contactant diverses personnalités pour leur demander leur collaboration (François Hertel, Georges Cartier, Asen Balikci, Jean Rouch). Il rédige son propre article sur cette question.

Il se rend ensuite à Lausanne, où il se trouve le 6 novembre. Il regagne Paris, puis se déplace en Belgique vers Bruxelles où il s'intéresse à la question de l'indépendantisme wallon[12].

Son voyage en Afrique est destiné à préparer une série intitulée « Civilisation française », que dirige Fernand Dansereau à l'ONF.

Le 16 novembre, il est à Dakar, au Sénégal. Puis il gagne Cotonou, au Dahomey, où il est fasciné par ce qu'il découvre de violence dans la civilisation africaine, dans les scènes de la rue. Il visite également Abidjan, en Côte-d'Ivoire.

Le 27 novembre, il est de retour à Leysin pour voir ses enfants, et le 3 décembre, il retourne à Paris.

Le mois de décembre est pour lui une succession de moments d'exaltation et de dépression, en raison des amphétamines et du méprobamate qu'il absorbe. Il est insomniaque et ses problèmes moraux se répercutent sur son état de santé général.

Le 10 décembre, il s'occupe du lancement à Paris[13] du numéro de *Liberté* qui s'intitule *L'écrivain est-il récupérable ?* et dans lequel il signe l'article « Comprendre dangereusement ». Dans le numéro suivant, il signe son troisième article : « Le bonheur d'expression ».

LECTURES

Une province qui n'en est pas une de Charles-Ferdinand Ramuz (Lausanne, Rencontre, [1952]), *le Parc* de Philippe Sollers (Paris, Seuil, 1961), en octobre ; *Jeunesse sans chrysanthème ni sabre* de Jean Stoetzel (Paris, Plon, 1953), *Brève Histoire de l'Afrique noire* de Louis C. D. Joos (Issy-les-Moulineaux, Éd. Saint-Paul, 1961), *Muntu, l'homme africain et la culture néo-africaine*, de Janheinz Jahn (1958, trad., Paris, Seuil, 1961) en novembre ; *Cahier d'un retour au pays natal* d'Aimé Césaire (Paris, Présence africaine, 1939) en décembre.

Notes

1. Le film obtiendra le prix de la réalisation au Festival de Cortina d'Anpezzo en 1962.

2. Il interviewe plusieurs sociologues à « Carrefour » : Marcel Rioux, Fernand Cadieux, Edgar Morin et l'historien Georges Duby. On remarque aussi son intérêt soutenu pour la psychiatrie : les docteurs Denis Lazure en décembre 1960 ; Roger Paulin et Roger Lemieux, psychiatre, en janvier 1961 ; Charles Martin, psychiatre, Gilles Lortie, psychiatre à l'Institut Prévost, Jean-Marc Chevrier, chef du département de psychologie à

l'Institut de réhabilitation de Montréal, en février ; Pierre Lefebvre, psychiatre, Thérèse Pageau, spécialiste en musique thérapeutique, en mars ; Roméo Boucher, Jacques Léger,, en avril et Guy Rosolato, psychiatre, en juin.

3.   Les membres du Conseil de rédaction sont alors Jacques Godbout, Jacques Bobet, Maurice Beaulieu, Gérard Bessette, Maurice Blain, Jean Cathelin, Marcel Dubé, André d'Allemagne, André Langevin, Jean LeMoyne, Jean Paré, Jean Simard, Pierre Trottier, André Belleau, Jean-Guy Pilon, Jean Filiatrault, Yves Préfontaine, Michèle Lalonde, Fernand Ouellette, André Guérin (compte rendu de réunion du 13 janvier 1961).

4.   Cette problématique trouve écho dans son travail d'interviewer à « Carrefour », où il reçoit notamment Michel Brunet, André d'Allemagne, Guy Rocher, Gilles Yvon Moreau et le père Norbert Lacoste, au début de l'année.

5.   Michèle Lalonde, compte rendu de séance à *Liberté*, 14 avril 1961. Ce prix sera abandonné en juin 1963.

6.   Yves Préfontaine est élu rédacteur en chef et Michèle Lalonde demeure secrétaire à la rédaction.

7.   À Radio-Canada, Aquin a interviewé plusieurs ecclésiastiques à l'émission télévisée « Carrefour » depuis le début de l'année : les pères André-Marie Guillemette, directeur de l'École du Service social, Louis O'Neil, Richard Ares, Adid Badaoui, missionnaire, Yves Dulude de la Jeunesse ouvrière catholique (JOC), les pères Bernard Mailhiot de l'Université de Montréal et Norbert Lacoste ainsi qu'Ovila Brabant, professeur au Grand Séminaire, et Gregory Baum.

8.   Voir par exemple l'émission de « Carrefour » du 29 juillet, dans laquelle Aquin est interviewer et qui a pour thème « L'indépendance du Québec » ; les invités sont Walter O'Leary, Raymond Barbeau de l'Alliance laurentienne, Raoul Roy de l'Action sociale pour l'indépendance et André d'Allemagne du RIN. Et encore l'émission du 7 août sur le Nouveau-Québec où il reçoit René Lévesque.

9.   Voir *Journal intime* en date du 7 août 1961.

10.   Dans son *Journal intime*, il confie qu'il se serait retiré du projet dès le 6 juillet, préférant programmer son voyage en Europe. Après son départ pour l'Europe, il aurait été remplacé par Claude Jutra, puis par Jacques Godbout qui signe finalement le texte. Recherches de Monique Bosco et Fernand Cadieux. Le film obtiendra le prix de la réalisation au festival de San Remo en 1963.

11.   Il réside à l'hôtel Lutétia, 43, boulevard Raspail, à Paris.

12.   Pendant ce temps, au Québec, le conseil central du RIN a créé un comité chargé de consulter ses membres en vue d'élaborer un programme politique.

13.   Lancement à la délégation générale du Québec à Paris, 19, rue Bousset-de-Jouy, dirigée par Charles Lussier.

1962

1962	Victoire des conservateurs à Ottawa. Diefenbaker forme un gouvernement minoritaire.
	Montée du Parti créditiste au Québec.
	Victoire des libéraux à Québec. Jean Lesage est Premier ministre.
	Visite de Jacques Berque à Montréal.
1962-1963	Ouverture de la Délégation générale du Québec à Londres.
	Nationalisation des compagnies d'électricité du Québec.
	Fondation du Parti républicain du Québec par Marcel Chaput.
	Fondation de la revue *Dialogue*.
	Lancement de l'organe du RIN, *l'Indépendance*.
	Les Insolites de Jacques Languirand, dédié à Aquin.
	L'Aquarium de Jacques Godbout.
	Cotnoir de Jacques Ferron.
	La Ligne du risque de Pierre Vadeboncœur.

LIBERTÉ

Dès son retour au Québec en janvier, Hubert Aquin poursuit sa politique d'envergure pour la diffusion de *Liberté*. À cette fin, il reçoit d'abord une subvention du ministère de la Culture à Québec, puis en mai du Conseil des arts du Canada, sur le projet d'une planification thématique annuelle de douze numéros. Ses appels aux collaborateurs sont diversifiés, tournés vers des personnalités du monde francophone aux préoccupations internationales.

En février, il s'occupe activement du numéro de *Liberté* sur le séparatisme québécois.

En mars, il demande à M. de Sacy d'écrire un texte sur le poète Henri Pichette pour le numéro 22 de *Liberté*, et à Maureen Burrell de tenir une chronique de poésie et de littérature canadienne-anglaise. À Jean Cathelin, il demande un article sur la Belgique à paraître dans le numéro de juin-juillet.

RADIO-CANADA — ONF

Pour Radio-Canada, il écrit un texte dramatique, *l'Efficacité*, diffusé à l'émission « Première » le 14 janvier, dans une réalisation de Jean Faucher. De nouveau, il anime « Premier plan » le 30 janvier et le 2 février. Il est invité à « Carrefour », le 8 janvier, pour promouvoir la nouvelle formule de *Liberté*.

À l'ONF, il collabore à la série « Ceux qui parlent français » et travaille aux *Bûcherons de la Manouane* d'Arthur Lamothe.

Il est aussi producteur avec Fernand Dansereau et Victor Jobin du film *Jour après jour*, réalisé par Clément Perron, sur des images de Guy Borremans et un montage d'Anne-Claire Poirier. Ce film, qui est une chronique de la vie ouvrière, obtiendra le prix du meilleur film expérimental au Midwest Film Festival de Chicago, en 1964.

POLITIQUE

Le 17 février, il est invité à prononcer une conférence dans le cadre du colloque du RIN à Montréal, à l'hôtel Windsor, qui a pour titre « L'indépendance nationale : une fin et un moyen ». La conférence d'Aquin s'intitule « Problèmes politiques du séparatisme » (texte inédit).

LIBERTÉ

Dans le numéro 21 de *Liberté*, il publie en mars « L'existence politique », reprise de sa conférence au RIN, et « Préambule ». Puis en avril, sont publiés « Les Jésuites crient au secours » et « Pour un prix du roman », article dans lequel Aquin annonce la création du « Prix Liberté du roman ».

LECTURES — ÉCRITURE

L'Aquarium de Jacques Godbout (Paris, Seuil, 1962) en janvier ; *César* de Jacques Madaule (Paris, Seuil, 1959), *Présence africaine,* numéros 9-10, 24-25 en février ; *Critique de la raison dialectique* de Sartre (Paris, Gallimard, 1960), *Heidegger ou la Philosophie de l'angoisse* d'Alphonse de Waelhens (Louvain, 1942) en mars ; *Œuvres*, tome V de Teilhard de Chardin (Paris, Seuil, 1969), *Teilhard de Chardin et la politique africaine* de Léopold Sédar Senghor (Paris, Seuil, 1962) en avril ; *Passion et politique chez les Césars* de Jérôme Carcopino (Paris, Hachette, 1958), *Europe,* numéros 396-397 en mai.

Il élabore le 24 mars un projet de téléthéâtre pour Radio-Canada intitulé « La mort de César », reprise d'un projet proposé à Radio-Canada le 15 octobre 1960, depuis Paris. Le texte sera publié dans *Point de fuite*.

VIE INTIME

En mars, sa vie sentimentale connaît de nouveaux bouleversements. Fin d'une liaison[1], début d'une autre.

ONF

En avril, sa direction de *l'Homme vite* prend un nouvel essor. Il adjoint à son équipe Norman Namerow, qui en sera le conseiller ; Guy Borremans, choisi comme pilote de la voiture, non seulement participera à la course, mais la filmera sur le circuit de Mosport ; ceci constitue une double difficulté, à la fois sportive et technique. Dans ce film, Hubert Aquin se propose de mettre en lumière le combat de l'homme contre le temps que le coureur automobile exprime dans son rapport à la vitesse. Aquin l'envisage, selon ses termes, à la suite de Valéry et de Barthes, comme la forme symbolique de l'existence parce qu'il manifeste « une volonté de victoire humaine », sur « [le] risque, [la] peur, [la] nervosité », par le « contrôle de soi, [la] volonté, [la] raison[2]... ».

Après un déplacement à Québec les 3 et 4 mai, il se rend à Toronto, le 11 mai, pour assister le 12 à la course de Guy Borremans qui est filmée malgré l'interdiction de piloter qui, pour des raisons d'assurances, aurait été formulée par Grant McClean, directeur de l'ONF[3].

Le 5 juin, il est interviewé à « Carrefour » à propos des courses d'auto et de son travail à l'ONF.

CONTEXTE POLITIQUE

Le RIN annonce, le 12 juin, son projet de se transformer en parti politique. Marcel Chaput en est le président. En octobre est résolu un premier conflit idéologique au RIN : Guy Pouliot succède à Marcel Chaput qui fonde alors le Parti républicain du Québec en entraînant un tiers des membres du RIN environ.

En novembre, formation du Réseau de résistance, favorable à l'indépendance du Québec par la force. Créé concurremment au Comité de libération nationale le 31 octobre, ces groupes radicaux rejoindront le Front de libération du Québec, fondé en février 1963[4].

LIBERTÉ

À *Liberté* en août, il est chargé de choisir un lauréat au premier « Prix de la liberté » avec André Belleau, Jean Simard et Jacques Godbout[5].

Hubert Aquin soumet à la direction un projet d'Éditions Liberté ; il voudrait aussi incorporer légalement la revue et fonder un Prix du roman[6].

Paraît alors un article de fond qui connaît un retentissement important : « La fatigue culturelle du Canada français ». Hubert Aquin l'a écrit à Toronto en mai. Selon Michèle Lalonde, « cet essai discursif sur le sens du nationalisme [...] synthétisait en fait un énorme effort de réflexion collective tant à *Liberté* que dans les cercles du RIN et, à un point tournant de la Révolution tranquille, apportait la réponse dialectique cohérente à l'argumentation fédéraliste de Pierre E. Trudeau dans *Cité libre* » (*Le Devoir*, 5 novembre 1983).

ONF — EUROPE

Un autre projet de l'ONF requiert bientôt Hubert Aquin à titre de producteur délégué et réalisateur. Il s'agit de la série « Civilisation française », qui a pour thème la diffusion de la culture française à travers le monde. Projet de six films initialement, la première séquence s'intitule « La France revisitée » et la seconde « À l'heure de la décolonisation », produites par Fernand Dansereau et Victor Jobin. Pour le premier film, Aquin choisit Jean LeMoyne, auteur et commentateur. Il lui propose un itinéraire à travers la France comme destiné à mesurer vingt-quatre ans d'absence et d'enracinement en sol québécois ; le film sera bâti sur ce témoignage. Le second film, qui traite de la décolonisation de l'Afrique, comprendra diverses interviews faites par Hubert Aquin[7].

Les quatre autres thèmes porteraient sur le stéréotype de l'image française en Amérique (Los Angeles, Dallas,

New York et Mexico), sur la famille africaine transformée par la colonisation, sur la civilisation technologique française et sur l'héritage colonial français au Québec[8]. Ces projets n'ont pas abouti.

C'est ainsi que le 11 juin, Hubert Aquin se rend en France afin de travailler aux deux films que lui a confiés l'ONF, en compagnie de ses plus proches collaborateurs Louis Fortier, responsable du tournage, Joseph Champagne, responsable de la prise de son, et Guy Borremans, responsable des images. En raison de son absence, il démissionne du poste de directeur de *Liberté* le 20 juin, mais il demeure membre du comité de direction[9].

Selon Hubert Aquin lui-même, chaque voyage en Europe est le moment d'un choc émotif. Lieux de libération et sièges d'amours passés, terre de rêve et d'exil possible, les grandes villes européennes (Paris, Bruxelles, Amsterdam, Rome, Lausanne) sont pour Aquin l'espace par excellence de la « fugue », comme il le consigne dans son journal intime. Elles précipitent ses désirs d'écrivain : il songe par exemple à un roman dont le titre pourrait être *la Mort naturelle*. Elles exacerbent ses désirs de vivre, d'aimer, d'agir et de mourir, et Aquin y double ses activités professionnelles d'une liaison enfiévrée par un « état intégral de délinquance », écrit-il dans son journal intime.

C'est surtout le film *À l'heure de la décolonisation* qui occupe Hubert Aquin. À Paris, il interviewe Albert Memmi, à propos de la décolonisation de l'Algérie, J.-P. Dannaud, directeur de la Coopération culturelle et technique au ministère de la Coopération à Paris, Jean Lacouture, journaliste au quotidien *le Monde*, Messali Hadj, Paul Ricœur, professeur de philosophie à la Sorbonne, Octave Mannoni, professeur et psychanalyste[10], Olympe Bhêly-Quénum, écrivain du Dahomey. La plupart de ces interviews ont lieu dans un studio de l'UNESCO, les 12, 13 et 14 juin. À Lausanne, le 22 juin, il tourne des entrevues avec le FLN. Il rencontre

Charles-Henri Favrod, journaliste suisse roman pour le même sujet. Ses interviews guident alors ses déplacements.

C'est ensuite Georges Simenon qui le reçoit durant trois jours. Aquin tourne là, en compagnie de Guy Borremans, un film sur Simenon qui ne sera jamais monté par l'ONF et est aujourd'hui perdu.

Il consigne dans son journal intime un nouvel intérêt pour l'histoire romaine.

De Lausanne, le 4 juillet, il regagne Paris[11] où il interviewe le cheik Hamidou Kane, écrivain.

Nouveau départ précipité, le 5 juillet, pour Rome avec Joseph Champagne, où il retrouve Pierre Patry. Il se propose de superviser durant une dizaine de jours le tournage de séquences pour *l'Homme vite*, à Modène et à Turin. Le film obtiendra le prix de la réalisation au Festival de Cortina d'Anpezzo en 1964[12].

Mais le 8 juillet, il apprend que son fils Philippe, à Montréal, a dû être hospitalisé à la suite d'un accident. Hubert Aquin gagne alors Nice, puis Londres et Montréal le 9 juillet.

Durant le temps où il s'occupe de *l'Homme vite*, sans l'avouer ouvertement à Jean LeMoyne, Hubert Aquin remet le projet de tournage de *la France revisitée* à plus tard ; aussi un différend s'établit-il entre Hubert Aquin et Jean LeMoyne qui finit par lui retirer le projet, tandis que LeMoyne se plaint amèrement auprès de Fernand Dansereau du manque de disponibilité et d'organisation d'Aquin. Les déplacements imprévus d'Hubert Aquin et de son équipe, par exemple le tournage de *l'Homme vite* en Italie, ont lourdement grevé le budget prévu par l'ONF pour les trois films de la série. Aussi, lorsqu'il se présente à l'ONF, il apprend que Fernand Dansereau fait peser sur lui une menace de congédiement de l'ONF.

Le 6 août, le projet « Civilisation française » est officiellement retiré à Aquin. Il perd son poste de producteur délégué et on lui attribue celui de simple réalisateur[13]. Aquin est très affecté par cette décision. Malgré ses protestations, la décision reste irrévocable. Michel Brault est affecté à sa succession.

Les 9 et 10 septembre, diffusion du film réalisé par Aquin à l'ONF *le 5 Septembre à Saint-Henri* ; il déclenche une polémique dans la presse, Aquin étant pris à partie par des résidents de Saint-Henri pour son regard cru[14].

ÉCRITURE

En août, Hubert Aquin reprend ses projets d'écrivain. Il songe à écrire un roman historique dont le titre serait *Papineau inédit* ou *Journal inédit de L.-J. Papineau.* Il voudrait aussi reprendre *l'Invention de la mort.* Il envisage par ailleurs la rédaction d'un roman policier, axé autour de questions de pharmacopée. Il élabore un plan. Ce sera *Trou de mémoire.*

Mais écrire, tout comme vivre, lui pose problème et il s'accuse d'impuissance et de maladie (*Journal intime*).

Pour Radio-Canada, il écrit avec Claude Lacombe des textes pour la série radiophonique « Sur Quatre roues » durant l'été.

LECTURES

Simenon de Bernard de Fallois (Paris, Gallimard, 1961), *Rome en confidence* de Jean de l'Hospital (Paris, Grasset-Fasquelle, 1962), *la Mort de Virgile* d'Hermann Broch (Paris, Gallimard, 1944, [1944]), *Histoire romaine des Gracques à Sulla* de Gustave Bloch et Jérôme Carcopino (Paris, PUF, 1932) en juillet ; *Précis de sémantique française* de Stephen Ullmann (Berne, A. Francke, 2e édition, [1959]), *les Structures anthropologiques de l'imaginaire* de Gilbert Durand (Paris, PUF, 1960), *Tristes Tropiques* de Claude Lévi-Strauss (Paris, Plon, 1955), *Fidèlement vôtre*

(Paris, Presses de la Cité, 1962), *l'Air et la chanson*, *Malin et demi* (Paris, Presses de la Cité, 1957), *la Proie du feu* de Michel Lebrun (Paris, Presses de la Cité, 1962), *la Chute d'un caïd* d'Otis Gaylord (Paris, Gallimard, 1962), *Études d'esthétique médiévale* d'Edgar de Bruyne (Bruges, De Tempel, 1946, 3 tomes) en août ; *le Maghreb entre deux guerres* (Paris, Seuil, 1962) de Jacques Berque, *Situation sans avenir* de Fred Nord (Paris, Presses de la Cité, 1962), *les Naufragés* de Graham Greene (trad., Paris, Laffont, 1956), *Qui sème le feu* d'Ange Bastiani (Paris, Presses de la Cité, 1962), *Cha cha cha siamois* de Maxime Delamare (Paris, Gallimard, 1962), *Maigret et les braves gens* de Simenon (Paris, Presses de la Cité, 1962) en septembre.

VIE PRIVÉE

Durant l'été, il effectue divers déplacements à Wells Beach, dans le Maine, en août ; à Granby et à Rimouski au début de septembre.

Le 22 août, avec Thérèse Larouche, il fait l'acquisition d'une maison située au 582, rue Davaar, à Outremont.

LIBERTÉ

À partir de septembre, dans un état qu'il qualifie lui-même de désarroi intérieur, il se remet à travailler à *Liberté*. Une réédition du numéro sur le séparatisme est décidée ; Hubert Aquin cherche des collaborateurs pour le numéro qui va être consacré aux pays francophones. Il contacte Alain Bosquet, Olympe Bhêly-Quénum, Jacques Berque, Charles-Henri Favrod, et Albert Memmi ; à ce propos il lit en octobre *Portrait du colonisé et du colonisateur* d'Albert Memmi (Paris, Buchet-Chastel, [1962])[15]. Il voudrait aussi publier un article d'Aimé Césaire déjà paru dans *Présence africaine* et renforcer les liens de cette revue avec *Liberté*[16].

La direction de la revue s'entend pour dénoncer publiquement les concours littéraires de la province de Québec.

Mais à la suite de discussions houleuses à la direction de *Liberté*[17], il démissionne le 25 octobre et il doit de nouveau réorganiser sa vie professionnelle.

ÉCRITURE : *TROU DE MÉMOIRE*

Un dossier de projet romanesque, apparenté à *Trou de mémoire*, s'étend du 29 septembre jusqu'à la fin octobre. Il réutiliserait des notes éparses de février à juillet.

C'est autour du 29 octobre qu'Hubert Aquin jette sur le papier le premier plan de *Trou de mémoire*. Il vient de lire *Pale Fire* de Nabokov (Londres, Weidenfeld & Nicolson, 1962)[18], le 25 octobre, qui lui semble singulièrement recouper ses propres préoccupations romanesques. Il connaît alors une période d'intense activité littéraire. Jusqu'en novembre, il partage son temps entre l'écriture et la lecture de romans étrangers, d'ouvrages sur la colonisation et de traités de style contemporains.

Le 10 novembre, Aquin mentionne qu'il a égaré certains feuillets de son projet, qu'il envisage alors de transformer en nouvelle.

Son carnet intime, commencé à Leysin en octobre 1961, prend fin le 7 janvier 1963.

AUTRES LECTURES

Malcolm Lowry *Au-dessous du volcan* (Londres, 1947), Jules Michelet *la Bible de l'Humanité* (1864, 2e édition, 1964), Georges Simenon *la Porte* (Paris, Presses de la Cité, 1962), Wilhelm Stekel *la Femme frigide* (Paris, Gallimard, 1949), Conan Doyle *Étude en rouge* suivi du *Signe des quatre* (trad., Paris, Laffont, 1956), Stephen Ullmann *Précis de sémantique française* (Berne, [1959]) en octobre ; Pierre Joffroy *le Brésil* (Paris, Seuil, 1958), Bob Peltier *le Beau*

Sacha (Paris, Presses de la Cité, 1962), Michel Cousin *l'Esprit de famille* (Paris, Presses de la Cité, 1962), Philippe Larzac *D'une profonde nuit* (Paris, Presses de la Cité, 1962), *Pour une sociologie du langage* de Marcel Cohen (Paris, Albin Michel, 1956), Gunter Grass *le Tambour* (trad., 1961), R. Lebel *Études de littérature coloniale* (Paris, Peyronnet, 1958), L. de Saussure *Psychologie de la colonisation française* (Paris, Alcan, 1899) en novembre[19].

RADIO-CANADA — DIVERS

En novembre, il est président du Grand Prix de Montréal et à ce titre donne une entrevue à l'émission « Métro Magazine », à Radio-Canada, le 5 décembre, interviewé par René Perron ; réalisateur Jacques Lalonde.

Sa pièce *Oraison funèbre ou l'Efficacité* est diffusée sur les ondes de Radio-Canada dans le cadre de « Jeudi-théâtre » le 8 novembre, réalisée par Aimé Forget et interprétée par Jean-Louis Roux, Yvon Dufour, Marjolaine Hébert.

Hubert Aquin est aussi présentateur à « Premier Plan » dans une émission de Gérard Chapdelaine sur le Brésil, les 23 et 30 novembre, 7, 14 et 21 décembre.

Le 6 décembre, il fonde sa propre maison de production cinématographique avec Jean Lebel. Elle se nomme Les Films de la Citadelle.

Il travaille aussi à une série de Radio-Canada intitulée « L'homme américain » qui sera diffusée l'année suivante en juillet-août.

VIE PRIVÉE

À la fin de novembre, il se rend à Toronto, où l'appelle une liaison amoureuse. Sa vie conjugale finit de se désagréger au fil de ses rencontres. Il décrit sa vie affective, dans son journal, comme n'étant qu'« hésitations, audaces, inconsistance et complications ». « Âme degré zéro, donc en parfait état. Je suis couvert de femmes et je tourne toujours de plus en plus vite sur une piste circulaire. Où vais-je ? » (27 décembre 1962.)

Notes

1.   Selon le journal intime d'Aquin.

2.   Correspondance d'Aquin à Fernand Dansereau datée du 3 mai 1962.

3.   Selon le témoignage de Guy Borremans, UQAM, 16 mars 1984.

4.   Voir *F.L.Q., histoire d'un mouvement clandestin* de Louis Fournier, Montréal, Québec-Amérique, 1982.

5.   Ce prix serait décerné en collaboration avec *Parti pris*. René Lévesque est choisi, mais les divergences politiques entre les deux revues font que le projet tourne court (juin 1963).

6.   Voici comment Adrien Thério répond à la demande de collaboration que lui a adressée Hubert Aquin : « Votre comparaison avec les revues françaises du genre ne me semble pas tout à fait juste. Une revue vraiment intellectuelle a toutes les chances de réussir en France. Elle s'adresse à un public déjà formé, convaincu. Ici, il faudra mettre encore plusieurs années avant d'en arriver là. Et j'ai l'impression qu'il faut faire des concessions en conséquence. D'autre part, même si *Liberté* est une revue de classe, je ne crois pas qu'elle ait atteint le niveau de *Esprit* ou *la Table ronde*. » (Correspondance, 19 avril 1962.)

7.   Pour ce film, la recherche et le texte sont signés par Aquin, la réalisation par Monique Fortier, les images par Guy Borremans. Une partie des archives filmiques proviennent du service cinématographique des Armées françaises.

8.   Les noms cités autour de ce projet sont alors Gilles Marcotte, André Belleau, Louis Armand et Michel Drancour,t *Plaidoyer pour l'avenir* (Paris, 1961), Max Lerner, *la Civilisation américaine* (Paris, 1961).

9.   Pour ce voyage, il a renoncé à un congrès des sociétés savantes portant sur « La révolte dans la littérature canadienne-française » auquel il était convié par Albert Legrand et Charles Moore, à l'Université de l'Alberta à Edmonton.

10.   Il est question de son livre *Psychologie de la colonisation* (Paris, Seuil, 1950).

11.   Il loge à l'hôtel Lutétia, à Paris.

12.   A-t-il tenté d'interviewer le constructeur automobile Ferrari ?

13.   Guy Borremans a témoigné à l'UQAM, le 16 mars 1984, que l'ONF était pour l'équipe de ses collaborateurs une « agence gouver-

nementale de propagande » : « Aquin, c'était le loup dans le bergerie [...] et cet homme m'a appris que le terrorisme intellectuel était la seule arme à notre disposition devant la veulerie et l'hypocrisie de ce milieu. »

14.   Aquin se tournera à nouveau vers ce film en octobre 1971.

15.   L'ouvrage est paru en 1957 aux Éditions Correâ, sous le titre de *Portrait du colonisé* précédé de *Portrait du colonisateur* et d'une préface de Jean-Paul Sartre ; Aquin possède dans sa bibliothèque l'édition de J.-J. Pauvert, 1966.

16.   Le numéro paraîtra en janvier-février 1963, sous la direction de Jean-Guy Pilon, avec la collaboration de Jacques Bobet, « L'Aisance d'être français », d'Aimé Césaire, « Culture et colonisation », de Charles-Henri Favrod, « On gouverne dans sa langue », d'Olympe Bhêly-Quenum, « L'Afrique noire et la langue française ».

17.   L'état des finances de la revue est critique. Les ventes s'établissent ainsi : n^{os}19-20 sur Borduas, imprimés 1200, vendus 241 ; n° 21 sur le séparatisme, imprimés 3390, vendus 1292 ; n° 23 sur la *Fatigue culturelle*, imprimés 1540, vendus 589 ; n° 24 sur la Belgique, imprimés 1190, vendus 568. Le restant a été retourné à la revue.

18.   Il commente sa lecture dans son journal intime. On notera qu'il achète un nouvel exemplaire de ce roman après 1966, le premier ne figurant plus dans sa bibliothèque, preuve de l'importance que ce texte avait pris à ses yeux.

19.   À cette date s'arrêtent les listes de lecture d'Aquin dans les écrits intimes. Andrée Yanacopoulo, dans une interview à Radio-Canada, a fait remarquer la cohérence des lectures d'Aquin entre septembre 1961 et novembre 1962, à l'image de ses goûts : lecture de romans policiers, études socio-politiques, ouvrages philosophiques, quelques romans, quelques ouvrages sur l'histoire de Rome.

1963

VIE PROFESSIONNELLE

En ce début d'année, Hubert Aquin cherche du travail ; il offre sa collaboration à divers journaux, au *Devoir* et à *la Patrie*, sans succès. Bien qu'il ait obtenu les subventions demandées au ministère de la Culture, à Québec, il est désabusé de son travail à *Liberté*, car ses projets ne se sont pas réalisés ; tout en restant attaché à la revue, il s'en dégage de plus en plus pour se rapprocher de *Parti pris*, proche du Parti socialiste du Québec (PSQ).

Depuis l'année précédente, Hubert Aquin est vice-président de la Société des auteurs. Il est aussi directeur de l'Association professionnelle des cinéastes.

VIE PRIVÉE

En février, Hubert Aquin signe devant notaire une reconnaissance de dettes à Thérèse Larouche, mais il ne s'acquittera jamais totalement des remboursements stipulés. Le prêt se rapporte à la maison de la rue Davaar, achetée six mois plus tôt[1]. En mars, se lie avec Andrée Ferretti.

LES AFFAIRES

Aux côtés de ses amis Raymond-Marie Léger et Gilles Sainte-Marie, il participe à la fondation de la compagnie Idées, à laquelle collabore également Pierre Arbour[2]. C'est à ce moment qu'Hubert Aquin décide de se lancer dans le monde de la finance : il est courtier en valeurs immobilières chez Lévesque-Beaubien, rue Saint-Jacques. Il a comme ambition d'être *Bank President* (*Quebec Now*). Mais cette tentation infructueuse lui confirme que « les Canadiens français ne sont pas invités à participer au dynamisme des affaires », et Hubert Aquin se tourne alors plus résolument vers la politique.

RADIO-CANADA

Hubert Aquin obtient de nouveau quelques contrats : une traduction de *la Pie-grièche*, de Joseph Kramm, diffusée à « Jeudi-théâtre » le 28 février ; une interview à « Premier Plan » le 15 mars.

LA POLITIQUE

Le 1er mars, aux côtés de Pierre Bourgault et de Guy Pouliot, Hubert Aquin prononce un discours lors d'une grande assemblée publique du RIN qui se tient à l'école secondaire Saint-Stanislas, 1200 est, rue Laurier. Des extraits paraissent dans *le Devoir* du 4 mars sous la citation « La révolution est un acte d'amour et de création » et publié dans *l'Indépendance*, en avril 1963. Lors de ce rassemblement, la transformation du mouvement en parti politique est votée : Pierre Verdy est chargé de rédiger une constitution.

Hubert Aquin participe à de nombreuses réunions de travail, au cours desquelles il œuvre aux côtés d'Andrée Ferretti ; leurs positions idéologiques sont très proches.

Le FLQ naît en février ; des attentats contre des casernes militaires le 7 mars, suivis le 8 mars de la publication d'un premier manifeste felquiste, « Révolution par le peuple pour le peuple », laissent l'équipe de *Liberté* très partagée. Aquin écrit, le 10 octobre 1963, à Gaston Miron : « Le fracas du FLQ a redonné vie à tout ce qui finissait au Canada français. Au début de mars 1963, quand la neige de la dernière tempête de l'hiver n'avait pas encore été sublimée, la vraie tempête est arrivée enfin, neige noire qui a souillé notre pays tel qu'on s'était habitué à le faire imaginer aux Canadiens anglais et aux fédéraux, mais peut-on appeler souillure ce printemps normal et nu ? J'ai frémi au rythme même des déflagrations du FLQ, et nombreux sont les Canadiens français qui ont éprouvé le même tremblement que moi, la même attente inavouable ! » (Correspondance, 1963.) Des bombes explosent en avril et en mai.

VIE PRIVÉE

Hubert Aquin est victime d'un grave accident d'auto, à la suite duquel il passe les mois de mars et avril à l'hôpital

Royal Victoria. Il souffre d'une fracture au bassin et doit subir une rééducation.

En juin, son père Jean Aquin est frappé d'une attaque cérébrale au moment de prendre sa retraite ; il ne s'en remettra pas.

ONF

De mai à septembre, il participe à l'élaboration du scénario et des dialogues de *la Fin des étés*, film écrit en collaboration avec Anne-Claire Poirier. La réalisation du film est signée en 1964 par Anne-Claire Poirier.

LIBERTÉ

Durant l'été, deux textes d'Aquin voient le jour dans *Liberté* : « L'équipe de *Liberté* devant Montréal : essai de situation », « Essai crucimorphe ».

RADIO-CANADA

Pour une série sur l'histoire politique intitulée « L'homme américain », il écrit cinq textes radio-diffusés les 24 et 31 juillet, 7, 14 et 21 août : « L'invention de l'Amérique latine », « Première Rupture », « Le Canada de 1840 », « Cuba est une île », « L'*homo politicus* américain » ; la réalisation est de Fernand Ouellette. Ces textes constituent une étape importante dans la conscience de l'identité nationale sur laquelle se penchent Aquin et sa génération.

En octobre, il rédige de nouveaux textes pour la radio de Radio-Canada, dans la série « Philosophes et penseurs » : « Moïse », diffusé le 13 octobre, « Saint Paul », le 8 décembre, « Saint Augustin », le 15 décembre, « Mahomet », le 22 décembre.

POLITIQUE

Deux extraits de l'article « L'existence politique », publié dans *Liberté* en mars 1962, paraissent dans *la Gazette de Lausanne*, le 31 août : « Nous voulons nous séparer » et « Les jeunes gens en colère ». Ces extraits font partie d'un dossier consacré au Québec présenté par Franck Jotterand.

Le FLQ commet des attentats pour s'emparer d'armes. En septembre, « l'Armée de libération du Québec » réussit un vol à main armée dans une banque montréalaise. Jusqu'en avril 1964, des vols semblables se déroulent dans une station radio, trois banques et trois casernes militaires.

Depuis juin, les prises de position anti-FLQ des dirigeants du RIN se sont multipliées[3], combattues par une action minoritaire au sein du RIN qui soutient les felquistes arrêtés et condamnés[4] et rappelle que plusieurs d'entre eux sont issus des rangs du RIN : « La tentation de la violence demeure parmi nous », titre *l'Indépendance*, journal du RIN, dans son numéro de septembre-octobre, « Jour de deuil », écrit la direction.

C'est dans ce contexte qu'Hubert Aquin crée vers le mois d'octobre ou novembre « L'organisation spéciale ». Par ce geste, Hubert Aquin s'engage dans la ligne de soutien au FLQ. Hubert Aquin ne cache pas que pour lui, l'O.S. est un développement de l'action complémentaire à celle du RIN.

Dans sa « Lettre morte à Gaston Miron », le 10 octobre 1963, bouleversé par les condamnations des felquistes Hudon, Schooters et Villeneuve, Aquin écrit : « Je crois encore au grand amour, comme je crois au terrorisme, et je ne cesserai pas d'y croire. [...] Il me presse de vivre et de dire oui oui oui oui oui à la révolution qui bouleverse déjà nos vies. »

Il donne par ailleurs une conférence dans le cadre de l'École de formation politique du RIN, qui porte sur le colonialisme, le 11 novembre.

En novembre, Aquin lit *les Damnés de la terre* de Frantz Fanon (Paris, Maspero, [1961])[5], il en annote l'ouvrage. Sous le titre de l'ouvrage, son commentaire est le suivant : « Lu par un dément en novembre 63. Montréal. » (Bibliothèque d'Aquin.)

VIE PRIVÉE

En novembre, Hubert Aquin rencontre Andrée Yanacopoulo. Elle va être sa compagne jusqu'à sa mort. Née en 1927 à Tunis d'un père mi-sicilien, mi-grec et d'une mère française, Andrée Yanacopoulo est diplômée de médecine de l'Université de Lyon et possède une maîtrise en sociologie. À cette époque, elle enseigne comme « professeur-assistant » au département de sociologie de l'Université de Montréal, prépare une thèse sur le suicide et dirige une recherche sur « La dépression chez les Canadiens français de Montréal » supervisée par Guy Rocher, professeur de sociologie, et Camille Laurin, directeur du département de psychiatrie à l'Université de Montréal. Mère de trois enfants avant Emmanuel, elle s'est installée au Québec en mai 1960.

Durant cette année, Aquin fait un début de psychanalyse, mais il interrompt son traitement.

PUBLICATION

« Profession écrivain », dans *Parti pris*, en décembre.

Notes

1.   Nous ignorons si Aquin a tenu un carnet intime entre le 7 janvier 1963 et le 30 juillet 1964.

2.   « Nous voulions vendre toutes sortes d'idées. La période était explosive ; toutes les possibilités technologiques s'offraient à notre portée, on pouvait tout inventer. Expo 67 fut l'aboutissement de ce formidable

brassage d'idées au plan international. » Gilles Sainte-Marie, entretien, février 1987. Hubert Aquin fait partie du conseil d'administration ; le président et principal promoteur est Gilles Sainte-Marie.

3.   André d'Allemagne, vice-président national du RIN, dans *l'Indépendance*, juin 1963 ; Pierre Bourgault à l'assemblée publique du RIN, le 12 juin.

4.   Le comité Chénier, dont font partie notamment Marcel Dubé et Marcel Rioux, proclame son soutien aux détenus du FLQ (*l'Indépendance*, juillet-août 1963). Huit felquistes sont condamnés le 7 octobre. Le 10 octobre, à Paris, dans *France-Observateur*, Jacques Berque, professeur au Collège de France, signe un article intitulé « Les révoltés du Québec » ; cet article est partiellement reproduit dans *l'Indépendance* et en totalité dans *Parti pris*.

5.   Frantz Fanon est cité dans le numéro 27 de mai-juin 1963, par Jacques Godbout dans un article intitulé « L'engagement et le créateur devant l'homme d'ici ». L'ouvrage est une référence capitale dans l'idéologie québécoise de l'époque.

1964

> Je refuse de pactiser plus longtemps avec l'ordre social qui nous étrangle.
>
> (H. Aquin, communiqué à la presse,
> *Québec libre*, juillet 1964.)

> J'ai même eu l'occasion de militer en silence et de façon plutôt ingrate derrière les barreaux.
>
> (H. Aquin, *le Jura libre*, 24 mai 1967.)

1964   Fondation du Regroupement national, parti indépendantiste nationaliste.
Pierre Bourgault succède à Guy Pouliot à la direction du Rassemblement pour l'indépendance nationale.
Création du ministère de l'Éducation à Québec.
Fondation de *Socialisme québécois* et de *Révolution québécoise*.
Fondation du Musée d'art contemporain.
Entrée en vigueur du *Code du travail* du Québec.
Scandales et corruption au gouvernement fédéral.
Le Cassé de Jacques Renaud.
Terre Québec de Paul Chamberland.
La Jument des Mongols de Jean Basile.

CONFÉRENCE ET ARTICLES : *LIBERTÉ — PARTI-PRIS*

Le début de l'année est marqué par la publication de plusieurs textes : « Thèmes de la littérature récente : commentaires I », dans *Recherches sociographiques*. Il s'agit d'une table ronde tenue à l'université Laval, lors d'un colloque du 27 au 29 février 1964 qui a pour thème « Littérature et société canadiennes-françaises ». Aquin y commente les conférences de Michel Van Schendel, Gilles Marcotte, Jean Filiatrault sur les thèmes respectifs de l'amour, la religion et la révolte dans la littérature récente du Québec. Les propos du colloque feront date, publiés dans l'ouvrage de Fernand Dumont et Jean-Charles Falardeau, *Littérature et société canadiennes-françaises* (Paris, PUL, 1964).

« Critique d'un livre écrit par un ami », dans *Liberté,* numéro de janvier-février, commente *la Révolution au Canada* de Jean Cathelin et Gabrielle Gray, édité à Paris, (Presse du Mail, 1963), ainsi que « Profession écrivain », article retentissant. En février, il publie dans *Parti pris* un article politique, intitulé « Le corps mystique » qu'il vient d'écrire et dans lequel il fustige le projet de la Confédération de Maurice Lamontagne, abondamment commenté dans la presse depuis plusieurs mois. « Le Basic bilingue », dans *Liberté*, numéro de mars-avril sur le bilinguisme canadien, en réponse à *l'Europe linguistique* d'Albert Dauzat ; *le Pont, chapitre VIII*, dans *Liberté*, numéro de mai-juin sous le pseudonyme d'Elga Von Tod. Cette nouvelle est écrite en mai et constitue une « expérience d'écriture sucessive » (Jean-Guy Pilon, présentation du numéro). Elle a réuni, dans l'ordre des chapitres, Jean Filiatrault, Jacques Folch-Ribas, Jacques Godbout, Jacques Bobet, Fernand Ouellette, André Belleau, Jean-Guy Pilon et Hubert Aquin.

LES AFFAIRES

Hubert Aquin est toujours courtier en valeurs immobilières.

RADIO-CANADA

Il est invité à « Affaires publiques », pour une émission spéciale intitulée « Ô Canada » qui porte sur le bilinguisme, à laquelle il participe en tant que membre du RIN, diffusée le 1er et 8 mars ; réalisation de Max Cacopardo, animateur Tom Sloan.

Il traduit pour « Champ libre » un document télévisé : « L'Iran, une monarchie éclairée », diffusé le 7 mars, puis « L'Antarctique » dans la même série, le 4 avril.

Le 24 mai est diffusée l'émission radiophonique « Philosophes et penseurs » consacrée à « Nietzsche »[1] ; Aquin en écrit le texte, Gilbert Picard assure la réalisation ; puis « Henri Bergson », le 14 juin, « Freud », le 28 juin, et « Sartre », le 5 juillet, dans la même série.

POLITIQUE

En février, Hubert Aquin exprime ses convictions indépendantistes dans un article de *l'Indépendance* : « Le Témoignage émouvant d'un jeune militant : "C'est pour écraser les traîtres que je refuse la démission" par Hubert Aquin ».

Le 24 février, Jacques Berque, professeur au Collège de France, donne une conférence à l'Université de Montréal.

En avril, Aquin prononce une allocution lors d'une assemblée du RIN qui se tient à la Fraternité des policiers de Montréal.

La visite de la reine Élisabeth II, en mai, donne lieu à de violents affrontements entre les forces de l'ordre et les manifestants.

Six membres de l'Armée de libération du Québec sont arrêtés en avril. Aquin dirige alors la section du RIN à Outremont.

Le 23 avril, il participe à un colloque sur le nationalisme en tant que représentant du RIN sur le thème « Bilan, effets et orientation du nationalisme » ; la réunion a lieu au monastère Saint-Albert-le-Grand ; Hubert Aquin y distingue les concepts de nationalisme et de séparatisme et se réclame d'une position révolutionnaire, estimant le climat général propice à l'indépendance.

La presse reconnaît Hubert Aquin comme un excellent représentant du milieu indépendantiste.

Le 10 mai, il est élu vice-président du comité exécutif régional du RIN pour la région de Montréal, lors d'un congrès qui connaît un grand succès ; un programme électoral y est discuté sur les propositions des différentes sections, en vue de porter des candidats du RIN au pouvoir. Pierre Bourgault remplace Guy Pouliot à la direction du parti.

Le 27 mai, Hubert Aquin participe à une assemblée publique du RIN au Monument national ; il adresse un discours à la foule ; la manifestation se termine par de nombreuses arrestations[2].

Cependant, en juin, Hubert Aquin accepte une invitation du FLQ lancée aux membres révolutionnaires du RIN. Le 18, il annonce dans une lettre au *Devoir* et dans *Montréal matin* qu'il quitte le RIN et qu'il « prend le maquis », afin de continuer son combat politique. « Je déclare la guerre totale à tous les ennemis de l'indépendance du Québec. Ma relation harmonieuse avec une société qui triche est rompue définitivement. » (Cité par Michel Roy dans le film de Jacques Godbout.) Il signe sa lettre « Hubert Aquin, commandant de l'Organisation spéciale ». Elle sera aussi publiée dans *Québec libre*, organe du Front républicain pour l'indépendance (FRI)[3] en juillet. Dans une lettre à un ami, Louis Bernier, Hubert Aquin explique qu'il entend ainsi « stimuler la transformation des esprits en vue de l'indépendance » et « précipiter [...] peut-être le cours des événements[4] ».

Passé dans la « clandestinité », Hubert Aquin se réfugie notamment avenue des Pins, dans l'appartement de Louis-Georges Carrier. Il prend le pseudonyme de Jean Dubé, selon la pratique de l'anonymat felquiste, et il s'occupe activement de l'O.S. Le 29 juin, un communiqué de l'O.S. annonce à la presse que l'organisation passera à l'action le 1er juillet[5].

Dans son livre sur *les Québécois violents*, Marc Laurendeau rapporte le manque de coordination caractéristique des actions felquistes dès 1963 jusqu'en 1970. Le groupe d'Aquin préparait sans doute ses opérations de façon largement autonome, ce qui explique qu'aucun texte consacré au FLQ depuis lors ne mentionne l'épisode Aquin. Selon un témoignage, c'est Rodolphe Guitté, homme d'affaires gaspésien, qui aurait été le contact d'Hubert Aquin.

VIE PRIVÉE

En avril 1964, il désire rejoindre Michelle Lasnier à Cannes et partir avec elle en Italie. Elle refuse.

Jean Lebel accepte de rembourser pour Aquin une dette bancaire, à titre de prêt personnel ; il lui rappellera ce service en juillet 1966.

Durant cette période, de son plein gré, Hubert Aquin décide de consulter le Dr Pierre Lefebvre. Le 26 juin, celui-ci conclut à la nécessité d'un traitement immédiat. Selon Pierre Lefebvre, d'après les minutes du procès dans lequel il sera un témoin majeur à la décharge d'Aquin, ce dernier souffre de dépression nerveuse, sa vie serait même en danger[6]. Le psychiatre lui a proposé de l'hospitaliser à l'Institut Albert-Prévost, que dirige le Dr Camille Laurin. Mais le 30 juin, date prévue de son internement, Hubert Aquin ne s'y présente pas et il écrit à Pierre Lefebvre qu'il ne désire plus s'y rendre ; selon une conversation avec sa femme, rapportée par Pierre Lefebvre, il connaîtrait des gens dans l'Institut et il ne voudrait pas que son traitement soit connu. Le médecin entreprend alors des démarches pour le faire admettre au Jewish Hospital.

Chez Andrée Yanacopoulo, chez qui il emménage le 1er juillet 1964, Hubert Aquin écrit[7]. Il lit un ouvrage sur la révolte en Irlande[8]. Chez lui, il avait emporté *Psychologie du suicide* de Gabriel Deshaies (Paris, PUF, 1946-1948), prêté par Andrée Yanacopoulo.

ARRESTATION — INTERNEMENT

Mais le 5 juillet, à dix heures quarante-cinq, Hubert Aquin est arrêté par un policier en civil, au volant d'une voiture volée le matin même[9]. L'action se déroule dans un terrain de stationnement, derrière l'oratoire Saint-Joseph. Le constat de police porte mention qu'à la fouille, Hubert Aquin est trouvé porteur d'un revolver (Remington 380) qui n'est pas enregistré et dont il ne porte pas le permis. Le pistolet contient sept balles, dont une dans le canon. Hubert Aquin est alors écroué aux cellules municipales sous l'inculpation de « possession d'arme offensive dans un dessein dangereux pour la paix publique ». Comme profession, il déclare qu'il est « révolutionnaire ».

Le juge Claude Wagner, qui a été en charge des accusés du FLQ et qui est bien connu pour ses opinions conservatrices, est responsable de l'enquête préliminaire ; il a été assigné sur cette affaire par le juge en chef Archambauld en raison de sa personnalité : l'image publique d'Hubert Aquin annonce une importante publicité. Claude Wagner fait procéder à l'examen psychiatrique de ce dernier.

Le 14 juillet, le Dr Daoust, psychiatre attaché au Centre d'observation de Bordeaux, juge Hubert Aquin « sain d'esprit et en état de subir son procès » ; s'il note des indices de dépression, il conclut toutefois qu'Hubert Aquin ne manifeste aucune évidence de psychose et que son comportement, depuis son incarcération, est normal dans une telle circonstance.

Le 15 juillet, lors de sa mise en accusation, Pierre Lefebvre affirme qu'Hubert Aquin n'est pas un criminel ordinaire et qu'il le suit depuis un certain temps. Il propose à la Cour qu'il soit interné comme prévu à l'Institut Prévost et installé dans une aile fermée, grillagée, où les malades sont étroitement surveillés. Il déconseille pour le traitement psychiatrique d'Aquin l'entourage criminel d'un hôpital pénitentiaire et il estime dangereux un isolement éventuel. Lors de cette comparution, l'avocat d'Aquin est Me Antonio Lamer, qui n'est pas un avocat attaché à la défense des indépendantistes, mais un criminaliste renommé[10]. Un comité de soutien d'une vingtaine de membres est constitué par certains amis pour lui venir en aide, ainsi qu'à sa famille.

Le juge Claude Wagner, qui a décidé d'imposer une sentence exemplaire, ayant déclaré que les « séparatistes », comme il les appelle, « sont des criminels et doivent être jugés comme tels », accède à la demande de la défense, car il juge qu'humainement parlant, Hubert Aquin doit être traité comme un malade. Il fixe le montant de sa caution à dix mille dollars, ce qui est très élevé. Deux chefs d'accusation sont retenus contre lui : « vol et recel » et « possession d'arme offensive dans un dessein dangereux » ; le verdict de jugement est différé.

Ainsi, le jour même, Aquin est transféré à l'Institut Prévost pour y être détenu dans l'aile à sécurité maximum, jusqu'au 22 septembre : « Prévost, raconte-t-il dans le *Magazine Maclean*, en septembre 1966, c'était pire que la prison. J'ai pas mis les pieds dehors pendant trois mois. J'avais une cellule sans fenêtre [...]. J'étais entouré de fous furieux qui faisaient des crises de délire et qui pissaient par terre et tout. Et je n'avais pas le droit de lire, d'écrire, de travailler en dehors de la salle commune. Avant d'avoir le droit d'écrire, ça m'a pris quinze jours. »

Il refuse les entrevues avec les médecins que lui adresse Pierre Lefebvre. Ceux-ci se contentent alors de l'observer, car si sa conduite présente des signes cliniquement analysables, sa démarche est impliquée dans un mouvement collectif qui déborde le cadre d'un tableau clinique habituellement individualisé ; de plus, son excitation est alors retombée, de sorte qu'on ne peut le considérer comme un grand malade.

Durant cet internement, Hubert Aquin écrit *Prochain Épisode*. Il est abattu, déprimé, insomniaque. Dans son journal intime, il consigne sa solitude, ses angoisses, ses délires ; il se dit tantôt malade, tantôt avide de provocation et d'une « insertion violente dans la vie courante ». Il reprend l'écriture intime le 30 juillet et le cahier mutilé qui est demeuré dans ses archives se poursuit jusqu'au 5 octobre 1964[11]. Le 19 août, il écrit : « Sombre écoulement des heures et des jours de solitude, de doute, d'hésitation, d'angoisse, de tristesse et de délire. Comment savoir où j'en suis quand je ne puis faire le point sur l'océan huileux et noir sur lequel je croise, immobile et fantôme. Comment m'ajuster sur un réel que des cloisons m'empêchent de toucher, que des distances débilitantes m'empêchent d'expérimenter à nouveau pour voir s'il m'obéit encore et si je suis encore capable d'agir sur lui ? » (*Journal intime*). Deux ans plus tard, il reverra ces moments difficiles ainsi : « J'étais complètement désidentifié, je dois le dire. Mais quand je me suis trouvé coupé de tout, eh bien ! je me suis trouvé voulant vivre encore, voulant vivre jusqu'au bout l'affaire pour en sortir. J'ai alors écrit *Prochain Épisode*, où je récupérais les éléments de ma vie passée et je les métamorphosais. La veille de mon départ, je mettais la main à la dernière page du roman[12]... »

Quelques proches, Marcel Blouin en particulier, lui portent des livres : il relit *la Chartreuse de Parme* de Stendhal (La Pléiade), Balzac *l'Envers de l'histoire contemporaine* (1846), Henri Lefebvre *Critique de la vie quotidienne* (Paris, l'Arche, [1958]), Roger Martin du Gard. Il essaie de travailler à la traduction d'un documentaire sur le Kenya. La rédaction de son roman le passionne et il veut l'achever avant Noël.

ACTIVITÉS PROFESSIONNELLES

Après le 22 septembre, Hubert Aquin travaille comme pigiste à diverses traductions de films et de scénarios pour Radio-Canada et pour l'ONF. Il projette un scénario pour l'ONF, un téléthéâtre avec Louis-Georges Carrier pour Radio-Canada, un long métrage avec Pierre Patry ; un texte pour un film sur l'enseignement religieux avec un prêtre[13] ; du travail pour le Pavillon du Québec à l'Expo 67.

Il donne un cours d'histoire de trente leçons, sur la finance et la bourse, au collège Valéry, de niveau douzième.

VIE PRIVÉE

Le 30 octobre, il plaide « non coupable » à l'accusation de possession d'arme offensive « dans un dessein dangereux pour la paix publique ». Adrien Pinard, propriétaire de la voiture volée, n'a pas déposé de plainte. Son avocat est Me Bernard Carisse[14], de cette date jusqu'en 1967, mais Me Antonio Lamer continue de prêter son assistance jusqu'au jugement final. Aquin a contacté Bernard Carisse dès son arrestation ; il a dès lors agi à titre d'avocat-conseil et travaillé en étroite relation avec les médecins amis d'Aquin.

À Louis-Georges Carrier, il évoque l'existence de crises susceptibles de le terrasser, mais qu'il pense juguler avec une médication appropriée[15].

Notes

1.   Andrée Yanacopoulo rapporte qu'Hubert Aquin aurait détruit le tome II de *la Volonté de puissance* de Nietzsche (Paris, Gallimard, 1942) dans un accès de colère en 1964 ou 1965. Il possédait l'ouvrage complet depuis 1952 probablement.

2. Le 23 mai, le RIN organise un grand gala au Forum de Montréal. Les 30 et 31 mai se tient le congrès national à Québec. Nous ignorons si Aquin y participe.

3. Le FRI est un parti national semi-clandestin, issu du Parti républicain de Marcel Chaput qui s'est sabordé en janvier 1964. Dirigé par Jacques Lucques, ce parti très surveillé par la police a des liens directs avec le FLQ ; quelques centaines de membres y ont adhéré, dont certains issus de *Parti pris*, tandis que d'autres avaient appartenu à l'Alliance laurentienne de Raymond Barbeau.

4. *La Cognée*, journal bimensuel du groupe clandestin FLQ, qui paraît d'octobre 1963 à avril 1967, mentionne qu'Hubert Aquin a joint les rangs felquistes. Le journal accuse le RIN d'être un « club social » inefficace mais cependant nécessaire pour diffuser l'idéologie indépendantiste. *La Cognée* se réclame des Patriotes de 1837, de De Gaulle et de Louis-Joseph Papineau ; elle appelle à la lutte armée et au terrorisme et encourage les vols d'armes et de munitions (lettre de juin 1964).

5. Dans un entretien qu'il a accordé à Gordon Sheppard, Pierre Bourgault affirme que le communiqué d'Aquin publié aurait été corrigé par les journalistes ; dans le texte d'Aquin aurait figuré une allusion à Dieu. Michel Roy, rédacteur en chef adjoint du quotidien *le Devoir*, n'en fait pas mention dans son entretien avec Jacques Godbout.

6. Il est sujet par exemple à de brefs moments d'absence qui lui valent à cette époque une chute et un poignet dans le plâtre.

7. Il assiste aussi à la course « Canada Amérique » de Formule 1, au circuit du Mont-Tremblant, avec ses deux fils.

8. En 1964, Andrée Yanacopoulo prête à Aquin *l'Afrique des Africains. Inventaire de la négritude* de Claude Wauthier (Paris, Seuil, 1964).

9. Il se dispose à commettre un vol de banque. Ce ne serait pas la seule automobile qu'il aurait ainsi empruntée pour nourrir ses fantasmes (témoignage du Dr R. Lemieux, psychiatre qu'Hubert Aquin consulta durant quelques mois au cours des années soixante). Dans son journal intime, le 30 juillet, il parle d'un « choix meurtrier », d'« un projet inavouable que j'allais exécuter l'arme au poing », d'un « attentat », d'« un crime parfait : prototype du meurtre capable de procurer à son auteur une satisfaction profonde ».

10. Ce choix a été suggéré par Richard Aquin.

11. Durant l'été 1964, le RIN est en crise. En septembre, naissance du Regroupement national du Dr René Jutras qui s'oppose à Pierre Bourgault sur la notion de programme politique. En août 1964, Edouard Cloutier rappelle, dans *l'Indépendance* : « Le RIN refuse la clandestinité ».

12.   Entretien accordé à Normand Cloutier, *le Magazine Maclean*, septembre 1966, vol. VI, n° 9, p. 41.

13.   Probablement une série sur la catéchèse diffusée par l'Office du film du Québec en 1966-1967.

14.   Selon Richard Aquin, Me Carisse est un ami de la famille de Thérèse Larouche.

15.   Selon le témoignage recueilli par Françoise Maccabée-Iqbal.

1965

> Je ne voulais pas être écrivain. J'ai même tout fait pour échapper à ce destin en quelque sorte maudit. Je voulais faire carrière dans les finances et dans les affaires. Je me retrouve aujourd'hui écrivain malgré moi.
>
> (H. Aquin)

1965   Victoire des libéraux à Ottawa. Gouvernement minoritaire de Pearson.

Loi de la fonction publique.

Accords franco-québécois sur l'éducation et la culture.

Ouverture de la Délégation générale du Québec à Milan.

Adoption du drapeau québécois.

Fondation de *la Barre du jour* et d'*Études françaises* à Montréal.

L'Âge de la parole de Roland Giguère.

L'afficheur hurle de Paul Chamberland.

L'Incubation de Gérard Bessette.

Une saison dans la vie d'Emmanuel de Marie-Claire Blais.

Mémoire de Jacques Brault.

VIE PROFESSIONNELLE

Durant les premiers mois de l'année, Hubert Aquin travaille à la compagnie de production Artek Film Productions, pour la compagnie Galco et la compagnie Son et Lumière[1].

PUBLICATIONS

En janvier, Hubert Aquin termine *Prochain Épisode* et il l'envoie à Pierre Tisseyre qui en accepte aussitôt la publication. Hubert Aquin lui demande d'en différer la sortie sur le marché jusqu'à l'annonce du jugement qu'il pense imminent.

Il prévoit aussi la publication d'un livre d'essais aux Éditions Parti pris, mais il en retarde la réalisation en raison de son statut judiciaire et aussi parce qu'il désire renvoyer cette publication après celle de *Prochain Épisode*.

L'instruction du procès suit son cours et les avocats d'Hubert Aquin pressent la cour de régler l'affaire.

À partir de mars, *Prochain Épisode* est corrigé, déposé chez l'éditeur et le contrat de publication est signé.

En juin, le Conseil des arts du Canada accorde une subvention à l'édition de *Prochain Épisode*.

LIBERTÉ

Depuis le début de l'année, Hubert Aquin a repris son travail à *Liberté* comme membre du comité de direction et il participe à la conception et à la réalisation du numéro de la revue sur la rébellion de 1837-1838, prévu pour avril[2]. Il y publie alors « L'art de la défaite. Considérations stylistiques ».

Une émission de télévision à Radio-Canada, *Partage du jour*, est consacrée au même sujet et Hubert Aquin y est invité, le 28 avril.

Le 1er mai, le Prix Liberté est attribué à Pierre Maheu, directeur de *Parti pris,* pour avoir « fait progresser la liberté de pensée, d'expression ou d'action au cours de la dernière année » (*Liberté*, mai-juin 1965, n° 39)[3].

En mai, il publie dans la revue « Calcul différentiel de la contre-révolution », article qui prolonge sa réflexion sur le phénomène révolutionnaire.

LECTURE

Dans sa bibliothèque, le roman de Balzac *le Lys dans la vallée* (Paris, 1835, Gallimard, [1965]) est daté du 25 mai. C'est l'un des nombreux romans de Balzac que possèdent en commun Andrée Yanacopoulo et Hubert Aquin.

RADIO-CANADA

Le 17 juillet, Hubert Aquin achève l'adaptation de *la Parisienne* d'Henri Becque pour Radio-Canada. La pièce est tournée les 20 et 21 octobre et diffusée le 23 janvier 1966 à l'émission « Téléthéâtre d'une heure », réalisée par Jean Faucher.

En octobre, il travaille à un projet d'émission, intitulé « M » provisoirement par Hubert Aquin ; la réalisation est confiée à Aimé Forget. Avec Jean Lebel, il signe un contrat d'écriture d'un téléthéâtre à Radio-Canada ; cependant, Jean Lebel écrira seul le texte en novembre.

VIE PRIVÉE

En septembre, Thérèse Larouche devient propriétaire de la maison dont Hubert Aquin a négligé de payer les versements hypothécaires[4].

Il comparaît à plusieurs auditions en Cour tout au long de l'année, assisté par Me Antonio Lamer ; la cause est maintes fois reportée, l'accusation et la défense nécessitant la constitution de dossiers délicats à monter.

Le procès d'Aquin commence vraiment en novembre et se déroule à huis clos. En décembre, Aquin sait qu'il sera acquitté[5].

En avril 1967, dans *le Magazine Maclean*, Aquin écrit que sa vie antérieure reprend alors « non sans une escorte policière intermittente (sinon invisible) et non sans aussi de multiples occasions d'admirer les chapiteaux ioniques du Palais de Justice ».

LIBERTÉ

Fin octobre, Jean-Guy Pilon demande à Hubert Aquin un article pour *Liberté* sur sa conception du métier de romancier. Ce dernier refuse ce projet, faute de temps à y consacrer, mais il propose un article sur les ventes comparées du roman canadien-français et du roman étranger. Toutefois, il ne le rédigera pas.

Dans un entretien qu'il accorde à Jacques Folch-Ribas et qui paraît en novembre-décembre dans *Liberté*, il évoque ses goûts littéraires, musicaux et sportifs et ses projets de romancier : le titre de son prochain roman est fixé ; ce sera *Trou de mémoire* ; quant au troisième roman, ce sera une reprise de celui de 1959, *l'Invention de la mort*.

PROCHAIN ÉPISODE

Le 2 novembre, lancement de *Prochain Épisode* à la librairie Renaud-Bray, à Montréal, suivie le 5 novembre d'un lancement au Salon du livre de Québec, en même temps qu'un ouvrage d'Antonio Drolet. *Prochain Épisode* est tiré à trois mille exemplaires ; deux mois et demi plus tard, l'édition est épuisée. Réginald Martel, dans *la Presse* du 26 octobre 1974, écrit : « Hubert Aquin apportait dans la littérature québécoise une profonde perturbation. »

Le 22 novembre, chronique d'Yves Préfontaine sur *Prochain Épisode* à « Revue des arts et des lettres », à Radio-Canada.

Devant le succès remporté par le roman, deux éditeurs torontois se montrent vite intéressés à l'éditer en anglais ; une option est aussi déposée au Cercle du livre de France pour une édition en hongrois. Il est diffusé aux États-Unis par le Cercle du livre de France de New York.

La critique se montre enthousiaste devant le roman. Des lettres de félicitations affluent au domicile d'Hubert Aquin ; les journalistes l'interviewent[6]. Hubert Aquin suit très attentivement la réception de son livre, comme en témoigne la revue de presse qu'il adresse à Bernard Carisse, son avocat, et dans laquelle il a souligné sa reconnaissance en tant que romancier.

Malgré ce succès immédiat, Aquin évoque la possibilité de se suicider : « La situation peut m'amener au suicide, je le pressens. Mais ce qui compte, c'est mourir en beauté », déclare-t-il dans un entretien qu'il accorde au *Petit Journal*, le 6 novembre.

En décembre, il s'inscrit au Grand Prix littéraire de la Ville de Montréal, à l'instigation de Pierre Tisseyre.

Pour Radio-Canada, il écrit un texte humoristique, *la Mode*, destiné à la série « Le sel de la semaine » et télédiffusé le 7 décembre.

Notes

1.   Artek Film Productions est situé au 1818 ouest, rue Sherbrooke , à Montréal. Galco et Son et Lumière sont des compagnies de *designers*. On note aussi qu'Aquin charge Jean Lebel d'un travail de documentation pour l'Association professionnelle des cinéastes en juillet 1965, preuve de sa collaboration à l'univers du Cinéma.

2.   Le lancement a lieu le 27 avril.

3.   Ce prix a été décerné pour la première fois en 1961 et se distingue du Prix Liberté du roman créé en 1962.

4.   Selon Me Pierre Verdy, qui a agi en qualité de conseiller, il s'agit d'un acte de dation destiné à protéger les deux parties.

5.   Sentiment rapporté par Hubert Aquin dans _Le Jura libre_, en mai 1967.

6.   Par exemple à l'émission radiodiffusée « Présent », par Nicole Godin.

1966

<table>
<tr><td>1966</td><td>Daniel Johnson (Union nationale) devient Premier ministre à Québec.
Fondation du Ralliement national — fusion du Ralliement des créditistes et du Regroupement national.
Victoire du Parti civique à la mairie de Montréal. Jean Drapeau est élu maire.
Fondation de la revue Culture vivante.
L'Avalée des avalés de Réjean Ducharme.
L'Insoumise de Marie-Claire Blais.
Le Colonialisme au Québec d'André d'Allemagne.</td></tr>
</table>

ACTIVITÉS LITTÉRAIRES

En janvier et février, il travaille à *Trou de mémoire* qu'il désigne provisoirement et familièrement du nom de *Joan* ; il envisage de l'avoir fini pour le 1ᵉʳ juillet et pense qu'il paraîtra dès septembre.

Seconde diffusion de *la Parisienne* le 25 janvier à Radio-Canada. La Société lui offre diverses commandes, mais il considère ces contrats comme de simples gagne-pain. C'est ainsi qu'il écrit un texte en anglais sur F.-X. Garneau, diffusé le 1ᵉʳ février. Puis il prépare un autre texte humoristique pour « Le sel de la semaine » intitulé « Autocritique », mais l'émission n'est peut-être pas diffusée. Enfin, il est invité à l'émission « Aujourd'hui » pour parler de *Prochain Épisode* au début janvier. Le réseau anglais de Radio-Canada diffuse une émission sur *Prochain Épisode*, le 2 janvier.

Dans *Liberté*, il publie, en janvier-février, « Préface à un texte scientifique ».

Il apprend que l'éditeur Laffont veut publier *Prochain Épisode* en mai, à Paris, et qu'une réimpression au Québec est prévue. Celle-ci paraît au Cercle du livre de France le 18 janvier.

Il a aussi sur sa table *Don Quichotte, le héros tragique*, pour une émission d'hommage à Cervantès à Radio-Canada, et la traduction d'une pièce d'Arthur Kopit, *le Jour où les p... vinrent jouer au tennis*, qu'il rédige en cinq jours et remet le 2 février. Cette pièce sera jouée à l'Égrégore.

Le 3 février, il publie « L'originalité » dans le supplément du *Quartier latin* intitulé *le Cahier*.

LECTURES

De France, où elle vient de passer quelque temps, Andrée Yanacopoulo rapporte à Aquin *Esclavage et colonisation* de Victor Schoelcher (Paris, PUF, [1948]), *l'Afrique fantôme* de Michel Leiris (Paris, Gallimard, [1951]), *Byron par ses intimes*, *les Somnambules* (Paris, Gallimard, [1956]) et [1957]) et *la Mort de Virgile* (trad., Paris, Gallimard, [1955]) de Hermann Broch. Ces volumes sont annotés par Aquin.

HUBERT AQUIN ET LE CINÉMA

Puis, d'après un scénario de Jean-Charles Tachella, Hubert Aquin rédige *Faux Bond*, intitulé d'abord *Double Agent double* et aussi *Agents doubles, agents triples*, dans lequel il accepte, non sans hésitation, de jouer le rôle principal, au début de février. Le tournage de *Faux Bond* se déroule du 24 au 27 février pour Radio-Canada et avec la collaboration des Films Delta Inc., aux cavernes de La Flèche, près d'Ottawa, puis à Montréal en extérieur jusqu'au 15 mars, et en studio jusqu'au 26 mars. Cette mise en scène d'un espion qui rate ses entreprises n'est pas sans rappeler *Prochain Épisode* et le personnage même joué par Aquin servira à Jacques Godbout pour illustrer la personnalité d'Aquin dans son film *Deux Épisodes dans la vie d'Hubert Aquin*, en 1979. *Faux Bond* sera diffusé à Radio-Canada le 23 novembre 1967.

Dans la série télévisée du 13 novembre, qui s'intitule « Le monde parallèle », le film d'Hubert Aquin *Faux Bond* y est présenté.

Il travaille aussi pour la Société du film de Montréal SOFIMONT et à un projet d'exposition pour Expo 67. Mais ce projet lui semble harassant et il hésite à le mener à terme. Le film, co-produit par Gaumont et Radio-Canada, est terminé fin janvier. Il sera présenté au pavillon « L'homme et la vie ».

EXIL

Hubert Aquin songe à s'exiler. Ce désir semble en relation avec son procès, dont il craint l'issue et surtout la publicité dans les journaux. De plus, les conditions d'un éloignement seraient favorables, selon lui, à l'écriture de ses prochains romans, dont Pierre Tisseyre presse la réalisation. Enfin, dans sa correspondance, Hubert Aquin confie qu'il s'ennuie du Québec, malgré le nombre de commandes en cours auxquelles il doit répondre et dont les échéances le plongent dans la panique.

D'une façon générale, son état mental est instable ; indécis, souvent mélancolique, parfois égaré, fréquemment insomniaque, étouffant de solitude, il écrit à Andrée Yanacopoulo : « Je ne sais plus comment vivre » (lettre du 2 février 1966). Toutefois, il prend conscience de l'importance de sa relation avec Andrée Yanacopoulo.

CONTEXTE POLITIQUE

Le RIN devient un parti politique officiellement reconnu en février. En mars 1966, fondation du Ralliement national, qui unit le Regroupement national et le Ralliement des créditistes.

Aquin s'intéresse à l'Afrique, au Nigeria en particulier.

De mai à juillet, explosent plusieurs bombes à Montréal. Dix felquistes sont arrêtés.

FORTUNE DE *PROCHAIN ÉPISODE*

Laffont demande que certaines corrections soient effectuées avant de publier *Prochain Épisode* ; Georges Belmont lui signale certains passages à retravailler, qu'il juge « trop longs » ou d'un style « embarrassé » (correspondance). Hubert Aquin accepte volontiers certaines observations. Une rencontre entre Aquin et Belmont a lieu à Montréal, au cours du mois de mars. Il est alors décidé que le lancement aura lieu en septembre à Paris.

Deux éditeurs torontois se disputent la traduction de *Prochain Épisode*. McClelland obtient le contrat.

Jacques Berque, à qui Hubert Aquin a envoyé son roman, publie un article à propos de *Prochain Épisode* dans *Lettres françaises*.

En mars, plusieurs compagnies de film, en particulier Gaumont et Radio-Canada, sont intéressées par *Prochain Épisode* ; cependant, leurs offres sont jugées insuffisantes par l'éditeur et par l'auteur. Toutefois, Hubert Aquin et Pierre Tisseyre envisagent la possibilité d'en céder les droits à Pierre Patry, directeur de la compagnie Coopération inc., à

Montréal, afin qu'il adapte le roman dans un scénario cinématographique.

LIBERTÉ

Dans *Liberté* de mai-juin, il publie « Éloge de la mini-
jupe ». Il propose à la direction de composer un sommaire
pour un numéro consacré au projet « Expo ». Ce projet ne
sera pas réalisé.

L'équipe de *Liberté* envoie un télégramme de pro-
testation au président de l'URSS, Alexis Kossyguine, pour
manifester son soutien aux écrivains Andrei Sinyavski et
Youli Daniel, victimes de procès d'opinion[1].

VIE PRIVÉE

Le 4 mars, Aquin est acquitté par le juge J. Trahan de l'accusation de vol et recel et possession d'arme offensive à la
suite des témoignages médicaux contradictoires sur son état
mental. L'arme est confisquée[2].

ACTIVITÉS LITTÉRAIRES

Le 6 mars, il lit et annote *James Joyce* de Harry Levin (Paris,
Robert Marin, [1950]). Dans sa bibliothèque s'accumulent
les romans de Balzac, achetés entre 1963 et 1967.

Le 24 mars, il participe à l'Université de Montréal à un
débat avec Gilles Marcotte sur les problèmes de la littérature
québécoise.

Il poursuit la rédaction de *Trou de mémoire*. À
Michèle Favreau, il déclare : « Je l'ai écrit d'un trait à la
suite de l'autre. Il est presque prêt. [...] il est très audacieux
sur le plan formel. Il exige du lecteur des pirouettes. Je joue
avec le lecteur[3]. »

En avril, il achète le *Dictionnaire des termes techniques de médecine* de M. Garnier et V. Delamare (Paris, Librairie Malvine S.A., [1965]).

Il travaille à diverses entreprises alimentaires. Aquin résume ainsi la période qui suit sa libération jusqu'en mai 1966 : « J'ai continué d'écrire des rapports, de rédiger des projets détaillés et de composer des scénarios tout à fait incroyables. J'ai même fait du cinéma comme acteur [...] c'était un des inconvénients de ma "politisation" : j'étais confiné à faire un travail sans attache et très irrégulier[4]. »

Diffusion de l'émission spéciale pour le trois cent cinquantième anniversaire de la mort de Cervantès, à Radio-Canada, le 31 mars[5].

Le 4 juin, publication d'un chapitre de *Prochain Épisode* en anglais, dans la revue *Maclean's*, traduit par Penny Gail Williams[6].

RADIO-CANADA

En avril, il accepte la commande d'une nouvelle inédite, destinée à être diffusée dans le cadre d'un échange avec des auteurs canadiens-anglais sur les deux réseaux. Ce sera *De retour le 11 avril*[7], qui serait déjà composé.

VIE PRIVÉE

Le 9 mai, Hubert Aquin écrit à Thérèse Larouche sa décision de se séparer d'elle légalement. Il quitte définitivement son domicile. Celle-ci répond en demandant à son tour la séparation et en refusant toute négociation à l'amiable avec lui. D'ailleurs, Aquin ne manifeste aucune intention de régler hors cour le différend financier qui les oppose.

HUBERT AQUIN EN SUISSE

Courant mai, il quitte Montréal pour New York avec Andrée
Yanacopoulo avec l'intention de s'établir définitivement en
Europe : « Je suis parti avec quelques valises, sans casier
judiciaire et avec une certaine ferveur. J'ai tourné autour de
Lausanne ; je me suis rendu quelques fois à Paris avant de
m'installer officiellement en Suisse sur les bords du lac
Léman[8]. » Aquin va demeurer en Suisse puis en France
jusqu'au 21 mars 1967.

Il réside à l'hôtel d'Angleterre d'Ouchy, près de
Lausanne, jusqu'à la fin juin.

Il gardera notamment de son séjour en Suisse des
images fulgurantes de la lumière et des paysages alpins et le
souvenir des journées « ponctuées à deux temps » au rythme
du courrier, passées à rêver « de décacheter, dans son délire
quotidien, des tonnes d'enveloppes et de déchiffrer autant
d'écritures différentes qu'il peut compter d'amis et de
parents ! » (*Le Maclean*, avril 1967).

C'est au cours de ce séjour que déjà préoccupé par la
question jurassienne, il aurait pris des contacts directs avec
les autonomistes du Jura bernois. Il semble toutefois que ses
seuls liens soient Charles-Henri Favrod et Franck Jotterand.
S'il a essayé de lier connaissance avec Jean-Théodore
Brutsch, fondateur d'une union littéraire des minorités linguistiques francophones (Belgique, Québec, Suisse romande), c'est en vain.

Il travaille à *Trou de mémoire* et il se documente sur
l'Afrique[9]. Il lit aussi Dürenmatt et annote *Ulysse* de Joyce,
dont il a racheté un exemplaire à Lausanne le 3 juin. Par
ailleurs, *Faux Bond*, qui n'est pas terminé, reste à l'ordre de
ses préoccupations. Cependant, avec Andrée Yanacopoulo il
rédige un roman inédit, *Couple numéro un* ; ils adoptent les
pseudonymes de S. et W. Muralt[10].

La comédie musicale *Ne ratez pas l'espion*, en collaboration avec Louis-Georges Carrier, est représentée au Québec. La pièce est mise en musique par Claude Léveillée et jouée au théâtre de la Marjolaine du 25 juin au 4 septembre[11].

PUBLICATIONS

Dans *Arts et loisirs*, paraît « Autocritique », éloge de l'automobile.

Dans l'interview de septembre 1966 accordée au *Magazine Maclean*, Aquin annonce la publication imminente de *Trou de mémoire* : « Je rêve jusqu'à l'obsession d'un univers imaginaire qui me permette de décoller de la réalité quotidienne comme une fusée Atlas de deux étages [...]. La littérature n'a pas pour fonction première de refléter la réalité ; [...] je place le jeu — ou la jouissance — à la source de toute vie collective ou individuelle. Si l'on ne sait pas jouir de l'imaginaire, d'une description de la société, d'une intrigue, on n'est vraiment pas grand-chose. » Cet enthousiasme prend rapidement une teinte plus sombre : « [...] mon décollement de la vie peut très bien être grave ; ça veut dire que je ne suis pas sûr que je puisse m'amuser encore longtemps à raconter des histoires fictives. Des fois, j'éprouve des peurs terribles. Par exemple, il me reste vingt pages à écrire pour terminer *Trou de mémoire*, mais je me demande si je vais pouvoir les écrire. [...] ça me fait peur de terminer une chose, d'être identifié à un rôle social, tel celui d'écrivain. »

DIFFICULTÉS EN SUISSE

Les 11 et 12 juillet, Hubert Aquin est cité à comparaître à propos de sa séparation par voie d'assignation dans les journaux. La séparation légale des époux va donc se dérouler sans lui jusqu'à l'automne. Débutent alors les saisies sur les revenus d'Aquin obtenues par Thérèse Larouche. Sans revenu autre que ses droits d'auteur, assailli par les soucis d'argent, pressé par ses collaborateurs de régler sa situation dans les sociétés auxquelles il a appartenu, il essaie de trouver du travail en Suisse. En vain.

Son statut en Suisse est celui de touriste : il a obtenu le 2 juillet un permis de séjour dans le canton de Genève, formalité requise pour accéder au statut de « résident » que délivre le Contrôle de l'habitant par la Police fédérale des étrangers de Genève. Il réside depuis le 13 juillet à Nyon, 52, route des Pattes d'Oie, où il a signé un bail de deux ans.

Le 29 août, Aquin est interrogé par la police du canton de Vaud sur son appartenance au RIN, sur son emprisonnement et soupçonné de collusion avec le Front de libération jurassien. Il fait le récit de cet épisode dans *le Maclean*, en avril 1967, et le reprend dans *Point de fuite*.

Son projet est alors d'essayer de pénétrer le milieu littéraire français. Il tente d'obtenir des travaux à la pige dans des revues françaises et fréquente les lancements. Selon Gilles Sainte-Marie, qui lui rend visite à ce moment à Nyon, Aquin se rend chaque semaine à Paris ; il paraît euphorique, car il entrevoit la possibilité de commencer une nouvelle vie.

LANCEMENT DE *PROCHAIN ÉPISODE* À PARIS

Le 5 septembre, Hubert Aquin se rend à Paris pour le lancement de *Prochain Épisode* qui a lieu le lendemain dans la collection « Préférences » de Robert Laffont, dirigée par Georges Belmont. Il fait diffuser son roman dans le milieu parisien qu'il a fréquenté lorsqu'il était étudiant. Mais à Paris, la réception de l'ouvrage n'est pas très favorable, notamment de la part d'Alain Bosquet qui, dans *le Monde* du 15 octobre, reproche au romancier des négligences d'écriture, après avoir toutefois cité le roman comme un exemple de la vitalité des lettres québécoises dans l'univers littéraire francophone (article publié dans *Combat*, le 20 septembre à Paris, repris dans *le Devoir* et dans *l'Indépendance* à Montréal)[12].

Le 20 septembre, Pierre Tisseyre et Jacques Hébert, éditeur de Marie-Claire Blais, commentent la diffusion de *Prochain Épisode* et d'*Une saison dans la vie d'Emmanuel* au Québec et à l'étranger.

En décembre 1966, *Prochain Épisode* s'est vendu à plus de six mille exemplaires ; trois impressions ont eu lieu.

Après un bref séjour à Vernaison (Rhône, France, chez les parents d'Andrée Yanacopoulo), autour du 24 septembre, il retourne à Paris le 28 et gagne Nyon le 2 octobre.

RETOUR EN SUISSE

La poursuite de *Trou de mémoire* reste en suspens. Hubert Aquin semble démotivé, accablé. Est-il déçu du demi-échec de *Prochain Épisode* à Paris ? Des éditions Laffont, auxquelles Aquin a soumis *l'Invention de la mort*, Georges Belmont écrit à Aquin qu'il devrait retravailler ce texte, lui indiquant les principales lignes de force et les faiblesses. Il l'encourage aussi à poursuivre son travail d'écrivain sans tenir compte de la critique.

Hubert Aquin propose à Gilles Sainte-Marie, qui préside la Compagnie Idées, de travailler pour lui d'Europe. Il s'ouvre de ses difficultés financières à Jacques Folch-Ribas qui, au nom de l'équipe de *Liberté*, lui propose de publier un extrait de *Trou de mémoire*, ainsi que des chroniques régulières dans les rubriques « Éloge » ou « Lettre ouverte » ; l'extrait du roman paraîtra dans le numéro de septembre-décembre. Il lui suggère aussi de collaborer aux prochains numéros, sur les thèmes de *L'être consommateur*, *L'érotisme*, *Une politique culturelle pour le Québec*.

Le 12 octobre, Aquin jette sur le papier des notes pour un roman qui s'intitulerait *Journal d'un crime*. C'est du moins ce qui lui traverse l'esprit au cours d'une insomnie[13].

À Montréal le 15 novembre, Alain Bosquet commente brièvement *Prochain Épisode* et *la Jument des Mongols* de Jean Basile à l'émission « Des livres et des hommes ».

Aquin s'efforce de travailler durant l'automne aux corrections de la traduction anglaise de *Prochain Épisode* et il lit un roman de Faulkner.

VIE PRIVÉE

La séparation légale des époux est prononcée le 15 novembre à Montréal par le juge Bourgeois, qui ordonne à Hubert Aquin de verser une pension alimentaire de cent dollars par semaine à Thérèse Larouche et de lui rendre la donation prévue au contrat de mariage. Ses fils ne lui donnent plus aucune nouvelle. Bernard Carisse, avocat et ami d'Aquin, conseille à ce dernier d'attendre, avant de revenir à Montréal, que les passions se soient un peu apaisées.

L'EXPULSION DE SUISSE

Le 19 novembre, au nom de la Police fédérale des étrangers, le canton de Vaud refuse à Hubert Aquin le permis de séjour qui lui est nécessaire pour demeurer à Nyon. On lui signifie qu'il doit quitter la Suisse avant le 15 janvier suivant. Il s'agit officiellement d'un « refus d'autorisation de séjour fondé strictement sur des motifs de Police des Étrangers (surpopulation étrangère)[14] », mais les quelques journalistes qui prennent le parti d'Aquin laissent entendre qu'il n'en est rien.

Ainsi les 14, 16, 18 et 23 novembre, paraît un important dossier sur le Québec, signé par Bertil Galland, éditeur suisse romand, où se trouve plaidée la cause de la littérature québécoise : *Prochain Épisode* y est très présent.

Pour Hubert Aquin, il est clair que son passé politique est la cause de tout ceci.

« DÉCOLONISÉ UNE SECONDE FOIS »

Le 12 décembre, Hubert Aquin arrive à Paris. Il a sollicité et obtenu une subvention du Conseil des arts pour assister au colloque de France-Canada, auquel l'a invité l'ambassade du Canada à Paris. La discussion est enregistrée et diffusée à Radio-Canada le 15 décembre. Hubert Aquin en donnera un piquant compte rendu dans *Liberté* et *Point de fuite* dès le mois suivant.

Il retourne à Nyon et quitte la Suisse le 19 décembre. Après un arrêt de quelques jours à Vernaison, il s'installe à Paris, sans espoir de faire changer l'avis d'expulsion qui lui a été signifié. Toutefois, il signe son départ en envoyant une lettre aux journaux suisses *le Jura libre*, *la Gazette de Lausanne,* qui la publient le 27 décembre, et la *Feuille d'avis de Lausanne,* sous la plume de Bertil Galland le 28 décembre, reprend la nouvelle et l'analyse d'Aquin selon laquelle la suprématie bernoise est « une variante de la colonisation ». Aquin exprime sa déception : « Tout cela est bien dommage. En quittant la Suisse, j'ai le sentiment de m'être décolonisé une seconde fois. »

Le 20 décembre, Bertil Galland s'insurge contre la décision d'expulsion d'Hubert Aquin. *La Tribune*, le 20 décembre, et *la Suisse*, le lendemain, signalent le fait, puis *le Jura libre*, le 31 décembre. Mais l'affaire soulève peu de commentaires dans les journaux. Quelques témoignages de solidarité suisses romands lui sont manifestés. L'événement est retransmis le 26 décembre à Radio-Canada, dans un reportage où Aquin est interviewé, et le 28 décembre dans *le Devoir*.

Notes

1.   Andrei Sinyavski venait de publier *Lyoubimov* sous le pseudonyme d'Abram Tertz. Ont signé le télégramme Hubert Aquin, André Belleau, Jacques Bobet, Jacques Folch-Ribas, Jacques Godbout, Fernand Ouellette, Jean-Guy Pilon et Yves Fontaine.

2.   Datation des archives du palais de justice à Montréal.

3.   « Hubert Aquin : propos recueillis sans magnétophone », *la Presse*, 30 avril 1966, p. 11.

4.   *Point de fuite*, Montréal, Cercle du livre de France, 1971, pp. 32-33.

5.   L'émission « Don Quichotte, le héros tragique », hommage à Cervantès, est illustrée par Aquin à l'aide de textes d'André Malraux, Georges Lukacs, Albert Béguin, Federico Garcia Lorca et James Joyce ; les lecteurs sont Françoise Faucher, Gilles Pelletier, Jorge Rodriguez, Jean-Louis Roux et le réalisateur Gilbert Picard. Tapuscrits inédits.

6.   Une autre traduction de *Prochain Épisode* par Ben Shek, plus complète et fidèle à l'original, est prévue pour 1971.

7.   L'idée émane de Robert Weaver, du réseau anglais de Radio-Canada à Toronto, qui l'a communiquée à Jean-Guy Pilon, superviseur de la section culturelle de la radio à Montréal.

8.   *Point de fuite*, Montréal, Cercle du livre de France, 1971, p. 33.

9.   Il a acheté *Mère Afrique* de Basil Davidson (Paris, PUF, [1965]), *les Dirigeants africains face à leur peuple* de Seydou Badian (Paris, Maspero, [1965]).

10.   Ils achètent, en 1966 à Paris, *les Espions de bonne volonté* de Gabriel Véraldi (Paris, Denoël, 1966).

11.   La comédie met en scène Andrée Lachapelle et Guy Sanche, ainsi que Monique Chabot, Guy Boucher, Élisabeth Chouvalidzé, Philippe Arnaud, Pierre Thériault, Pascal Rollin, Louise Forestier, Robert Charlebois et Francine Dionne ; direction musicale de François Cousineau, chorégraphie de Jeff Henry.

12.   Cette mauvaise réception se produit juste avant l'attribution du Goncourt. À Paris, la rivalité Ducharme-Aquin est à son paroxysme ; *l'Avalée des avalés* y reçoit un meilleur accueil en octobre. Cependant, les éditions du Seuil manifestent à Aquin leur regret qu'il ne leur ait pas proposé son roman plutôt qu'à Laffont. Ducharme, édité par Gallimard, pressenti pour le prix, ne l'obtiendra pas non plus.

13.   Voir *Journal intime*.

14.   Lettre citée par Henri-Dominique Paratte dans le *Bulletin* n° 4 de l'ÉDAQ.

1967

FAIT LITTÉRAIRE

Publication de *Prochain Épisode* à Toronto chez McClelland and Stewart, traduit par Penny Williams.

PARIS

À Paris, Hubert Aquin tente d'obtenir des contrats auprès de Radio-Canada. Il pense ainsi vivre de sa plume et de ses talents de journaliste. Pour « Aujourd'hui », il interviewe à Paris Geneviève Serreau, secrétaire de la rédaction des *Lettres nouvelles*, mis en ondes le 4 janvier, puis Michel Debré, pour la même émission, le 9 janvier.

De Paris, le 4 janvier, Hubert Aquin exprime dans *le Jura libre* son regret d'avoir dû quitter la Suisse. Avec Andrée Yanacopoulo, il rédige un article « Le français à portée de tous » pour le *Maclean* qui ne le publie pas. Ce qu'Hubert Aquin désigne humoristiquement comme « une sorte de petit guide crypto-touristique d'un pays qui se trouve intimement lié à notre passé » trouve une autre version, éditée cette fois dans *Liberté*, sous le titre « La francité. Nos cousins de France », où Aquin relate le colloque France-Canada du 12 décembre. Mais malgré quelques commandes, il manque d'argent.

Il recommence à travailler à *Trou de mémoire* que Pierre Tisseyre attend impatiemment. Outre Laffont, Aquin contacte Grasset en vue de la publication de ce texte à Paris. Le 15 puis le 19 janvier, il note de fulgurantes impressions liées à l'achèvement de son roman, qui seront publiées dans *Point de fuite*.

Le 9 mars, il rend à Albert Memmi en compagnie d'Andrée Yanacopoulo une visite purement amicale.

Le 15 mars, les éditions Albin Michel lui signifient leur refus de publier *Couple numéro un*.

Hubert Aquin souhaite rentrer à Montréal. Cependant, il craint, à son retour, d'être emprisonné à cause du refus de pourvoir, suivi d'un bref de saisie, que Thérèse Larouche a fait reconnaître à son endroit. Aussi « négocie-t-il (selon son terme) son retour », en faisant des démarches auprès de l'avocat de celle-ci par l'intermédiaire d'Antonio Lamer, son avocat. Jacques Sylvestre, associé d'Antonio Lamer, va s'occuper du dossier d'Aquin.

Le 21 mars, il quitte Paris, via Amsterdam, pour Montréal.

RETOUR À MONTRÉAL

À leur arrivée, Hubert Aquin et Andrée Yanacopoulo logent à l'hôtel Versailles Lodge, au 1669 ouest, rue Sherbrooke , avant de s'installer le 1er avril à Havre-des-Isles, à Chomedey. Bientôt, il apprend que le ministère des Affaires culturelles lui accorde une bourse d'aide à la création d'un montant de quatre mille dollars. Pierre Tisseyre le presse de remettre son roman et l'informe qu'un éditeur américain est déjà intéressé à le publier.

ACTIVITÉS PROFESSIONNELLES

Il travaille d'abord pour le Collège Sainte-Marie : il traduit partiellement un ouvrage sur l'Acte d'Union des gouvernements du Haut et du Bas-Canada (1840) pour André Lavallée, au département d'histoire.

En avril, le magazine *le Maclean* publie « Un Canadien errant », texte dans lequel Hubert Aquin fait le récit de ses joies et déboires en Suisse et qui sera repris dans *Point de fuite* en 1971.

Du 2 au 7 avril, il est à Moncton au Nouveau-Brunswick, où il donne une conférence à l'université le 5 avril.

Il pense vivre de sa plume selon une formule de *free-lance*, écrit-il à son avocat, désignant par là un statut de pigiste apte à assurer sa subsistance matérielle.

VIE PRIVÉE

En avril, la Cour saisit ses cachets et la bourse d'aide à la création que le ministère des Affaires culturelles lui a attribuée mais ne lui a pas encore versée.

Il comparaît le 16 avril à la salle de justice d'Outremont et comparaît devant le juge Lacoste. Il reconnaît ses dettes envers Thérèse Larouche et signe avec elle une entente à propos de la pension alimentaire et du droit de visite aux enfants.

En cour d'appel, Hubert Aquin s'efforce de faire lever la saisie qui pèse sur ses revenus ; mais le 13 mai, il est arrêté à son domicile pour refus de pourvoir. Son frère Richard se porte garant de lui et la saisie sur les revenus d'Aquin est levée le 16 mai. Cependant, il ne réussit toujours pas à voir ses fils et il s'en plaint à son avocat.

ACTIVITÉS DIVERSES

Le 14 avril, il termine sa traduction de l'*Histoire du monde*, tome XV et tome XVI, *Histoire du Canada* pour les Éditions Maisonneuve d'Ottawa.

En mai, le *Maclean's* publie « Hubert Aquin in Switzerland : One Separatist Too Many », traduction par Penny Williams de l'article paru le mois précédent en français.

Il a repris ses activités pour Expo 67, qu'il visite le 5 mai avec Andrée Yanacopoulo et Jacques Languirand.

Hubert Aquin est attaché à la réalisation du Pavillon du Québec et à celui de « L'homme et la vie » en qualité de producteur consultant[1]. Il est aussi secrétaire général du centre culturel du Vieux-Montréal.

Il travaille à un projet de pièce de théâtre intitulé *Deux Auteurs* (12 mai 1967)[2].

Le 24 et le 31 mai paraît dans le *Jura libre* « Propagande suisse pour l'exposition de Montréal... Hubert

Aquin raconte comment il a été expulsé de Nyon », reprise de l'article paru dans *le Magazine Maclean*. Il remercie Roland Béguelin, rédacteur du journal suisse, dans une lettre du 19 juillet publiée le 9 août.

Le 30 mai, il interviewe Raymond Bellour à propos d'une étude de Robert Desnos, *Cinéma*, à l'émission de radio « Des livres et des hommes ».

Il est scénariste durant cette année ainsi que la suivante à la Télévision éducative du Québec (TEVEC). Il écrit cinq textes.

Il visite avec Andrée Yanacopoulo l'atelier du peintre André Jasmin le 17 juillet.

Il traduit un article de Derek Parker, de Londres, sur la poésie anglaise publié dans *Liberté*, « Grande-Bretagne. Introduction », dans le numéro de juillet-août.

Le 18, il se rend à Québec au ministère des Affaires culturelles. Un accord est conclu pour l'achat par le ministère de cent exemplaires de *Prochain Épisode*.

À la fin de l'été, il rédige quelques pages d'une nouvelle qui demeurera inachevée.

VIE PRIVÉE

Hubert Aquin a de nouveau un différend avec Thérèse Larouche sur le montant de la pension alimentaire. Il demande qu'elle soit diminuée parce qu'il est sans revenu fixe. Son avocat est maintenant Pierre Desaulniers. Le désaccord entre les ex-époux est total et il se poursuit durant les mois suivants. Le 31 mai, intervient un accord financier entre les deux parties.

En mai, débute la grossesse d'Andrée Yanacopoulo.

En septembre, survient la première crise de type épileptique d'Hubert Aquin, chez lui à Havre-des-Isles[3]. L'épilepsie se double, chez lui, d'un problème d'alcoolisme que complique sa médication personnelle.

COLLÈGE SAINTE-MARIE : ENSEIGNEMENT

Hubert Aquin envisage de laisser tomber son travail de pigiste pour se consacrer à l'enseignement de façon stable. Aussi, sur la lancée d'une rencontre prévue avec Jean-Guy Sabourin, propose-t-il sa candidature à un poste de professeur à Pierre Grenier, directeur du département de français au Collège Sainte-Marie. Il lui fait valoir son expérience d'écrivain et lui propose un séminaire sur les techniques du roman depuis Balzac.

Le collège, qui cherche à cette époque à « intégrer les textes de création des étudiants dans le curriculum académique », voit d'un œil favorable l'entrée en son corps enseignant d'un écrivain connu.

Toutefois, les engagements politiques notoires d'Aquin semblent contrevenir à cette fonction. Au collège, on estime en effet que l'enseignement est une carrière qui demande un engagement total de la personne et exclut celle d'un homme d'action attaché à la réussite politique. Pierre Grenier demande à Aquin de se définir[4] et ce dernier est finalement accepté en octobre.

Il enseigne pour l'année scolaire au Collège Sainte-Marie la littérature, au niveau de la « quatorzième ». Son cours, de septembre à décembre, porte sur « Balzac et le roman »[5].

POLITIQUE

Le Jura libre publie le 6 septembre une carte postale de sympathie au peuple jurassien envoyée par Hubert Aquin.

Le 10, il prononce une conférence lors de l'assemblée publique du RIN au centre Paul-Sauvé. Il est élu candidat au titre de directeur national du RIN. Hubert Aquin est dès lors sur la scène publique.

Les 7 et 8 octobre, Hubert Aquin assiste au congrès du RIN à Trois-Rivières. La réunion est houleuse : il existe de fortes divergences entre la tendance Bourgault et la gauche du parti incarnée par Andrée Ferretti. Aquin est élu membre de l'exécutif du RIN, au côté de Pierre Bourgault ; toutefois, ses premières prises de position appuient celles d'Andrée Ferretti[6].

La création du Mouvement souveraineté-association (MSA) précipite la crise politique tant au sein du RIN qu'à *Parti pris*, organe du Parti socialiste du Québec.

ACTIVITÉS LITTÉRAIRES

En septembre, Aquin travaille à une nouvelle, qui ne sera jamais achevée.

Le 18 octobre, Aquin achève son travail sur la série « Histoire du Canada » et le 26, à l'émission « Des livres et des hommes », il interviewe Jean-Edern Hallier, co-directeur du *Cahier de l'Herne*, sur Ezra Pound.

En octobre, il projette un roman *la Réussite*, une « histoire d'amour épique » selon lui, qu'il reprendra en juillet et août 1968.

C'est de cette époque qu'on peut dater les premières ébauches de *l'Antiphonaire*[7].

En octobre, il se met à la traduction de *la Boutique*, pièce de Francis Durbridge commandée par Radio-Canada à l'Union européenne de radiodiffusion, à Genève.

Tous les lundis durant le premier semestre, il passe la journée à Sherbrooke où enseigne Andrée Yanacopoulo.

Le 16 octobre, il se rend à Toronto, puis à London en Ontario le lendemain. Il donne une conférence à l'université sur le thème du statut de l'écrivain.

Le 31 octobre, paraît dans *le Devoir* « Hubert Aquin : des échanges concrets ».

Il publie « Un âge ingrat » dans *Liberté* de novembre-décembre, numéro consacré à l'érotisme.

En novembre, il travaille à un projet de téléthéâtre avec Louis-Georges Carrier, *Faites-le vous-même*, qui deviendra *Smash* l'année suivante.

Jean Bouthillette publie dans le *Dimanche matin* du 7 avril une interview d'Hubert Aquin.

VIE PRIVÉE

Le juge Peter V. Shorteno, le 13 novembre, réitère le droit d'Hubert Aquin de rendre visite à ses enfants chez leur oncle maternel, Pierre Larouche. De plus, la pension alimentaire est réduite à soixante-quinze dollars par semaine.

ACTIVITÉS LITTÉRAIRES

Il travaille de nouveau à *Trou de mémoire* qu'il finit de transcrire et il reprend le début à la fin novembre. Il prononce le 6 décembre une conférence au Collège de Victoriaville sur le statut et le rôle de l'écrivain ; nouvelle étape, aujourd'hui sans trace, d'une réflexion concurrente au thème du « Bilinguisme : son histoire et ses fondements historiques et sociologiques », qu'Hubert Aquin a inscrite aux conférences de *Liberté* et propose dans divers collèges à travers la Province et le Canada.

Le 26 décembre, il apprend que *Prochain Épisode* est soumis au jury du Grand Prix littéraire pour 1967, organisé par le Conseil des arts de la Ville de Montréal.

Le 28 du même mois, *Trou de mémoire* est enfin prêt ; il faudra encore compter deux semaines avant qu'il soit remis à l'éditeur. Dans un numéro spécial sur les *Écrivains du Canada* des *Lettres nouvelles* édité en décembre-janvier 1967, paraît un extrait de *Trou de mémoire* intitulé « Théâtre supérieur ».

Au cours de l'année, *Prochain Épisode* est publié en anglais. Des extraits de *Trou de mémoire* sont publiés dans *Écriture. Cahiers de la renaissance vaudoise*, Lausanne, ainsi qu'« Une rencontre dans la nuit », extrait de *Prochain Épisode*, dans *Un siècle de littérature...* par Guy Sylvestre et Gordon Green, Montréal et Toronto.

Notes

1.   Il écrit dans une lettre à Roger Lemelin du 3 janvier 1975 qu'il est directeur de production audio-visuelle pour le pavillon « L'homme et la vie ».

2.   Il reprendra ces notes en 1972.

3.   Roger et Richard Aquin nient que leur frère ait eu dans l'enfance des problèmes de santé, hormis une sensibilité extrême et une intolérance aux déplacements en voiture. L'épilepsie est au cœur du roman *l'Antiphonaire*.

4.   « Bien sûr, j'ai des opinions politiques : j'adhère au RIN où, je n'occupe aucun poste [...] Toutefois, depuis trois ans, j'ai exercé une activité intellectuelle qui n'a été nullement politisée. Si vous me proposez un travail dans votre département, je m'en acquitterai non seulement avec honnêteté mais aussi avec enthousiasme. Vous savez fort bien, d'après notre conversation de l'autre jour, que mes idées sur la littérature ne sont pas entachées d'une connotation politique », écrit Aquin à Pierre Grenier, le 16 septembre 1967.

5.   Il achète et annote *Une lecture de Balzac* de Maurice Bardèche (Paris, les Sept Couleurs, [1964]), en octobre ; travaille *Balzac par lui-même* de Gaétan Picon. Dans les romans balzaciens qu'il étudie figure *Une fille d'Ève* (dossier de notes d'Aquin). Sans doute est-ce pour ce cours qu'il annote minutieusement *Prométhée ou la Vie de Balzac* d'André Maurois (Paris, Hachette, [1965]), ouvrage qui figure sans date dans la bibliothèque.

6.   Selon le témoignage d'Andrée Ferretti dans *Desafinado*, *op. cit.*

7.   Dans *Copies conformes*, en 1973, il écrit : « Un super-roman ! J'ai mis deux ans pour *l'Antiphonaire*. »

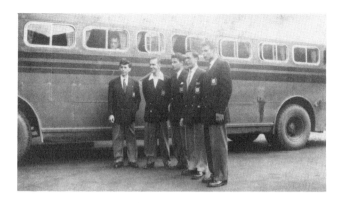

Départ des étudiants de l'Université de Montréal pour Pontigny et Amsterdam, en juin 1950. Luc Cossette, Pierre Chalut, Hubert Aquin, Denis Lazure, Gilles Lesage.

Permis de conduire français, 1951.

En joueur de tennis, Hâvre-des-îles, 1969. (Collection A. Yanacopoulo)

À la terrasse de l'Hôtel d'Angleterre, Ouchy (Suisse), 1973. (Collection A. Yanacopoulo)

Sur les routes de Suisse, 1973. (Collection A. Yanacopoulo)

Hubert Aquin, Louis-Georges Carrier, Richard Martin. (Collection A. Yanacopoulo)

Caricature de Bado, *Le Devoir* 1974.

Dans son bureau, au 5159, rue Notre-Dame-de-Grâce, 1975. (Photo Kéro).

1968

Pierre Elliott Trudeau, du Parti libéral, remplace Pearson comme Premier ministre du Canada.

Mort de Daniel Johnson, Premier ministre du Québec. Jean-Jacques Bertrand lui succède.

Création effective de Radio-Québec.

Fondation du Parti québécois (PQ) dirigé par René Lévesque.

Mise en place des ministères : Immigration, Travail et Main-d'œuvre à Québec.

Création de la Bibliothèque nationale du Québec.

Violentes manifestations anti-Trudeau à Montréal.

Institution du mariage civil au Québec.

Fin de *Parti pris*.

Fondation de la revue *Études littéraires*.

La Guerre, yes sir ! de Roch Carrier.

Nègres blancs d'Amérique de Pierre Vallières.

Hamlet, prince du Québec de Robert Gurik.

Le Chemin du Roy de Françoise Loranger et Claude Levac.

Les Belles-Sœurs de Michel Tremblay.

AQUIN LECTEUR

Dans la bibliothèque d'Hubert Aquin figure *l'Idiot* de Dostoïevski (Paris, Gallimard, 1868), [1966]), cet ouvrage est annoté et porte la date de janvier 1968. Il possède par ailleurs *Crime et Châtiment (1866)*, *l'Éternel Mari*, *les Frères Karamazov* (1880), *le Joueur* (1866) et *Souvenirs de la maison des morts* (1861-1962) du même auteur.

À cette époque, il fait des démarches pour obtenir un poste d'enseignant régulier.

LIBERTÉ

Hubert Aquin publie dans *Liberté* de janvier-février un compte rendu de lecture de l'ouvrage de René de Chantal intitulé *Marcel Proust, critique littéraire* (Presses de l'Université de Montréal).

Un numéro sur *L'unilinguisme* s'ébauche : Hubert Aquin fournit le texte premier, destiné à solliciter la discussion des autres collaborateurs : Jacques Folch-Ribas, Jacques Godbout et Jacques Brault. Le dossier est publié en mars-avril, sous le titre *L'affaire des deux langues*. En outre, Aquin rédige des notes de lecture sur les textes suivants : *les Alligators* (Paris, Grasset 1968) de Robert Beaudoux ; *la Geste* (Montréal, Éd. Estérel, 1968) d'Yvan Steenhout ; *Louis Hémon, lettres à sa famille*, édité par Nicole Deschamps (Presses de l'Université de Montréal, 1968) ; *Nègres blancs d'Amérique* (Montréal, Parti pris, 1968) de Pierre Vallières ; *les Soleils des indépendances* (Presses de l'Université de Montréal, 1968) d'Ahmadou Kourouma.

Les directeurs de *Liberté* décident de rédiger un « dictionnaire de l'indépendance », projet confié à André Belleau, Hubert Aquin, Jacques Folch-Ribas et Jacques Godbout qui paraît en janvier-février.

ACTIVITÉS LITTÉRAIRES : *TROU DE MÉMOIRE*

Aquin rédige une introduction et des notes à l'ouvrage de Louis-Joseph Papineau *Histoire de l'insurrection au Canada*, publié cette année-là chez Leméac.

Il termine sa traduction de *la Boutique* de F. Durbridge, le 12 janvier.

Le 14 janvier, il adresse *Trou de mémoire* à Pierre Tisseyre. « Ce roman me semblait irrecevable ou bien trop chargé d'abomination, trop nouveau sur le plan formel. Somme toute, je n'ai pas ressenti cette bienfaisante sécurité qu'il m'avait été donné d'éprouver après avoir écrit *Prochain Épisode* et avant qu'il ne soit publié. *Trou de mémoire*, au contraire, a continué de m'inquiéter, de me troubler et de me faire douter de moi. » (Lettre à Pierre Grenier datée du 19 avril.)

Il fait une demande de subvention auprès du ministère des Affaires culturelles pour la publication de *Trou de mémoire*.

Prochain Épisode est écarté du Grand Prix littéraire de la Ville de Montréal, car Hubert Aquin ne s'est pas inscrit à temps.

Il soumet à Radio-Canada, le 5 mars, le texte dramatique *Faites-le vous-même : Smash* qu'il travaille avec Louis-Georges Carrier. Il le reprend le 1er avril.

Il rédige *Table tournante*.

ACTIVITÉS POLITIQUES

Hubert Aquin est membre du Conseil de pleins pouvoirs, auprès de la Légitimité nationale que dirige André Dagenais et qui travaille à l'autodétermination du Québec. Le 2 mars, il est invité, à titre de membre du Conseil du courrier de la Légitimité nationale, à une réunion à Montréal.

Il assiste le 23 janvier à une réunion du Comité exécutif du RIN. Les 16 et 17 mars, survient la scission du groupe d'Andrée Ferretti, après une rencontre de l'aile gauche du RIN à Montréal[1]. Ces derniers ne veulent pas de la fusion avec le MSA. Andrée Ferretti fonde alors le Front de libération populaire (FLP) et une fraction maoïste se rassemble autour des rédacteurs de _Parti pris_ sous le Comité indépendance socialisme (CIS).

VIE PRIVÉE

Le 2 janvier, Aquin se casse une jambe ; il porte un plâtre jusqu'au 8 février.

Le 27 janvier, naît Emmanuel Aquin, le fils d'Andrée Yanacopoulo et d'Hubert Aquin. Il est baptisé le 10 mars 1968 à la paroisse Saint-Maxime de Chomedey, à Laval[2].

ENSEIGNEMENT

Hubert Aquin est engagé, le 18 mars, comme professeur à temps complet[3] au Collège Sainte-Marie par Pierre Grenier, malgré l'opposition de certains collègues et en même temps que Michel Van Schendel et André Belleau. Il est prévu qu'il donnera trois cours de littérature, plus un le soir en charge supplémentaire.

En mai, il fait une demande de bourse d'écrivain auprès du English College Association de New York. Mais sa candidature est écartée.

LIBERTÉ

Le 16 avril, réunion de _Liberté_ pour choisir le lauréat du prix Liberté.

Du 24 au 26 mai, il assiste à la Rencontre des écrivains qui se tient à Sainte-Adèle sur le thème « Les écrivains et l'enseignement de la littérature ». Cette rencontre donne lieu à un texte publié dans _Liberté_ de mai-juin, sous le titre « Quelle part doit-on réserver à la littérature québécoise dans l'enseignement de la littérature ? ». Participent aussi André Belleau, Jacques Godbout, Jean-Guy Pilon, Nicole Deschamps, Gilles Marcotte, Jacques Allard et Gaston Miron.

ACTIVITÉS LITTÉRAIRES ET MÉDIATIQUES

En mars et avril, il travaille à un projet de roman intitulé *la Mort de l'écrivain* qui prélude au plan de *l'Antiphonaire*. Il essaie divers titres : « Retour en arrière », « Le passé défini », « Passé antérieur ». Parallèlement et conjointement se dessine le projet d'un recueil d'essais inédits. Il opère un choix de textes qu'il propose à Pierre Tisseyre. Celui-ci accepte aussitôt.

Le 1er avril, il reprend le projet de téléthéâtre *Faites-le vous-même*, qui deviendra *Smash* au 1er août. Il semble que la diffusion, prévue pour le 9 février 1969, n'ait jamais eu lieu.

Trou de mémoire paraît le 1er avril au Cercle du livre de France, tiré à six mille exemplaires[4]. Le lancement du roman a lieu à la Bibliothèque nationale du Québec. Le 8 avril, il est interviewé par Andréanne Lafond à l'émission radio « Présent », à propos de *Trou de mémoire*, ainsi qu'à l'émission télévisée « Aujourd'hui », interrogé par Wilfrid LeMoyne. Il aurait aussi été interviewé par Raymond Fafard à l'émission radio « À la bonne heure » le même jour. Dans *Copies conformes*, en 1973, il écrit : « Dans chaque roman, ou téléthéâtre, j'ai toujours eu tendance à faire des plans archi-détaillés et archi-complexes. En fait, j'ai sur-planifié à tout coup ! Pour *Trou de mémoire*, dès 1962, j'avais élaboré un super-plan et le roman — laborieusement fait — n'est sorti qu'en 1968, soit six ans plus tard ! »

Du 28 au 31 mai, enregistrement de *Table tournante*.

Le 4 juin, Claude Saint-Germain propose *Trou de mémoire* aux Concours littéraires organisés par le ministère des

Affaires culturelles, avec l'accord d'Hubert Aquin. Le même jour, il est interviewé par Gilles Marcotte sur son roman à l'émission « Des livres et des hommes ». Toutefois, *Trou de mémoire* ne remporte pas le succès de librairie escompté.

Le 18 juin, il projette une préface, sous le titre « Roman », au caractère autobiographique et consacrée à la notion de « réussite ».

Il travaille à *la Réussite*, roman ébauché en octobre 1967, qu'il souhaiterait terminer en juillet-août de la même année. Il a également achevé *Smash (dramorama)*, télé-théâtre écrit en collaboration avec Louis-Georges Carrier, dactylographié le 1er août 68, et qui doit être réalisé par ce dernier.

En août, Roger Racine tourne un film, *le Soleil des autres*, scénario signé par Jean Faucher, qui viendrait d'une idée originale d'Aquin[5].

À l'émission « Nouvelles inédites » de Radio-Canada le 11 août, *Retour le 11 avril,* texte d'Hubert Aquin, est lu par Jean-Louis Roux.

VIE PRIVÉE

En mars, nouvelles saisies de la part de Thérèse Larouche. Mais Hubert Aquin fait limiter le pourcentage de la saisie à trente pour cent.
En mai, il décide de faire faire une enquête aux États-Unis, où se trouvent Thérèse Larouche et les enfants, afin de les retrouver.

CONFÉRENCES

Du 21 au 24 mars, Hubert Aquin séjourne à la State University of New York at Buffalo dont il est l'invité d'honneur. Il assiste à un colloque sur le Québec à Norton Hall et donne le 23 une conférence intitulée « A Writer's View of the

Situation [in] Quebec ». Le thème du colloque est « Literary and Social Manifestations of French Canadian Nationalism ».

Il se rend en pèlerinage à la Lockwood Memorial Library de cette université où sont conservées environ vingt mille pages de manuscrits et de lettres de James Joyce.

De retour à Montréal, il prononce une conférence au Collège Sainte-Marie, le 26 mars.

Le 2 avril, invité par A. Klimov, il présente au Cercle de philosophie du Centre des études universitaires de Trois-Rivières une conférence intitulée « Dostoïevski et la recherche formelle ».

ENSEIGNEMENT

Au Collège Sainte-Marie, il dispense le cours intitulé « Esthétique et techniques d'écriture » donné au niveau de la « quatorzième », de septembre à mai ; les cours prévus sont Lettres modernes 224 et 326 et un séminaire Lettres modernes 317 particulièrement important pour Aquin, parce qu'il lui permet de théoriser sa pratique d'écrivain et de légitimer l'idée d'« ouverture » dans l'écriture.

La bibliographie qu'il fournit à ses étudiants est la suivante : Marcel Raymond *De Baudelaire au surréalisme* (Paris, Corti, 1963) ; Claude Roy *Arts baroques* (Paris, Delpire, 1963) ; Raymond Bayer *l'Esthétique mondiale au XXᵉ siècle* (Paris, PUF, 1961) ; Edward Bullough *Aesthetics Lectures and Essays* (Londres, Bowes & Bowes, 1957) ; Jean Berthelemy *Traité d'esthétique* (Paris, éd. de l'École, 1964) ; C. P. Bru *Esthétique de l'abstraction* (Paris, PUF, 1965) ; Umberto Eco *l'Œuvre ouverte* (Paris, Seuil, 1965) ; Henri Van Lier *les Arts de l'espace* (Tournai, Casterman, 1963) et *le Nouvel Âge* (Tournai, Casterman, 1964) ; Marcel Raymond *Baroque et renaissance poétique* (Paris, Corti, 1964) ; Jean Rousset *Forme et signification* (Paris, Corti,

1967) et *la Littérature de l'âge baroque en France* (Paris, Corti, 1965) ; Mikel Dufrenne *Phénoménologie de l'expérience esthétique* (vol. I et II) (Paris, PUF, 1953) et *Esthétique et philosophie* (Paris, Klincksiek, 1967) ; P. A. Michelis *Études d'esthétique* (Paris, Klincksiek, 1967) ; Victor Tapié *le Baroque* (Paris, PUF, « Que sais-je », n° 923). Il lit encore René Huygue, Georges Lukacs, *Création littéraire et connaissance* d'Hermann Broch (Paris, Gallimard, 1966), Maurice Blanchot *le Livre à venir* (*op. cit.*), Eugenio d'Ors *Du baroque* (*op. cit.*).

Il y travaille le concept d'« œuvre ouverte » d'Umberto Eco, appliqué dans le roman aux *Somnambules* et à *la Mort de Virgile* d'Hermann Broch, à *Ulysse* de James Joyce (dont il établit la correspondance avec *l'Odyssée* d'Homère), à *Absalom, Absalom !* de William Faulkner, à *la Modification* de Michel Butor, à *l'Énéide* de Virgile, à *Tropique du Cancer* d'Henry Miller, à *Lolita* de Nabokov, à certains romans de Jack Kerouac et à *la Machine molle* de William Burroughs ; au cinéma, il considère *Citizen Kane* d'Orson Welles et *A Touch of Evil* ; en musique, Webern et Stockhausen ; en peinture, Nicolas de Staël et Jean McEwen, en architecture, Frank Lloyd Wright[6], le style Expo 67 ; il aborde aussi le phénomène de la mode et de l'industrie automobile.

Centré sur Joyce, Aquin dresse la liste de lectures suivantes : Harry Levin *James Joyce*, (Londres, 1913), William P. Jones *James Joyce and the Common Reader* (Norman University of Oklahoma Press, 1955), J. Slown et H. Cahoon *A Bibliography of James Joyce* (Yale, V-P., 1953), Stuart Gilbert *James Joyce's Ulysses* (New York, A. A. Knopf, 1934), William T. Noon *Joyce and Aquinas* (Yale University Press, 1953), Dujardin *le Monologue intérieur, son apparition, ses origines, sa place dans l'univers de James Joyce* (Paris, Nessein, 1953), H. Meyerhof *Time in Literature* (University of California Press,

1955), Herbert Gorman *James Joyce* (New York, Reinhart, 1940), Jean Paris *James Joyce par lui-même* (Paris, Seuil, 1957), Frances M. Bolderf *Reading Finnegans Wake* (Woodward, Classic Nonfiction Library, 1959), Michel Butor *Essai sur les Modernes* (Paris, NRF, « Idées », 1961), J. Campbell et H.-M. Robinson *A Skeleton Key to Finegans Wake* (New York, Viking Press, 1961).

Les ouvrages de Joyce qu'il recommande sont : *Gens de Dublin* (1914), *Ulysse* (1948), *Finnegans Wake* (1939), *Essais choisis* (Paris, Seuil, 1950), *Manuscrit des Épiphanies* (Lockwood Memorial Library, State University of New York at Buffalo, [s.d.]), *Lettres de James Joyce* (Paris, Gallimard, 1961).

LIBERTÉ ET RADIO-CANADA

Dans le numéro de novembre-décembre de *Liberté*, Aquin publie « Michel Brunet », recension du livre *Québec, Canada anglais* (Montréal, HMH, 1968).

Diffusion le 1er septembre de la traduction d'Hubert Aquin des *Secrets des roses trémières* de Hugh Garner, puis d'*Un problème de cabinet* d'Augustin Clarke, le 8 septembre. Le 11, Aquin adapte *Célébration du vin* de Maurice Lelong à « Horizons » de Radio-Canada.

Il écrit le 11 septembre un texte préparatoire à *l'Antiphonaire*, qu'il voudra insérer dans son plan de *la Mort de l'écrivain* rédigé entre mars et avril 1969.

Il termine, le 17 octobre, *24 heures de trop* qui est dactylographié à Radio-Canada : [...] un spectacle à la fois éblouissant et dépourvu de toute théâtralité. (Hubert Aquin, *Point de fuite*.)

Le 22 septembre, est diffusé *Table tournante*, télé-théâtre réalisé par Louis-Georges Carrier[7]. Aquin le décrit comme « une émission dramatique vide de tout drame, une forme sans contenu ou plutôt une forme avec un pseudocontenu, sans déroulement logique et, à la limite, très loin de la vraisemblance. Pour moi, ce fut une expérience joyeuse, allègre, libératrice, presque vertigineuse mais combien euphorique[8] ».

Il écrit pour *Liberté* le 11 octobre un compte rendu très critique sur *le Péché d'écrire* de Jean Montalbetti, qui ne sera pas publié.

Le 19 octobre, il adapte *Célébration du corps* de François Salomon pour « Horizons », à Radio-Canada.

POLITIQUE

En août, le Ralliement national fusionne avec le Mouvement souveraineté-association (MSA).

Le 21 septembre, il assiste à une assemblée du RIN au Centre Maisonneuve.

Le Ralliement créditiste se donne, les 12 et 13 octobre, de nouvelles structures pan-canadiennes.

Les 26 et 27 octobre, a lieu le congrès national du RIN au CEGEP Édouard-Montpetit. Le MSA devient le Parti québécois et le RIN s'efface au profit du Parti québécois. Aquin publie dans *la Presse* du 5 novembre 1968 un article, « Un ancien officier du RIN regrette sa disparition ».

C'est au même moment qu'a lieu le début d'une nouvelle série d'attentats à la bombe qui mèneront jusqu'aux événements d'Octobre 1970.

RADIO-CANADA

Aquin est animateur à l'émission radio « Documents », consacrée le 18 octobre à Paul-Émile Borduas. Il y interviewe Claude Gauvreau, André Jasmin, Guy Viau et Robert Élie.

Le 6 novembre, Hubert Aquin est invité à l'émission de télévision « Femme d'aujourd'hui »[9].

Il adapte le 12 décembre à la radio *Célébration de la pomme de terre*, texte de Jean Follain pour l'émission « Horizons », réalisée par André Langevin.

UQAM

Afin d'étudier la co-gestion du Collège Sainte-Marie et de l'UQAM, un comité de professeurs, d'administrateurs et d'étudiants est créé en novembre.

Avec Andrée Yanacopoulo, Aquin présente une esquisse de « Projet magnétothèque » à P.-É. Gingras, recteur de l'UQAM, à Pierre Grenier, directeur du département d'études littéraires au Collège Sainte-Marie, et à A. Grou, directeur du département de sociologie.

Notes

1.   Cf. *le Devoir*, 19 mars 1968.
2.   Andrée Yanacopoulo obtient son divorce légal en janvier 1968.
3.   Le titre exact est assistant-professeur.
4.   L'éditeur a reçu une subvention de mille dollars du ministère des Affaires culturelles, en dépit d'un rapport de lecture très critique.
5.   Selon un article de *la Presse* du 31 mai 1969. Le film met en vedette Françoise Faucher, Gérard Poirier, Liette Desjardins, Nicole Caron, Monique Champagne et Nicole Germain.
6.   Architecte du Solomon Guggenheim Museum à New York.
7.   Il met en scène Guy Sanche, Monique Miller, Catherine Bégin, Georges Groulx, J.-M. Lemieux, Andrée Lachapelle, François Tassé, Anne Pauzé, Jani Pascal, Pascal Rollin, Jacques Desrosiers, dans des décors de Léon Hébert. L'enregistrement a eu lieu du 28 au 31 mai. En septembre 1977, Jacques Godin retiendra cette production comme une des meilleures lors d'une émission consacrée au théâtre télévisé de 1967 à 1972, où se côtoient les noms de Strindberg, Marcel Dubé, Michel Tremblay, Jacques Brault et Françoise Loranger.
8.   *Voix et images du pays*, 1969, vol. II.
9.   Interview de quatre minutes sur le vocabulaire de la publicité et la francisation de la terminologie de l'automobile.

1969

VIE PRIVÉE

En janvier, Thérèse Larouche fait procéder à de nouvelles saisies sur les revenus d'Aquin. Le 24, l'agence de détectives privés engagée par ce dernier l'informe qu'ils ont localisé Thérèse Larouche à San Francisco.

PUBLICATIONS

Table tournante paraît dans *Voix et images du pays*, vol. II, précédé d'une préface de l'auteur.

Au début de cette année, Hubert Aquin prépare un ouvrage scolaire aux Éditions du Renouveau pédagogique à partir de *Prochain Épisode*.

PROJETS PROFESSIONNELS

En février, Aquin travaille au projet de magnétothèque pour l'UQAM avec la collaboration d'Andrée Yanacopoulo. Il prépare aussi l'organisation du Centre d'études esthétiques et des arts de la communication de l'UQAM, dès le début de l'année. Il s'agirait de créer un centre de recherche interdisciplinaire destiné à s'ouvrir sur plusieurs départements et tourné vers divers pays. Il relèverait du département de littérature et d'esthétique, mais serait autonome dans son fonctionnement. Aquin en discute avec Pierre Grenier avant de soumettre le projet au recteur de l'université.

Dans le dossier de travail qui a été conservé figure une bibliographie générale sur la théorie de l'information, établi par Aquin, qui se situerait au cœur de l'interdisciplinarité : Wilbur Lang Schramm *Mass Communications* (Urbana, University of Illinois Press, 1960), Douglas Waples, Bernard Berelson & Bradshaw *What Reading does to People* (Chicago, University of Chicago Press, 1940), *les Communications spatiales et les moyens de grande information*, Paris, Unesco, 1963), Everett Rogers *The Diffusion of Innovations* (New York, Free Press, 1963), David McClelland *The Achieving Society* (New York, Van Nostrand, 1961), Joseph T. Klapper *The Effects of Mass Communication* (New York, Free Press, 1960), Paul Lazarsfeld et Frank Stanton *Communication Research* (New York, Harper, 1949), Edward Twitchell Hall *The Silent Language* (New York, Doubleday, 1959), Leon Festinger *A Theory of Cognitive Dissonance*

(Stanford, Stanford University Press, 1962), Bernard
Berelson, Paul Lazarsfeld et William Mcphee *Voting* (Chicago, University of Chicago, 1954), Stanford S. Goldman
Information Theory (New York, Prentice Hall, 1953),
Abraham Moles *Théorie de l'information et perception
esthétique* (Paris, Flammarion, 1958), Claude Shannon et
Warren Weaver *The Mathematical Theory of Commu-
nication* (Urbana, Illinois University Press, 1949), Georges
Théodule Guilbaud *la Cybernétique* (Paris, Presses univer-
sitaires de France, « Que sais-je ? », n° 638, 1954), *Pro-
ceeding of the Second Symposium on Information Theory*
(Londres, Butterworth Publisher, 1954), Edmund Callis
Berkeley *Cerveaux géants, machines qui pensent*, traduction
d'A. Moles (Paris, Dunod, 1957), George Armitage Miller
Langage et communication (Paris, PUF, 1956), H. Quastler
Information Theory in Psychology (New York, Free Press,
1955), Raymond Ruyer *la Cybernétique et l'origine de
l'information* (Paris, Flammarion, 1954), James Jeans
Science and Music (Cambridge University Press, 1937).

Le 22 février, il rédige avec Andrée Yanacopoulo un
projet de recherche intitulé « Rôle et fonction du couple »,
qu'il adresse à l'UQAM au vice-doyen à la recherche, Louis
Berlinguet. Le projet se poursuit jusqu'en août[1].

ACTIVITÉS LITTÉRAIRES ET PUBLICATIONS

La revue *Interprétation* publie « Le mythe du père dans la
littérature québécoise », conférence de Michèle Lalonde
suivie d'une discussion à laquelle participent Hubert Aquin,
Claude Lagadec, Jacques Godbout, Gérald Godin, Françoise
Loranger, Claude Brodeur, Dominique Salmain, Carlo Sterlein, Vincent Mauriello, Maximilien Laroche et Julien
Bigras. Ce dernier a organisé ce colloque sur le thème du
père, dont Paul Ricœur est un invité natable. La séance à laquelle intervient Aquin réunit autour de lui Claude Lagadec,

Françoise Loranger, Michèle Lalonde, Jacques Godbout et Gérald Godin.

Le 13 mars, Aquin reçoit Jean Montalbetti, de passage à Montréal.

Liberté de mars-avril, publie *De retour le 11 avril*, ainsi que plusieurs traductions faites par Aquin : *D'occasion, comme neuve* de Hugh Hood[2], *Un problème de cabinet* d'Austin Clarke, *les Secrets des roses trémières* d'Hugh Garner. Ces textes font partie d'un ensemble de douze nouvelles, six représentant le Québec et six le Canada anglais. Jacques Ferron en donne un acerbe compte rendu dans *le Petit Journal* du 31 août. Ces nouvelles sont lues sur les ondes de Radio-Canada au cours de septembre.

RADIO-CANADA : DES PRÉCEPTES DE LA *TABULA MODULATA*[3]

Le 9 mars, puis en reprise le 15 mars, est diffusé aux « Beaux Dimanches » de Radio-Canada *24 heures de trop*, téléthéâtre d'Hubert Aquin réalisé par Louis-Georges Carrier, qui met en vedette Jean Duceppe et Marjolaine Hébert.

Reprise de *Faux Bond*, le 23 mars.

PRIX LITTÉRAIRES

Le 11 avril, Hubert Aquin apprend qu'il est récipiendaire du Prix du Gouverneur général, attribué par le Conseil des arts du Canada. Les membres du jury sont Jean Filiatrault, Jeanne Lapointe et Gilles Marcotte. Aquin refuse immédiatement le prix, ce qui suscite une vive émotion dans la presse. En juin, Marie-Claire Blais et Fernand Dumont sont primés pour le prix. Ces derniers en remettent le montant au Parti québécois.

ÉCRITURE

Aquin propose le 12 avril à Gilbert Picard de Radio-Canada le principe de trois émissions sur le sport pour la série « Horizons ».

Il se met au travail sur un plan détaillé de *l'Anti-phonaire*, du 9 mars au 19 juin. Il intitule encore son roman *la Mort de l'écrivain*, mais d'autres titres se font jour. Une version, rédigée en mai, sera publiée dans *Point de fuite*.

Il lit *Leçons pour une phénoménologie de la conscience intime du temps* d'Edmund Husserl (Paris, Plon, [1964]) que lui offre Andrée Yanacopoulo et qu'il date du 12 mars.

La septième rencontre des écrivains a lieu à Sainte-Adèle le 30 mai ; elle est organisée par la revue *Liberté* sur le thème « Les Écrivains, la littérature et les mass média ». Hubert Aquin y prononce la conférence « La mort de l'écrivain maudit », publiée dans *Liberté*, vol. XI de mai-juillet et dans *Blocs erratiques*. Participent notamment Pierre Lefebvre, psychiatre, Guy Messier, directeur de Tevec, Marcel Rioux et Marc Laplante, sociologues, Marcel Saint-Pierre de *la Barre du jour*, André Belleau, Pierre Pagé, Robert Melançon.

VOYAGE EN CALIFORNIE

Du 6 au 12 juin, Hubert Aquin et Andrée Yanacopoulo se rendent à San Francisco, avec l'intention de voir ses fils et de s'informer sur le train de vie de Thérèse Larouche.

Dès son retour, il demande l'abolition de la pension alimentaire. Il s'insurge contre l'éducation de ses fils en anglais, mais reste d'accord pour qu'ils demeurent avec leur mère. Il n'obtient pas gain de cause et les saisies se poursuivent.

UQAM

Le 16 juin, Hubert Aquin signe un contrat avec l'Université du Québec à Montéal. Il y donnera deux cours. Il est bientôt informé qu'il sera aussi directeur du département de littérature et d'esthétique où il enseignera[4].

Il entre en fonction en septembre. Il travaille alors à mettre sur pied le Centre d'études esthétiques, qu'il différencie de l'enseignement des beaux-arts et place sous le modèle des théories de l'information d'Umberto Eco, d'Abraham Moles et de Marshall McLuhan notamment. Il préconise la création de modules interdisciplinaires aptes à intégrer efficacement l'enseignement au marché du travail[5].

Il donne un cours sur « L'Érotisme dans la littérature moderne ». Un projet de numéro sur ce sujet à *Liberté* a été discuté antérieurement.

Son second cours est consacré au baroque littéraire et d'après ses notes de cours, semble s'étendre jusqu'en 1970.

Pour ce cours, Aquin réutilise abondamment ses documents de 1968-1969, qui ont servi à son enseignement du Collège Sainte-Marie. On y retrouve la présence centrale de James Joyce, de William Burrough, de Faulkner, de Borges ainsi que les lectures de Hermann Broch, d'Ana-Maria Berenechea, de Susan Sontag, d'Eugénio d'Ors. S'y ajoutent *le Temps retrouvé* de Marcel Proust (Paris, 1922), ainsi que la lecture de Jacques Godbout dans *Salut Galarneau* (Paris, Seuil, 1967) et *Liberté*, n⁰ 42, décembre 1965.

ÉCRITURE ET PUBLICATIONS

Du 30 juin au 20 août, Aquin prévoit rédiger son roman.

Le 9 août, il se procure les *Études d'esthétique médiévale* d'Edgar de Bruyne (Bruges, De Tempel, [1946]), il annote longuement les tomes I et III ; et le 17 août, il se plonge dans le tome II de cet ouvrage.

Il achève *l'Antiphonaire* le 30 août, et le porte immédiatement au Cercle du livre de France. Robert Laffont se montre intéressé à publier ce troisième roman qui lui est expédié dès le 7 novembre. Cependant, Aquin voudrait le présenter à Yves Berger, chez Grasset.

Le 3 septembre, il reprend *l'Œuvre ouverte* d'Umberto Eco, dans lequel il trouve des préoccupations semblables aux siennes concernant la pluralité des registres de narrativité. Les cours universitaires recommencent par ailleurs.

Il rédige le 8 septembre « Propos sur l'écrivain », qui sera publié dans *Blocs erratiques*.

D'août à octobre, il écrit pour *Liberté* un compte rendu d'un article d'Andrée Lajoie intitulé « Le pouvoir déclaratoire du Parlement ».

Il est approché pour un édition japonaise de *Prochain Épisode* et de *Trou de mémoire*.

Le 11 octobre, il signe dans *le Devoir* un article portant le titre « Un fantôme littéraire ».

Le 15 octobre, paraît *Prochain Épisode* aux Éditions du Renouveau pédagogique, présenté et annoté par Gilles Beaudet. Le lancement a lieu le 14 novembre à l'UQAM, lors du congrès de l'Association québécoise des professeurs de français. Cette édition fait suite à la réimpression du roman au Cercle du livre de France en trois mille exemplaires, le 28 août.

VIE PRIVÉE

Les saisies sur le salaire d'Hubert Aquin sont levées le 16 juillet. Elles reprennent toutefois dès octobre et dureront pendant un an en dépit des nouvelles procédures de son avocat Pierre Desaulniers, pour s'opposer à la saisie-arrêt.

L'ANTIPHONAIRE

> [...] les intrigues superposées, parfois confondues, n'atteignent le plus souvent qu'à un équilibre extrêmement précaire, comme si le désordre, provoqué par une succession d'accidents qui n'a pas sa logique interne, était justement cet envers de la vie que l'auteur avec un talent fou suscite et immobilise un instant par des moyens aussi divers que le réalisme apparemment le plus cru ou le lyrisme le plus violent et le plus pur.

> (Réginald Martel, *la Presse*,
> 13 décembre 1969, p. 12.)

Le 24 novembre, lancement de *l'Antiphonaire*. Le roman est tiré à cinq mille exemplaires. Aquin souhaite que l'ouvrage ait une publicité « démesurée ».

En décembre, il décide de concourir au Grand Prix littéraire de la Ville de Montréal.

ACTIVITÉS PROFESSIONNELLES ET PROJETS

Depuis septembre, Hubert Aquin dispense deux cours : « Littérature et communication » et « Art et communication ». Dans ses notes de cours, il dresse la bibliographie suivante : Stanford Goldman *Information Theory* (New York, Prentice Hall, 1953), Abraham Moles *Théorie de l'information et perception esthétique* (Paris, Flammarion, 1958), Claude Shannon et Warren Weaver *The Mathematical Theory of Communication* (Illinois University Press, 1949), Georges Théodule Guilbaud *la Cybernétique* (Paris, PUF, « Que sais-je ? », n° 638, 1954), Paul Guillaume *Psychologie de la forme* (Paris, Flammarion, 1937), David Aurel *la Cybernétique et l'humain*, Paris, Gallimard, 1965), Henri Lefebvre *le Langage et la société* (Paris, NRF, « Idées », 1966), Irwin Edman *Arts and the Man* (Mentor Books) ; Umberto Eco *l'Œuvre ouverte* (Paris, Seuil, 1965), Henri Van Lier *le Nouvel Âge* (Tournai, Castermann, 1964), Matila Costiescu Ghyka *Essai sur le rythme* (Paris, Gallimard, 1938), Serge Doubrowski *Pourquoi la nouvelle critique ?* (Paris, Mercure de France, 1966), Étienne Souriau *Cours d'esthétique* (Paris, Sorbonne, 1950-1951, 1951-1952, 1952-1953), Hans Reichenbach *The Direction of Time* (Berkeley, University of California Press, 1956), Susan Sontag *L'œuvre parle* (Paris, Seuil, 1968), Henri Lefebvre *Introduction à la modernité* (Paris, éd. de Minuit, 1962), Marshall McLuhan *la Galaxie Gutenberg : la genèse de l'homme typographique* (Montréal, HMH, 1967).

Bien qu'il soit difficile de rattacher ces lectures à un cours précis, cette liste montre l'orientation fortement théorique et abstraite de l'enseignement à l'Université du Québec et l'évolution des intérêts d'Aquin.

Hubert Aquin commence en novembre sa traduction de *The Head Nurse* de Jean Barrett pour les Éditions du Renouveau pédagogique.

Il démissionne de son poste de directeur de département à l'UQAM le 13 novembre. Il est en désaccord avec la politique financière du recteur Léo A. Dorais qui, selon lui, ne lui reconnaît pas un salaire conforme à sa tâche. Il est remplacé par François Bilodeau.

Le 3 décembre, Hubert Aquin, Andrée Yanacopoulo, Pierre Pagé et Renée Legris discutent d'un projet d'étude qui s'intitulerait « Images de l'homme et de la femme à la TV » ; les émissions seraient celles du canal 2, entre dix-huit et vingt et une heures trente du 2 janvier au 1er juin 1970, et les résultats en seraient publiés dans *les Cahiers de symbolique*, à l'UQAM.

Aquin est invité, le 3 décembre, à l'émission « Place aux femmes » puis à « Prisme » le 14 décembre, animé par Wilfrid LeMoyne, enfin à « Des livres et des hommes », animé par Gilles Marcotte, le 16 décembre ; ces interviews concernent *l'Antiphonaire*.

À Louis-Georges Carrier, il adresse le 19 décembre « La scène du lit », scénario de *Smash*, qu'il continue en janvier et février 1970.

Le 22 décembre, il projette avec Andrée Yanacopoulo, de faire une analyse sur la série télévisée américaine « The Name of the Game ».

Il rédige, dans le courant de l'année 1969, *l'Alexandrine*, nouvelle qui sera publiée dans *Point de fuite*. Nulle mention autre que celle de ce livre n'atteste cependant cette date.

LECTURE

Aquin lit et annote *Un œil en trop* d'André Green, paru à Paris aux éditions de Minuit en 1969[6].

AMITIÉS

Les amis régulièrement fréquentés par le couple Aquin-Yanacopoulo durant les années 1969, 1970, et 1971 sont alors Suzanne et Laurent Lamy, Denise et Roland Berthiaume, André Jasmin, Claude Lacombe, André Belleau, Renée Legris et Pierre Pagé, Jacques et Yolande Languirand, Jacques et Ghislaine Godbout, Jean et Paule Leduc.

Notes

1.   Au cours de 1969-1970, ils songent aussi au projet de recherche : « Sociologie de la production artistique et de la consommation ».

2.   Le titre de la diffusion à Radio-Canada le 15 septembre 1968 est « Seconde Main, état neuf ».

3.   L'émission est ainsi décrite par Aquin dans *Point de fuite*.

4.   Les professeurs qui travaillent à plein temps sont les suivants : André Bédard, Noël Audet, André Belleau, Renald Bérubé, François Bilodeau, Jacques Folch-Ribas, Madeleine Greffard, Yves Lacroix, Jean-Pierre Lafrance, Jean Leduc, Renée Legris, Albert Léonard, Madeleine Mahony-Gagnon, Gilles Marsolais, Chaké Minassian, Francine Noël, Pierre Pagé, André Paquet, Paule Plante, Robert Saint-Amour, Gilles Thérien, Michel Van Schendel.

5.   Exemple de modules interdisciplinaires qu'il préconise : esthétique et histoire de l'art, théâtre et aménagement scénographique,

littérature publicitaire et graphisme, théories esthétiques et évolution des techniques, théories symboliques et symboles visuels.

      6.   Il s'agit d'un livre fort important dans l'histoire de la psychanalyse. Cette lecture atteste l'intérêt d'Aquin pour cette discipline. Ses notes ne sont pas datées, mais nous supposons qu'il a lu ce livre après sa recension dans la revue *Interprétation* d'octobre-décembre 1969 par le docteur Julien Bigras.

1970

VIE PRIVÉE

Le juge Hewen, le 21 janvier, accorde à Hubert Aquin un droit de visite à ses enfants qui tient compte de leur résidence lointaine[1].

PROJETS DIVERS

Au cours de l'année, Hubert Aquin écrit trois émissions sur le sport pour Radio-Canada.

Les Cahiers de l'Université du Québec, numéro 24, publient dans *L'œuvre littéraire et ses significations* l'article d'Hubert Aquin, « Considérations sur la forme romanesque d'*Ulysse* de James Joyce ».

Il met sur pied un projet de film pour l'ONF avec Jacques Godbout qu'ils intitulent *Histoire de l'anarchie* et dont la production serait assurée par François Séguillon. Aquin prend ce projet à cœur, car il apparente l'itinéraire de sa vie à celui des anarchistes. À cet effet, il relit Proudhon, *Lorenzaccio* de Musset (1834), *Manifestes du surréalisme* de Breton (1924-1929) et d'une façon générale associe à l'anarchisme romantisme et surréalisme littéraires jusqu'au mouvement hippie. Il rédige un scénario élaboré, nourri de cette histoire qui sera présenté à l'ONF en juillet 1970[2].

Avec Andrée Yanacopoulo, il travaille à une étude de la série télévisée américaine « the Name of the Game » réalisée par Richard Irving, qu'ils lient à leur fonction d'enseignants à l'UQAM.

En ce début d'année, la bourse dédiée à la création qu'Hubert Aquin a sollicitée auprès du ministère des Affaires culturelles lui est refusée ; il est très déçu.

L'Antiphonaire est refusé par Laffont, à Paris ; Pierre Tisseyre le propose à Yves Berger, avec l'accord d'Aquin qui aimerait le voir traduit aux États-Unis[3]. Au 31 janvier, le chiffre de vente des romans d'Aquin s'établit comme suit : *Prochain Épisode*, vingt-huit mille exemplaires ; *Trou de mémoire*, dix mille exemplaires (épuisé) ; *l'Antiphonaire*, trois mille exemplaires[4].

Les 22 et 28 janvier ainsi que le 2 février, il rédige des versions de *la Scène du lit*, scénario de *Smash*, qui seront publiées dans *Point de fuite*.

Il traduit pour le Cercle du livre de France *The Head Nurse* de Jean Barrett, en janvier-février ; mais en mai, Pierre Tisseyre lui demande de revoir ce travail en raison des libertés qu'il a prises avec le texte.

La Presse publie le 7 février « Une joie profonde », brève réponse d'Hubert Aquin à un questionnaire sur sa motivation d'écrivain.

En mars, au Congrès de l'Association des professeurs de français, il assiste au lancement de *Prochain Épisode* dans la collection « Lecture Québec ». Il donne une conférence à Drummondville sur le rôle et le statut de l'écrivain dans la société.

Dans le même mois, il consigne quelques notes pour un nouveau projet romanesque, « Temps mort », qu'il publie au chapitre V de *Point de fuite*.

FIN DE SA CARRIÈRE D'ENSEIGNANT À L'UQAM

Aquin souhaite quitter l'Université du Québec à Montréal où il donne des cours. Il fait une demande de poste à l'Université du Québec à Trois-Rivières, mais il recevra une réponse négative à sa démarche en avril.

Il démissionne de l'UQAM le 15 mars, se disant en vive opposition à la politique du recteur Léo A. Dorais. Il préfère alors retrouver sa liberté de pigiste.

Le 17 mars, il participe à une semaine en l'honneur de la littérature québécoise au CEGEP de Jonquière aux côtés de Paul Chamberland, Victor-Lévy Beaulieu, Suzanne Paradis et Yvan Canuel.

RECONVERSION : RADIO-CANADA ET
AUTRES TENTATIVES

Aquin adresse à Louis-Georges Carrier des notes centrées autour du personnage d'Ulysse qui seront publiées dans *Point de fuite*. Il travaille conjointement les personnages d'Œdipe (notes du 9 avril, par exemple) et d'Hamlet. En particulier, il traduit la pièce *Hamlet* de Shakespeare, qu'il tente d'adapter pour un projet de texte dramatique à Radio-Canada. Il pense aussi à un téléthéâtre avec Louis-Georges Carrier intitulé *le Mal*.

Le 15 mars, Radio-Canada reprend *Table tournante* aux « Beaux Dimanches ». Le texte en est publié dans *Voix et images du pays*, numéro du printemps, précédé d'une brève présentation d'Aquin intitulée « Le cadavre d'une émission ».

Désormais sans travail, il commence une intensive recherche d'emploi auprès de diverses institutions, entreprises, associations, auprès des principaux journaux, se prévalant de ses compétences d'organisateur, d'enseignant, de traducteur et de journaliste. En vain[5].

Les 6 et 7 juillet, il participe à une émission télévisée intitulée « Pour une mémoire », sous-titrée « Chers Disparus », aux côtés de Jean-Guy Pilon, Jacques Godbout, Gaston Miron, Paul-Marie Lapointe, François Hertel, Jean Éthier-Blais, Roger Rolland, Carl Dubuc, Jean-A. Gélinas, venus témoigner du statut de l'écrivain. Cependant, l'émission du 7 juillet, dans laquelle François Hertel d'une part et Hubert Aquin d'autre part devaient témoigner, est annulée. La réalisation est d'André Langevin et la recherche de Pierre Villon.

VIE PRIVÉE

Le 30 avril, Aquin déménage avec Andrée Yanacopoulo dans la maison qu'ils viennent d'acheter au 126, rue des Pins, à Laval-sur-le-Lac.

Début juin, il est malade.

Le 17 juillet, il obtient du juge Chateauguay-Perreault l'abolition de sa pension alimentaire à Thérèse Larouche. Il est aussi libéré des saisies qui pesaient sur ses principaux revenus.

ÉCRITURE ET PUBLICATIONS

En mai, Hubert Aquin écrit à Pierre Tisseyre son intention de lui présenter son projet de recueil. Ce sera *Point de fuite*, achevé le 28 octobre. Durant ce mois, il compose la maquette de la couverture de son livre.

La maison d'édition The House of Anansi offre de publier *Trou de mémoire* et *l'Antiphonaire* en anglais. La traduction de ce second ouvrage est confiée à Alan Brown en septembre.

Autour du 24 mai, il forme un audacieux projet romanesque de « Livre secret » bientôt nommé *Saga Segretta*. Il projette de s'auto-éditer et de diffuser son livre par souscription ; il sera mis en circulation sous le manteau et limité à deux cents exemplaires. Le sujet, né des sagas islandaises, reprendrait des aspects de *l'Antiphonaire*. Il prévoit alors de l'écrire durant l'été et de l'achever en janvier et février 1971. Les événements d'Octobre relancent cette inspiration, mais Aquin abandonnera le roman.

Le 28 mai, il travaille à son projet de film *l'Anarchie* (inédit), ses notes s'échelonnent jusqu'au 1er mars 1971.

En juillet, il forme des projets de conférence sur le couple, avec André Yanacopoulo.

Il travaille en août avec Louis-Georges Carrier à *Double Sens*, téléthéâtre précédemment intitulé *Mak*.

Le 23 août, est diffusé *24 heures de trop* à l'Office de la radio et de la télévision française (ORTF).

VIE PRIVÉE

En septembre, il est de nouveau malade.

ACTIVITÉS LITTÉRAIRES

À partir du 5 octobre jusqu'au 27 octobre se déroulent à Montréal les événements tragiques qui mettent aux prises le FLQ et les gouvernements Trudeau et Bourassa. Le Québec est occupé par l'armée et de nombreuses perquisitions et arrestations s'ensuivent. Aquin songe à écrire un livre sur l'affaire Cross-Laporte en collaboration avec Andrée Yanacopoulo. Ce projet s'inscrirait dans une sociologie de la rumeur et serait développée à l'Université du Québec ; il verrait aussi ce fait historique porté à la scène ou à l'écran en un « spectacle total[6] ». Il songe même à devenir l'éditeur d'une collection intitulée « Épodes », portant sur les problèmes politiques et sociologiques du Québec, dans une compagnie autonome d'édition Tisseyre-Dussault-Aquin-Yanacopoulo.

Il participe à l'émission « Horizons » de Radio-Canada le 8 octobre, sur le thème « Littérature et nation », aux côtés de Michèle Lalonde, Jacques Brault et Réal Benoît. Il s'y défend d'être un écrivain engagé : « Je ne crois pas avoir écrit des livres pour véhiculer un message politique ou idéologique quelconque. Toutefois, dans mes livres, une certaine idéologie peut transparaître parce que cette idéologie corrrespond à ce que j'ai vécu moi-même. »

En novembre, il considère *Double Sens* achevé (tapuscrit inédit). Il y apportera toutefois quelques corrections l'année suivante.

Aquin se lance dans un nouveau projet de téléthéâtre avec Louis-Georges Carrier, *Opération labyrinthe*, qui l'occupera jusqu'en février 1971. Il en rédige des plans le 31 octobre, les 10 et 17 novembre[7], puis les 18 et 19 février. Le sujet traité est le suivant : dans un univers extra-terrestre, un groupe de psychiatres utilise la télévision pour expérimenter une nouvelle méthode thérapeutique (dossier inédit).

Le 17 novembre, Hubert Aquin reçoit le prix des Concours littéraires du Québec, catégorie « Romans », pour *l'Antiphonaire*, d'un montant de deux mille cinq cents dollars. Il commente cette distinction provinciale à l'émission télévisée « Format 30 » de Radio-Canada[8].

Du 9 novembre 1970 au 8 février 1971, il précise l'entreprise de *Saga Segretta* ou *le Livre secret*, projet d'une « ambition colossale et nyctalope », selon l'expression d'Aquin du 15 avril 1972 : il voit maintenant un grand livre accompagné d'un disque, d'un bout de film et de photos, « Contestation globale et violente mais voilée (ou voilante) de notre société » (notes d'Aquin). Quelques notes encore s'ajouteront à ce dossier les 15 et 18 avril 1972.

En décembre, Pierre Pagé demande à Hubert Aquin un article pour les *Cahiers de symbolique, Problèmes d'analyse symbolique* , sur la publicité à la télévision. Ce dernier écrira finalement un article sur le sport, en collaboration avec Andrée Yanacopoulo. Cette dernière souhaite orienter l'article vers l'étude de certaines émissions, mais Aquin pense surtout au football.

Le 18 décembre, Aquin dresse un plan de travail à Jacques Godbout pour le film sur l'anarchie, intitulé provisoirement *Double Double*. Il se trouve alors à Magog.

NOTES DE LECTURE

Gaston Bachelard *Dialectique de la durée* (Paris, PUF, 1963), Robert Lenoble *Histoire de l'idée de nature* (Paris, Albin Michel, 1969), Jérôme Carcopino *Aspects mystiques de la Rome païenne* (Paris, l'Artisan du Livre, 1941), Gustave Flaubert *Extraits de la correspondance ou Préface à la vie d'écrivain* (Paris, Seuil, 1963), présenté par Geneviève Bollème ; Émir Rodiguez-Monegal *Borges par lui-même* (trad., Paris, Seuil, 1970), Jean Rousset *Forme et signification. Essais sur les structures littéraires de Corneille à Claudel* (Paris, Corti, 1962), Hippolyte Taine *Essai sur Tite-Live* (Paris, Hachette, 1856), Edouard Dolléans *le Chartisme : 1831-1848* (Paris, M. Rivière, 1949), J. Carcopino *les Secrets de la correspondance de Cicéron* (Paris, l'Artisan du livre, 1947, 2 vol.), Marcel Bernasconi *Histoire des énigmes* (Paris, PUF, 1964), Pierre Aubery *Pour une lecture ouvrière de la littérature* (Éditions syndicalistes, 1969), Victor Bérard *la Résurrection d'Homère : au temps des héros* (Paris, Grasset, 1930), Pierre Pagé *Anne Hébert* (Montréal, Fides, 1965)[9].

Eugène Minkowski *le Temps vécu. Études phénoménologiques et psychopathologiques* (Paris, PUF, 1966), Hélène Cixous *l'Exil de James Joyce ou l'Art du remplacement* (Paris, Grasset, 1968), Joseph de Ghellinck *l'Essor de la littérature latine au XIIe siècle* (1945), Louis Bréhier *Vie et mort de Byzance* (Paris, Albin Michel, 1946), Émile Coornaert *les Compagnonnages en France du Moyen Âge à nos jours* (Paris, Éd. ouvrières, 1966), Fernand Van Steenberghen *la Philosophie au XIIIe siècle* (Louvain, Publications universitaires, 1966), Alain Ducellier *les Byzantins* (Paris, Seuil, 1963), Jean Gage *les Classes sociales dans l'empire romain* (Paris, Payot, 1964), Ferdinand Lot *la Fin du monde antique et le début du Moyen Âge* (Paris, Albin Michel, 1927), Eugène de Saint-Denis *Essai sur le rire et le sourire des latins* ; Jérôme Carcopino *Rencontres de l'histoire et de la littérature romaines* (Paris, Flammarion, 1963), Jean Ehrard *l'Idée de nature en France dans la première moitié du XVIIIe siècle* (Paris, S.E.V.P.E.N., 1933, 2 vol.), Richard Ellmann *James Joyce* (Paris, Gallimard, 1962, traduction) ; Albert Grenier *le Génie romain dans la religion, la pensée* (Paris, la Renaissance du livre, 1925), Jean Granarolo *l'Œuvre de Catulle, ce vivant* (Paris, Les Belles Lettres[10]).

Notes

1.   Droit de visite de cinq jours, quatre fois par an, durant les vacances scolaires, après un préavis d'un mois. La pension alimentaire est réduite à soixante dollars par semaine.

2.   Ce projet n'est pas nouveau pour Aquin. En témoigne dans sa bibliothèque l'ouvrage de Jean Maitron, *Histoire du mouvement anarchiste en France (1880-1914)* (Paris, Société universitaire d'éditions et de librairie, [1955]), qu'il a emprunté à la bibliothèque du Collège Sainte-Marie et souligné avec soin. Il lit aussi *l'Increvable Anarchisme* de Luis Mercier-Vega (Paris, 10-18, [1970]), sans doute prêté par Jacques Godbout.

3.   Au palmarès des best-sellers de la librairie au Québec, figurent début janvier 1) *Non monsieur* de Jovette Bernier, 2) *Papillon* d'Henri Carrière, 3) *Apprendre la photographie* d'Antoine Desilets, 4) *l'Antiphonaire* d'Hubert Aquin, 5) *Piaf* de Simone Buteault, 6) *Creezy* de Félicien Marceau, 7) *Vivre ! Vivre* de Marie-Claire Blais, 8) *Astérix en Hispanie* de Goscinny et Uderzo, 9) *le Bruit des choses réveillées* de Georges-Émile Lapalme, 10) *Sur un radeau d'enfant* de Clémence Desrochers. À la mi-janvier, *l'Antiphonaire* est passé au second rang.

4.   Ces chiffres correspondent aux droits d'auteur touchés par Aquin. Ce dernier songe alors à se libérer du contrat qui le lie à Pierre Tisseyre pour l'édition de ses prochains textes.

5.   Il a notamment tenté d'enseigner à l'Institut d'études médiévales de l'Université de Montréal ; certains cours qu'il relie à son projet *Saga Segretta* lui conviendraient, pense-t-il ; en dépit de la sympathie de Jacques Brault, le projet tourne court.

6.   Dossier d'archives Aquin.

7.   Il lit à cette occasion *la Folie à travers les âges* de Michèle Ristch de Grode (Paris, Laffont, 1967).

8.   De plus, le ministère des Affaires culturelles du Québec procède à l'achat de cent exemplaires de *l'Antiphonaire*, au titre de l'aide à l'édition.

9.   Ces ouvrages figurent dans un dossier de notes de lecture daté de 1969 et 1970. Il n'est pas possible de les dater avec plus de précision.

10.   Cette liste est extraite d'un dossier de notes de lectures daté de 1970.

1971

ACTIVITÉS LITTÉRAIRES

En janvier, publication de *Point de fuite*, tiré à trois mille exemplaires. Le lancement a lieu le 19 janvier, au Castel du

Roy, rue Drummond, à Montréal, conjointement avec des textes de Jacques Languirand et Jacques Lamarche. Hubert Aquin est interviewé ce jour-là à l'émission radio « Arts et lettres » à propos de *Point de fuite* ; diffusée le 28 janvier, l'émission est suivie d'un portrait d'Aquin par lui-même, interrogé par Marcel Godin.

Prochain Épisode, cette année-là, est réimprimé au Cercle du livre de France.

Il travaille au scénario de *l'Anarchie*, avec Jacques Godbout. Il rédige pour ce film une série de fiches, réunies sous le titre d'« Anarkit ».

Pour Radio-Canada, il ébauche un texte dramatique intitulé *Œdipe* et dont une première version est achevée le 26 août.

Le 15 janvier, il jette sur le papier des notes pour un article sur le football, dont il reprendra l'idée en 1973.

Le 20 janvier, il participe, en compagnie de Jacques Godbout, à une co-production canadienne, française, belge et suisse de la communauté des programmes de langue française, destinée à faire connaître de jeunes écrivains.

Il travaille à la traduction de *The Three Gifts* de W. Pocock, pour le Cercle du livre de France.

Dans le *Petit Journal*, Roger Lemelin interviewé confie : « Au Québec, notre plus grand écrivain est Hubert Aquin que j'ai particulièrement apprécié dans son *Antiphonaire*. C'est l'écrivain le plus cultivé, le plus raffiné que je connaisse ici[1] » ; Guy Sanche, la semaine suivante, renchérit : « Chez les Canadiens, je trouve qu'Hubert Aquin est le plus grand[2]. »

VIE PRIVÉE

Du 24 janvier au 4 février, il est hospitalisé car il souffre de crises épileptiformes. C'est à cette époque, selon Andrée

Yanacopoulo, que le diagnostic aurait été confirmé. De mars à juin, il demeure souffrant.

PROJETS

Durant février et mars, il rédige, en collaboration avec Andrée Yanacopoulo, « La perception du sport-spectacle à la télévision », plan pour l'analyse de reportages sportifs qu'ils destinent aux *Cahiers de symbolique* de l'UQAM. L'article sera publié dans un numéro intitulé *Problèmes d'analyse symbolique* un an plus tard, sous le titre « Éléments pour une phénoménologie du sport ». Il est aussi question qu'il élabore un projet pour le groupe de recherche en symbolique de l'UQAM, sur le thème « Le temps et l'espace du Montréalais ».

Il poursuit *Saga Segretta* le 3 janvier et les 6, 8 et 19 février. En janvier, il a demandé un devis pour ce projet à son imprimeur, et le 6 février, il inscrit : « L'épaisseur du livre : au moins six cents pages, sinon huit cents. »

Le film sur l'anarchie avec Jacques Godbout est d'abord intitulé *Descendre dans la rue* puis *Vive l'anarchie*. Le 1er mars, le projet est remis à François Séguillon à l'ONF.

Le 10 mars, Aquin rencontre Louis-Georges Carrier pour leur projet commun portant sur Œdipe. Aquin rédige un dossier de notes préparatoires durant ce mois, qu'il utilise en montage dans son texte sur Œdipe. Louis-Georges Carrier lui demande de le retravailler, ce que fait Aquin durant avril et mai.

LECTURES ET RÉFÉRENCES

Dans ses dossiers de travail, les références culturelles d'Aquin sur ce thème sont alors : *Tableau de l'état physique et moral des ouvriers employés dans les manufactures de laine, de coton et de soie* de L. R. Villermé, (Paris, éd. Renouard, 1840), *le Nouvel Âge*, revue mensuelle, avril

1931, n° 4, *Regards neufs sur les autodidactes* de Benigno Cacérès (Paris, Seuil, 1960), *les Confessions d'un révolutionnaire* de Proudhon (Paris, Librairie Marcel Rivière, 1929, tome 8), *Proudhon* d'Édouard Dolléans (Paris, Gallimard, 1948), *l'Anarchisme* de Daniel Guérin (Paris, PUF, 1965), *les Classes dangereuses de la population dans les grandes villes* (Paris, éd. J.-A. Baillière 1840), *Manifestes du surréalisme* d'André Breton (1924-1929, Paris, PUF, 1960), *l'Évolution de la pensée politique* de J. C. Northcote Parkinson (Paris, NRF, Gallimard, 1965).

Ce sont des films : *la Tragédie de la mine* de Pabst (1931), *le Sel de la terre* de Wilson et Bibberman (1953), *La vie est à nous* de Jean Renoir (1936), *Gervaise* de René Clément (1956), *La terre tremble* de Visconti (1948), *la Grève* d'Eisenstein (1925).

Ce sont aussi des chansons : *Chants compagnonniques* par Georgette Plana, *La chanson chante le travail et les travailleurs* et *Voici venir le joli mai* par Jacques Douai, *Il a fallu, la Ronde des Canuts, Chansons contre* et *le Temps des cerises* par Yves Montand.

Ce sont enfin des personnes aux statuts historiques divers : Marx, Proudhon, Émile Henry, Vaillant, Freud, Chartrand, Marcuse, Henri Lefebvre, Sébastien Faure, André Breton, Louise Michel, Godwyn, Bakounine, Thevenin (policier sur la trace des anarchistes français), Brunot, Bonneau, Laurent Tailhade, Al Capone.

À ces titres, il faut ajouter *le Socialisme et le romantisme en France* de H. J. Hunt (Oxford University Press, 1935), *le Socialisme romantique* de D. O. Evans (New York, 1944), *P. J. Proudhon, sa vie, sa correspondance* de Sainte-Beuve (Paris, 1870), *Andrea Del Sarto* de Musset, *l'Anarchie, son but, ses moyens* de J. Grave (Paris, Stock, 1899), *Do It. Scenarios of the Revolution* de Jerry Rubin (New York, Simon and Schuster, 1970), *l'Initiation individualiste anarchiste* d'Émile Armand (Paris et Orléans, Édition de l'En-dehors, s.d., c. 1923), *Histoire du mouvement anarchiste* de Jean Maitron (Paris, Société universitaire d'édition et de librairie, 1920), *les Précurseurs de l'anarchisme* d'Émile Armand (Paris, éd. de l'En-Dehors, 1933), *Bibliographie de l'anarchie* de Max Nettlan (Paris, Stock, 1897), *Œuvres* de Bakounine, tome III (Paris, Stock, 1907), *la Douleur universelle* de Sébastien Faure (Paris, 1895).

Ces ouvrages sont seulement cités par Aquin, à l'égal de journaux ou feuilles anarchistes, et constituent des sources secondaires.

L'Anarchisme d'Henri Arvon (Paris, PUF, 1968), *la Révolte des masses* de Ortega y Gasset (1930, trad. Paris, 1937), *le Marxisme* d'Henri Lefebvre (Paris, PUF, 1948), *Histoire d'un crime* de Victor Hugo (1877), *Introduction à la modernité* de H. Lefebvre (Paris, Minuit, 1962), *le Cabaret du soleil d'or* de P. Bassand-Massenet, *Proudhon* d'Édouard Dolléans (Paris, Gallimard, 1840), *le Chartisme : 1831-1848* d'Édouard Dolléans (Nouvelle éd., Paris, M. Rivière, 1949), *Alfred de Musset* d'Henri Lefebvre (Paris, L'Arche, 1955), *Promenades dans Londres* de Flora Tristan (Paris, 1840), *la Liberté* de Bakounine (Paris, J.-J. Pauvert, 1965), *Proudhon* de Georges Gurvitch (Paris, PUF, 1965), *1848* de Georges Duveau (Paris, Gallimard, 1965), *Napoléon le Petit* de Victor Hugo (Bruxelles, Hetzel, 1910), *Souvenirs littéraires* de Maxime du Camp (Paris, Hachette, 1883), *The Anarchists* d'Irving L. Horwitz (New York, 1964), *l'Unique et sa propriété* de Max Stirner (1845, trad., Paris, E. Lasvignes, 1848).

De Herbert Marcuse : *Négations* (Londres, 1968), *Reason and Revolution. Hegel and the Rise of Social Theory* (Londres, 1940, Paris, Minuit, 1968)), *Éros et civilisation* (1955, trad., Paris, Minuit, 1963), *l'Homme unidimensionnel* (1964, trad., Paris, Minuit, 1968), et *la Fin de l'utopie* (1967, trad., Paris, Seuil, 1968).

VIE PRIVÉE

Un nouvel ordre de saisie relance les démarches de divorce entre Thérèse Larouche et Hubert Aquin.

C'est alors que le 29 mars, il fait une tentative de suicide à l'hôtel Reine-Élisabeth, en avalant des barbituriques. Il est hospitalisé au Sacré-Cœur jusqu'au 4 avril.

À Andrée Yanacopoulo, il écrit en ce moment dramatique du 29 mars : « Perdre, perdre, perdre, cela devenait (depuis des semaines) une vocation apocryphe que j'ai combattue ! À la longue, je me suis persuadé de tout perdre pour cesser de perdre chaque jour et chaque situation ! »

LECTURES

Dans ses notes de lectures, de grands noms de la littérature universelle sont évoqués, à partir des ouvrages de Jean Rousset *la Littérature de l'âge baroque en France* (Paris, Corti, 1965), Marcel Raymond *Baroque et renaissance poétique* (Paris, Corti, 1964) et *De Baudelaire au surréalisme* (Paris, Corti, 1963), Robert Lenoble *Histoire de l'idée de nature* (Paris, Albin Michel, 1969), Edgar de Bruyne *Études d'esthétique médiévale* (Bruges, De Tempel, 1946), Marie Delcourt *Œdipe ou la Légende du conquérant* (Paris, Droz, 1944).

D'autres titres apparaissent dans un dossier de travail daté de 1971 et qui montrent toujours les intérêts convergents d'Aquin et l'utilisation polyvalente de ses lectures au plan de l'écriture (*Œdipe, anarchie, livre secret, Double Sens*). Il s'agit de *la Gazette littéraire*, 15-16 octobre 1966, Émile Bréhier *la Philosophie du Moyen Âge* (Paris, Albin Michel, 1937, nouvelle édition, 1971), Maxime du Camp *Souvenirs d'un demi-siècle*, tome II (Paris, Hachette, [s.d.]), G. Colin *Rome et la Grèce de 200 à 146 avant Jésus-Christ*, San Antonio *Moi, vous me connaissez... ?*, Anthelme Édouard Chaignet *Pythagore et la philosophie pythago-*

ricienne, tomes I et II (Bruxelles, Culture et civilisation, 1968), Stéphane Gsell *Essai sur le règne de l'empereur Domitien* (Paris, Thorin, 1893), Jules Toutain *les Cultes païens dans l'empire romain* (Rome, l'Erma Di Bretschneider, 1967), Anne-Marie Spenlé Rocheblave *la Notion de rôle en psychologie sociale : étude historico-critique* (Paris, PUF, 1969, 2ᵉ édition).

CONFÉRENCES — *LIBERTÉ* : UNE DÉMISSION FRACASSANTE

Le 7 avril, Hubert Aquin rencontre des étudiants au CEGEP de Saint-Hyacinthe.

Le 15 avril, il relit son projet de livre secret ; sans le désavouer, il note sa distance et sa lassitude.

Il est invité, le 16 avril, par Michel Gaulin au département de français de l'université Carleton d'Ottawa. La trace de cette conférence est aujourd'hui perdue.

Le 5 mai, il prononce une conférence au CEGEP du Vieux-Montréal.

Il participe, à Sainte-Adèle le 27 mai, à la neuvième rencontre des écrivains organisée par *Liberté* et qui a pour thème l'engagement des écrivains québécois. Il prononce, deux jours plus tard, une allocution sur « L'écrivain et les pouvoirs », dont le projet lui a été suggéré par Fernand Ouellette. En conflit ouvert avec Jean-Guy Pilon, il démissionne de *Liberté*, dans un mouvement qu'il qualifie lui-même de « geste de violence[3] ». La prise de position déclenche diverses réactions dans le milieu littéraire, qui trouvent écho dans *le Devoir* et à la télévision : « Les séquelles de la IXᵉ Rencontre des écrivains. Pourquoi j'ai démissionné de *Liberté* », *le Devoir*, le 3 juin ; « Format 60 », émission télévisée, le 4 juin[4].

PROJETS POUR RADIO-CANADA

En juillet, il continue à prendre des notes, avec Andrée Yanacopoulo, à propos de la série télévisée « The Name of the Game ».

En août, il reprend la traduction interrompue du livre de W. Pocock *The Three Gifts*, qu'il poursuit avec difficulté jusqu'en décembre.

Le 5 août, il finit la seconde version de *Double Sens*, à laquelle il a travaillé en juin et juillet (tapuscrit inédit).

Il songe à adapter le roman d'Oscar Wilde, *le Portrait de Dorian Gray*. Louis-Georges Carrier lui suggère de traduire une pièce intitulée *The Inmates*.

Il achève « Constat de quarantine » le 25 août.

Le lendemain, il participe à une grande réception organisée par Radio-Canada au Centre international de radiodiffusion, Cité du Havre, pour présenter la nouvelle programmation.

VIE PRIVÉE

Selon le livre de Françoise Maccabée-Iqbal, Philippe et Stéphane Aquin quittent le Canada pour la Suisse allemande à l'automne ; Hubert Aquin en serait très affecté.

À partir du 8 septembre, celui-ci est de nouveau hospitalisé. Il demeure pendant dix jours sous la surveillance du docteur L. H. Lemieux à l'Hôpital Notre-Dame, où l'on décèle deux lésions atrophiques qui expliqueraient l'apparition tardive des crises d'épilepsie. Sa maladie connaît, à cette époque, une intensité extrême qui le rend sujet à de violentes crises physiques[5].

Le 10 décembre, il a un accident d'automobile : la voiture est hors d'usage.

Pour des raisons de santé, contrairement à son habitude, le couple ne se rendra pas chez Richard et Bérangère Aquin pour Noël.

ACTIVITÉS LITTÉRAIRES ET PROFESSIONNELLES

Les 19 et 20 octobre, Aquin reprend le film *À Saint-Henri, le 5 septembre* pour l'analyser, en tenant compte des critiques jadis adressées dans la presse au moment de sa diffusion.

Le 3 novembre, *Trou de mémoire*, qu'Hubert Aquin a soumis à l'éditeur parisien Calmann-Lévy sur la recommandation de son conseilleur littéraire Jean Montalbetti, est refusé par le comité de lecture de la maison d'édition. Aquin songe à abandonner l'écriture. Il écrit son amertume d'écrivain sans ressources au ministre des Affaires culturelles François Cloutier, à Québec.

Aquin pose sa candidature au Grand Prix de Montréal pour *Point de fuite* et offre ses services au CEGEP de Saint-Laurent. Sans succès. Débute pour lui une longue période de chômage partiel qui durera jusqu'en septembre 1974, exception faite de l'automne 1972.

À Pierre Tisseyre, il propose de traduire d'ici février *Angel of Hudson Bay* de William Asley Anderson (Clarke, Irwin Company, 1961, 1964, 1966 et 1969).

C'est alors que Pierre Aubéry, professeur à l'Université de Buffalo, l'invite à donner un cours sur la littérature québécoise au printemps suivant. L'invitation se concrétisera en septembre 1972.

Dans le numéro de novembre-décembre de *Presqu'Amérique*, nouvelle publication de « Profession : écrivain », déjà publié dans *Parti pris* en janvier 1964.

Notes

1. Semaine du 17 janvier 1971, interview de René Ferron.
2. *Le Petit Journal*, semaine du 24 janvier.
3. Correspondance.
4. La démission d'Aquin repose sur son refus d'accepter les fonds du gouvernement d'Ottawa pour subventionner *Liberté*. À la même

date, Fernand Ouellette refuse le Prix du Gouverneur général et Victor-Lévy Beaulieu, une bourse de même provenance gouvernementale.

5. Andrée Yanacopoulo et Jacques Languirand notamment contestent ce diagnostic et accréditent la thèse de crise de *delirium tremens* qu'Hubert Aquin ne démentait pas.

1972

À moins de mourir électrocuté sur cette machine à courant alternatif, je veux durer, vivre, subsister et rendre à notre chère société les horreurs que je lui réserve perfidement.

(H. Aquin, lettre à Victor-Lévy Beaulieu, 19 janvier 1972).

1972   Victoire du Parti libéral à Ottawa (gouvernement minoritaire).

Grève illimitée du front commun intersyndical des secteurs public et parapublic.

Première célébration de la journée internationale des femmes.

Création de Loto-Québec.

Naissance de *Stratégie* et du groupe maoïste-léniniste En lutte !

Les oranges sont vertes de Claude Gauvreau.

ÉDITION — RÉÉDITIONS

Réimpression de *Prochain Épisode* au Cercle du livre de France. Seconde édition du roman chez McClelland, à

Toronto, dans la collection « New Canadian Library », traduit par Penny Williams.

« Profession : écrivain » est traduit en hébreu par Ronald Sutherland et publié dans la revue *Keshet*.

Au cours de cette année, Pierre Tisseyre négocie la publication de *Trou de mémoire* et de *l'Antiphonaire* chez Grasset, à Paris, (ainsi que *l'Été de la cigale* d'Yvette Naubert) ; une quinzaine d'éditeurs québécois ont été chargés de semblables négociations par le ministre Yves Michaud. Cependant, le projet n'aboutira pas, faute d'entente intergouvernementale et de l'acheminement des subventions.

Deux textes inédits voient le jour dans des revues : « Le Choix des armes » dans *Voix et images*, vol. V, et « Éléments pour une phénoménologie du sport » dans *Problèmes d'analyse symbolique*, vol. III (Montréal, Presses de l'Université du Québec, 1972).

ACTIVITÉS PROFESSIONNELLES

Le 9 janvier, Aquin se rend avec Andrée Yanacopoulo à Toronto. Une rencontre avec les étudiants du College Glendon et de l'université York est organisée par la Chasse-Galerie, le 11 janvier[1].

Au cours de son séjour, il est interviewé à la radio de Radio-Canada à Toronto. Interview de Réjean Robidoux et Ben Shek, professeurs de l'Université de Toronto, pour une collection de vidéo-cassettes : « Visages de la littérature canadienne-française ».

Le 18 janvier, il fait une demande d'aide à la création et à la recherche auprès du ministère des Affaires culturelles. Il travaille alors à *Œdipe recommencé, Chantefable* qu'il achèverait courant avril 1972[2].

Dans une lettre du 19 janvier à Victor-Lévy Beaulieu, il confie son intention de continuer à écrire, malgré les difficultés à gagner sa vie.

Le 30 janvier est diffusé *Double Sens*, réalisé par Louis-Georges Carrier ; Hubert Aquin est enthousiasmé par le travail de son ami, qui met en vedette Jean-Louis Millette et Anne Pauzé, dans le cadre de l'émission « Les beaux dimanches ».

En février, Aquin postule un emploi de professeur de français à Saint-Jérôme. Il y enseigne durant une semaine à partir du 15 février[3].

Il recopie, en février et mars, des notes de son plan originel de *Trou de mémoire*. Courant 1972, il constitue un dossier qui rassemble des notes sur la médecine avant Paracelse, sur l'apparition du livre (selon Lucien Febvre), Léonard de Vinci, A. Blunt, Copleston, l'histoire de la médecine au XVIe siècle. Il lit *L'œuvre parle* de Susan Sontag, *Du baroque* d'Eugénio D'Ors, Henry Miller, Borges, Joyce. Cependant, les notes que regroupe ce dossier sont peut-être antérieures à cette date.

Un autre dossier de lecture inclut des références significatives des mêmes préoccupations littéraires et philosophiques : Étienne Gilson *la Philosophie au Moyen Âge, des origines patristiques à la fin du XIVe siècle* (Paris, Payot, 1944), Henri-Irénée Marrou *Saint Augustin et la fin de la culture antique* (Paris, E. de Boccard, 1958), Henri Focillon, H. Pirenne, G. Cohen *Histoire du Moyen Âge. La Civilisation en Occident du XIe siècle au milieu du XVe siècle* (Paris, PUF, 1933, tome VIII), Gilbert Durand *Décor mythique de la Chartreuse de Parme : contribution à l'esthétique du romanesque* (Paris, Corti, 1961), C. Mongelins *Catharisme et valdéisme*, Lucien Febvre *Amour sacré, amour profane. Autour de l'Heptameron* (Paris, Gallimard, 1971) et *les Problèmes de l'incroyance au XVIe siècle : la religion de Rabelais* (Paris, Albin Michel, 1942), J. Blanchot *l'Espace littéraire* (Paris, Gallimard, 1955), Johan Huizinga *Érasme* (1924, trad. Paris, Gallimard, 1955), Victor Chapot *la Frontière de l'Euphrate de Pompée à la conquête arabe* (Paris, 1907, Rome, L'Erma di Bertschneider, [(1967)]).

Le 2 mars, il demande à Louis-Georges Carrier de lui trouver du travail à Radio-Canada.

Le 6 du même mois, il propose sa collaboration régulière à Fernande Saint-Martin pour la revue *Châtelaine*[4]. Mais après quelques discussions, le projet est abandonné.

Le 6 avril, il donne à l'Université du Québec à Montréal une conférence au département d'études littéraires : « Littérature sans manuscrit » ; Aquin est visiblement malade. Le contenu de ses propos est aujourd'hui perdu[5].

Il achève la traduction de *The Three Gifts* de Pocock. Toutefois, il a pris avec le texte de telles libertés que Pierre Tisseyre lui retire la responsabilité de cette traduction.

Les 12 et 18 avril, il prend des notes pour le projet de roman *Saga Segretta* ainsi que pour un projet de pièce de théâtre, élaboré en mai 1967, pour Roger Citerne.

VIE PRIVÉE

Fin février, Aquin est malade.

Le 5 mai, au cours d'un voyage à Sherbrooke en compagnie d'Andrée Yanacopoulo, il est victime d'un accident au cours duquel il perd un œil. Hospitalisé jusqu'au 14 mai, il connaît alors une grande détresse. Il gardera cette infirmité dans le plus grand secret.

ACTIVITÉS PROFESSIONNELLES

Le 16 mai, Aquin reprend son article « Considérations sur la forme romanesque d'*Ulysse* de Joyce » déjà publié en 1970.

Pressé par des soucis d'argent, il insiste auprès de Pierre Tisseyre pour que celui-ci lui verse ses droits d'auteur ; les rapports entre les deux hommes se font provisoirement plus tendus.

Le 16 juin, des extraits de *Prochain Épisode* sont lus à l'émission radiophonique « Lecture de chevet », réalisée par Robert Blondin.

VIE PRIVÉE

Le 4 juillet, Aquin emménage au 5159, avenue Notre-Dame-de-Grâce, à Montréal.

Le 10 juillet, il est arrêté pour falsification d'ordonnance.

Depuis sa jeunesse, Aquin expérimente des traitements médicaux de son cru. Amphétamines, barbituriques, médicaments antidépressifs, excitants, l'alcool jouant aussi un rôle de tranquillisant. Son comportement est celui d'un maniaco-dépressif, mais il transforme ses moments de perturbation en instants de conscience aiguë.

Le 27 du même mois, son œil gauche est énucléé.

Le 18 août, on lui installe une prothèse occulaire.

PROJETS PROFESSIONNELS

Le 12 juillet, Hubert Aquin accepte l'invitation de John K. Simon d'enseigner à la State University of New York, à Buffalo. Il est le premier écrivain québécois à être invité par une université américaine en tant que professeur.

Du 2 au 4 août, il se rend à Buffalo pour préparer son installation. Il habitera avec Andrée Yanacopoulo et leur fils au 697, Potomac Avenue.

Au même moment, la bourse d'aide à la création lui est refusée à Québec, après que son nom a figuré dans la liste des boursiers, selon un article de Jean-Paul Brousseau dans *la Presse*, du 26 août 1972. Cet incident politique défraie la chronique des journaux[6].

Il songe toutefois à un nouveau roman et propose à Pierre Tisseyre de s'en entretenir avec lui.

RADIO-CANADA

Rediffusion le 9 juillet, du film *le Temps des amours*, dans la série « Documentaires canadiens », à Radio-Canada ; le 13 août, diffusion du film conçu à l'ONF *le Sport et les hommes*, dans la même série.

BUFFALO

Le 25 août, Aquin part pour Buffalo, où il enseigne durant la session d'automne. Il dirige un séminaire intitulé « Originality : A Paradox » et étudie les grands romanciers du XIXe et XXe siècle : Balzac, Faulkner, Joyce, Nabokov, Burroughs, Flaubert (lettre à Léon Roudiez, 4 décembre 1972). Il conçoit cet enseignement sur la base de sa réflexion préliminaire à *l'Antiphonaire* (selon ses notes de cours). Son dossier de notes de lecture, daté de 1969-1970, correspond aux thèmes de ce cours ; il a sans doute été remanié à cette occasion.

Du 6 au 10 octobre, il part avec Andrée Yanacopoulo pour un voyage d'agrément à Baltimore ; après un arrêt à East Aurora, où ils rendent visite à René Girard et sa femme, ils se dirigent vers Annapolis.

Du 20 au 23 octobre, étape à Cleveland.

Le 17 octobre, Philip Stratford, de l'Université de Montréal, demande à Hubert Aquin une nouvelle pour la traduire en anglais et l'éditer dans une anthologie québécoise. Ce dernier accepte immédiatement et propose *De retour le 11 avril*.

Il participe, le 13 novembre, à un débat intitulé « The Quebec Question » aux côtés de Pierre Aubery, Arthur Bowler, Godson Madubuike, Renée Legris et François Paré. Aquin invite Victor-Lévy Beaulieu, mais la conférence est annulée à cause d'une énorme tempête de neige. Ce débat s'inscrit dans le cadre d'une semaine « Vive le Québec libre ! », organisée par Aquin à l'université du 9 au 15 novembre. Le jour d'avant, il prononce une conférence intitulée « Écrivain, mais Québécois... ». Les conférences se terminent par la projection du film *la Nuit de la poésie*.

Au cours de ce trimestre, il lit et annote notamment *les Mots et les choses. Une anthologie des sciences humaines* de Michel Foucault (Paris, Gallimard, 1971).

Du 22 au 28 novembre, il se rend à la Nouvelle-Orléans avec Andrée Yanacopoulo. Ils visitent aussi Bâton-Rouge.

Le 4 décembre, il offre ses services au département de français de la Columbia University, à New York.

PRIX LITTÉRAIRE

Le 7 décembre, Hubert Aquin apprend officieusement que le Prix David vient de lui être attribué.

L'Antiphonaire est gratifié, le 28 novembre, d'une subvention de mille sept cent soixante-quinze dollars par le programme franco-québécois d'aide à la rédaction et à la co-édition, dépendant du ministère des Affaires intergouvernementales et du gouvernement français. Cette somme est destinée à l'édition du roman par Bernard Grasset et par le Cercle du livre de France de même que *Trou de mémoire*, gratifié d'un montant de mille quatre cent soixante-six dollars. Mais ce projet n'aboutira pas[7].

Le 17 décembre, il est de retour à Montréal.

ÉCRITURE

Le 27 décembre, ressurgit l'idée de *Saga Segretta* ; il rédige des notes et voit son livre écrit très vite, pour le 19 avril 1973 (projet pour *Saga Segretta*). Ces pages iront rejoindre le projet *Copies conformes* en 1973.

Notes

1. C'est à l'occasion de cette activité qu'il rencontre Christina Roberts.

2. Selon des propos d'Aquin rapportés par un témoignage.

3. Le 16 février, Renald Bérubé présente le n° 5 de *Voix et images* à l'émission radio « Book-Club », dans lequel Aquin vient de publier un téléthéâtre : « Le choix des armes ».

4. Dans un dossier de notes, il écrit « [...] je n'ai de place à *Châtelaine* qu'en tant qu'avocat du diable [...] et que contestataire ; somme toute à l'intérieur d'un milieu imprégné par un féminisme je m'instaure officiellement comme incarnation du "masculinisme". »

5. Jean-Paul Brousseau a fait un récit comique de cet épisode dans *la Presse* du 15 avril 1972.

6. Cette bourse aurait été attribuée sous la direction ministérielle de François Cloutier et retirée sous la responsabilité de Claire Kirkland-Casgrain, ministre, et Guy Frégault, sous-ministre. Michel Tremblay aurait connu le même traitement et c'est Normand Hudon qui est récompensé.

7. D'autres ouvrages sont également acceptés : *l'Été de la cigale* d'Yvette Naubert, *le Jongleur du bilboquet* de Germain Lemieux. Ce sont les seuls ouvrages littéraires inscrits au programme limité, en 1973 aux livres scientifiques et techniques. En tout, dix-huit projets y figureront, entre 1972 et 1976.

1973

1973	Victoire du Parti libéral à Québec. Robert Bourassa est Premier ministre. Le Parti québécois obtient trente pour cent des voix.
	Emprisonnement des trois principaux chefs syndicaux.
	Dépôt du rapport de la Commission Gendron sur les langues officielles, à Québec.
	Visite de la reine Élisabeth.
	Jules Léger est nommé gouverneur général.
	Visite de Pierre Elliott Trudeau en Chine.
	La peine de mort est de nouveau suspendue pour cinq ans.
	Début des travaux de la Commission d'enquête contre le crime organisé.
	Fondation des Éditions de l'Aurore et de Cul-Q, de *Brèches*.
	Le Joual de Troie de Jean Marcel.
	Variables de Michel Beaulieu.

PROJETS

Hubert Aquin a le projet de travailler avec Lorenzo Godin, à Radio-Canada pour les émissions de « La onzième heure », « Cabaret du soir qui penche II », « Collection privée »,...

qui présenteraient des lectures, des confidences et propos divers sur un fond musical. Il renoue aussi contact avec Gérard Robert de Radio-Canada, à propos d'*Œdipe recommencé*, téléthéâtre qu'il a achevé.

Il pense aussi écrire un texte en collaboration avec Louis-Georges Carrier. Il s'intitule *Copies conformes* et Aquin jette sur papier les premières notes le 15 janvier. Le souvenir de *Prochain Épisode* hante la mémoire d'Aquin, qui en mars envisage même d'en écrire une nouvelle version. *Copies conformes,* dont la trame serait policière, apparaît dans ses notes comme étroitement lié à une autobiographie ; meurtre, suicide, drogues, hôpital, sexualité, tels sont les thèmes exposés dans le plan qu'il en rédige en janvier sur le ton d'une confession intime. Il poursuit ce projet de février à mai. Ce projet, qui utilise certains éléments de *Saga Segretta*, servira à la composition de *Neige noire.*

Le 8 janvier, il pose sa candidature à un poste de conseiller auprès du délégué général du Québec à Bruxelles ou à Londres. On ne donne pas suite à sa démarche.

Courant janvier, il discute avec Pierre Pagé d'un projet d'autoportrait. Finalement, c'est une simple lettre rédigée par Aquin que Pierre Pagé publie dans *Archives des lettres canadiennes*, tome 5, en 1976.

Il reprend également son projet de collaborer à *Châtelaine.*

Il pose sa candidature à un poste de professeur à l'Université de Montréal, au département de philosophie, mais sa démarche reste sans suite. De même pour un poste de professeur au CEGEP de Saint-Laurent.

PRIX DAVID

Le 22 janvier, il reçoit l'avis officiel de la ministre Claire Kirkland-Casgrain que le prix David, décerné pour l'ensemble de l'œuvre d'un écrivain, lui a été attribué à l'unanimité par le jury, composé entre autres de Robert Choquette, Pierre Pagé, Paul-Marie Lapointe et Yves Préfontaine. La cérémonie de remise du prix se déroule le 30 janvier au Salon rouge du Parlement québécois, sous la présidence de Guy Frégault, sous-ministre des Affaires culturelles, et Hubert Aquin est présenté par Pierre Pagé. Aquin ne prononcera pas le discours qu'il avait préparé, sous l'effet d'une réaction spontanée et improvisée il se contentera de dire : « Je suis fier d'être Québécois. »

ACTIVITÉS PROFESSIONNELLES

Le 5 février, il s'engage auprès de Victor-Lévy Beaulieu pour les Éditions du Jour à faire une édition scolaire de *Notes d'un condamné politique de 1838* de F.-X. Prieur, du livre de Maximilien Globenski *la Rébellion de 1837 à Saint-Eustache* et du *Journal d'un exilé politique aux terres auxtrales* de Léandre Ducharme. Ces travaux l'occupent jusqu'à la mi-mars ; ils seront publiés en 1974.

Aquin donne une conférence au CEGEP de Hull le 7 février. Il y rencontre Patricia Smart qui prépare un ouvrage sur son œuvre intitulé *Hubert Aquin agent double.*

Le 11 février, il est interviewé par Andréanne Lafond à l'émission télévisée « 30 dimanche », et le lendemain, par Jean Sarrazin à la radio, dans l'émission « Carnet Arts et lettres », sur le prix David 1972 qu'il vient de recevoir.

ACTIVITÉS D'ÉCRIVAIN

Du 3 au 13 avril, se déroule une « Quinzaine des écrivains québécois », au CEGEP François-Xavier Garneau de Québec. Hubert Aquin y anime une rencontre sur le thème de l'anarchie.

Au même moment, il prend connaissance de la traduction de *l'Antiphonaire* (*The Antiphonary*) par Alan Brown, qui vient d'être publiée chez Anansi, à Toronto. Aquin en est très satisfait et la réception de la presse est très positive. La traduction de *Trou de mémoire* est aussi confiée à Alan Brown.

De mai à juin, il travaille à un « Manifeste sur la langue », projet d'un groupe d'amis invité à répondre au rapport Gendron et au gouvernement Bourassa. L'article « Le joual-refuge » qui en découle est publié dans *Maintenant* en mars 1974.

Le 2 mai, il accorde à Jean Remple[1] un long entretien en anglais pour l'émission *Midday Magazine* de Radio-Canada, intitulée « Quebec Now ». C'est un témoignage autobiographique élaboré, au cours duquel Aquin se définit comme anarchiste ; il se réfère à Proudhon mais aussi à Boukharine et à Propoptkine : l'anarchie est pour lui l'idéologie qui limite les pouvoirs de l'État et protège les droits individuels.

Le 3 mai, il décide d'écrire *Copies conformes*. Durant les jours qui suivent, il s'attache à ce projet[2].

Le 13 mai, il participe à « Horizons », émission radiophonique qui traite du cinéma Québécois[3].

Le 17 du même mois, les Éditions du Renouveau pédagogique demandent à Aquin de leur suggérer un auteur en vue d'une monographie le concernant. Hubert Aquin, qui en a déjà accepté l'idée en septembre 1972, se montre toujours intéressé par le projet.

RECHERCHE D'EMPLOI

Fin mai, Hubert Aquin a un projet d'émission avec Lorenzo Godin, mais il n'y aura pas de suite. Il pose sa candidature à un poste de pigiste à Radio-Québec ; il propose à Pierre Tisseyre de diriger une nouvelle collection ; il offre ses services pour un emploi de direction au service des publications du gouvernement québécois. Ces différentes démarches demeurent sans résultat.

VOYAGE — *NEIGE NOIRE*

Le 12 juillet, il part pour Genève avec Andrée Yanacopoulo et leur fils. Ils effectuent divers déplacements dans les Alpes[4] et sont de retour le 4 août à Montréal, où l'attendent de nouvelles saisies.

De juillet 1973 à mai 1974, il rédige *Neige noire*[5].

VIE PRIVÉE

Son ami Marcel Blouin meurt et est enterré le 27 août au cimetière Notre-Dame-des-Neiges[6].

SOLLICITATIONS DIVERSES

Le 13 août, diffusion à Radio-Canada du *Sport et les hommes* à l'émission « Documentaires canadiens ».

Il reprend alors ce thème de prédilection dans « Le sport et la stratégie guerrière » (notes datées du 10 au 24 août).

Le 22 du même mois, le magazine *Maclean* propose à Aquin un contrat pour la livraison d'un roman-feuilleton inédit. Ce dernier l'intitule *Découpage*. L'entente sera annulée le 16 octobre, mais le projet deviendra *Neige noire*.

Hubert Aquin est invité à l'émission « Dossiers », à la télévision, le 7 septembre, pour y parler du lecteur québécois[7].

Il communique avec Dean Drew, une relation de Buffalo, à propos de sa traduction en cours de *Point de fuite*. Le projet n'aboutira pas à une publication.

Le 11 septembre, il se rend à une assemblée générale de la Société des auteurs et compositeurs de Montréal.

Il travaille en septembre à la traduction d'un texte pour « Les beaux dimanches » intitulé provisoirement *Sunrise on Sarah*.

Le 6 octobre, il est invité à la radio, pour une émission d'une heure à « Leur violon d'Ingres », pour y parler de sa vocation et de son tempérament d'écrivain ; il est interviewé par Jeannine Paquet.

Il préside le jury du prix du Cercle du livre de France qui est remis le 5 novembre à Huguette Légaré pour son roman *la Conversation entre les hommes*[8].

En outre, il est membre du jury du prix David, décerné par le ministère des Affaires culturelles du Québec. Les réunions se tiennent les 12 octobre, 5, 12 et 18 novembre.

Le 4 novembre, avec sa mère et Andrée Yanacopoulo, Aquin rend visite à son père, placé en foyer d'accueil à Montréal-Nord.

Il pose sa candidature au poste de secrétaire général du Conseil supérieur du livre, présidé par Léon Z. Patenaude, le 6 novembre, mais celui-ci écarte résolument Aquin.

Le 8 novembre, il est invité par Maurice Lemire, professeur à l'université Laval, à résider dans cette université à titre d'écrivain durant le premier trimestre 1974-1975. Hubert Aquin accepte. Toutefois, ce projet ne se réalisera pas.

Dans *le Devoir*, paraît le 10 novembre « De Vico à James Joyce, assassin d'Ulysse » et « Sur le supplément littéraire d'aujourd'hui ».

Le 25 novembre, il prend de nouvelles notes pour son *Roman*, qui deviendra *Neige noire*.

ACTIVITÉS LITTÉRAIRES (SUITE)

Hubert Aquin prononce une conférence, le 27 novembre, à l'UQAM : « La disparition élocutoire du poète (Mallarmé) », lors du colloque « Littérature québécoise. Écriture-lecture ». Elle est publiée dans le revue *Cul-Q*, numéro d'été-automne 1974[9].

Le même jour, il se rend à Québec où se réunissent Victor-Lévy Beaulieu, Gaston Miron, Michèle Lalonde pour le numéro spécial de la revue *Maintenant* consacrée aux problèmes de la langue, auquel ils travaillent depuis mai.

Aquin constitue un premier dossier de notes sur le joual,
défini comme « la langue française parlée ou pratiquée au
Québec avec ses anglicismes, ses idiotismes, ses néolo-
gismes ». L'article paraît en mars suivant.

Notes

1.   Jean Remple a publié deux articles sur Aquin dans le journal
montréalais *The Gazette*, en février 1973 et mai 1974 ; dans ce dernier
article, il y qualifie Aquin de « *Quebec's major novelist and possibly one of
the leading novelist in the French-speaking world* ».

2.   Le 3 mai est diffusée à l'émission radio « De face et de profil »
une présentation des héroïnes de *Prochain Épisode*, de *Trou de mémoire* et
de *l'Antiphonaire* ; la recherche a été préparée par Suzanne Paradis.

3.   Gilles Sainte-Marie interviewe Anne Hébert, Hubert Aquin et
Jacques Godbout. Cette émission est réalisée par Aline Legrand.

4.   Genève, Ouchy, Gruyères, visite à la Chaux-de-Fonds et au
musée de l'Horlogerie, Neuchâtel, les Diablerets, Vevey, Bâle, où il visite
le musée des Beaux-Arts, Leysin, Martigny, le glacier des Diablerets, Lyon,
Ouchy, Sion, Genève, Bergame, Martigny, Genève, Zurich.

5.   Certaines notes datées du 22, du 27 et 28 juillet figurent dans
le dossier d'Aquin *Copies conformes*.

6.   Les deux couples se sont revus pour la dernière fois le
24 février.

7.   Sont également interviewés Victor-Lévy Beaulieu, Jacques
Ferron, Gilles Archambault, André Major, Marie-Claire Blais, Henri
Tranquille, Alain Pontaut et Pierre Lespérance. L'interviewer est Pierre
Villon et le réalisateur, Jean Saint-Jacques.

8.   Font partie de ce jury Solange Chaput-Rolland, Alice
Parizeau, Laurier Lapierre, Roch Poisson, Louis Gauthier et Yves Berger.
Aquin succède à la présidence de Jean Éthier-Blais. Le roman primé,
défendu par Aquin, ne fera pas l'unanimité de la critique.

9.   Participent également Michèle Lalonde, Victor-Lévy
Beaulieu, Michel Van Schendel, Jean Leduc, François Charron, André Roy,
Claude Beausoleil, André Beaudet et Giovanni Calbrese (colloque du 27,
28 et 29 novembre).

1974

> Dans une logique implacable de la dégradation et de la rupture, la vie et l'œuvre d'Aquin semblent alors se confondre, suivre la ligne d'un même destin, entrer ensemble dans une angoisse silencieuse, murée.
>
> (René Lapierre, *Dictionnaire de littérature de langue française*, Paris, Bordas, 1984.)

1974   Renversement du gouvernement Trudeau, mais le Parti libéral est reporté au pouvoir à Ottawa.
Conférence canadienne de l'Énergie.
Victoire du Parti civique de Jean Drapeau à Montréal.
La loi sur le français langue officielle, adoptée au Québec en juillet, rencontre une vive opposition.
Début de parution du quotidien indépendant *le Jour*.

RADIO-CANADA

Le 13 janvier est diffusé le téléthéâtre *Une femme en bleu au fond d'un jardin de pluie*, de Georges Riyga, traduit par Hubert Aquin, dans une réalisation de Jean Faucher pour « Les beaux dimanches ».

ÉCRITURE

Hubert Aquin publie une « Présentation » de l'ouvrage *la Rébellion de 1837 à Saint-Eustache* de Globensky, aux Éditions du Jour ; il est interviewé à ce propos, le 21 janvier, par Jean Sarrasin à l'émission « Carnet arts et lettres ».

Le 15 janvier, Jacques Gouin, vice-président de la Société des écrivains canadiens, invite Hubert Aquin à devenir membre de cette société ; celui-ci, sans être hostile à cette proposition[1], n'y donne pas suite.

Il termine, en février, son texte « La disparition élocutoire du poète », qu'il adresse à Jean Leduc de la revue *Cul-Q*.

Il met la dernière main à ce qui s'intitule maintenant *Neige noire*, qu'il songe à faire éditer aux Éditions de l'Aurore, avec l'accord de Victor-Lévy Beaulieu.

VIE PRIVÉE

Les amis fréquentés par le couple sont alors Pierre Pagé et Renée Legris, Florence Blouin, Alan Brown et sa femme, Alain et Josette Stanké, Jean-Paul Jeannotte.

PUBLICATION

En ce début d'année, paraît son second travail de « Présentation » dans *Notes d'un condamné politique de 1838* de François-Xavier Prieur et *Journal d'un exilé politique aux terres australes* de Léandre Ducharme, aux Éditions du Jour.

ACTIVITÉS PROFESSIONNELLES

Le 20 février, à la suite d'une annonce parue dans *le Devoir*, Hubert Aquin postule à un poste de professeur du département d'études françaises, dirigé par H. P. Clive à l'université de Carleton d'Ottawa. Un emploi de professeur invité lui est alors offert pour un an.

Le 27 mars, il se rend à North Bay, en Ontario, pour participer à la Rencontre des écrivains qui s'y tient le lendemain.

Le 30 du même mois, il est à Toronto où il présente une communication au Symposium annuel de l'University College Alumnæ Association intitulée *Literature of our Land*[2].

Au même moment, paraît « Le joual refuge » dans *Maintenant*, article qui suscite diverses réactions.

VIE PRIVÉE

Le 7 avril, décès de son père, Jean Aquin. Le service funèbre est célébré deux jours plus tard à Saint-Maurice-de-Duvernay.

ACTIVITÉS LITTÉRAIRES

Le 10 avril, Hubert Aquin se rend au Collège Sainte-Marie pour commenter auprès des étudiants son article sur la langue du Québec publié dans *Maintenant*[3].

Il accepte de collaborer une nouvelle fois à la revue *Maintenant*, pour une réflexion sur le Québec des vingt dernières années. Il choisit le thème de l'exil, mais n'enverra pas le texte prévu. Michèle Lalonde est associée à ce projet.

Il est invité, fin avril, à participer à une série d'émissions de Radio-Québec, dirigée par Diane Cousineau Sancott et intitulée « Voulez-vous dîner avec moi ? », sur le thème de l'amour libre et de l'adultère, à partir de *l'Antiphonaire*. Hubert Aquin accepte[4].

VIE PRIVÉE

Le 24 avril, Patricia Smart lui dédicace son ouvrage *Hubert Aquin, agent double* (Montréal, PUM, 1973).

Fin avril, Aquin a avec Patricia Smart une relation dont fait état sa correspondance ; elle lui écrit dans une lettre du 2 mai 1974 : « [...] vous êtes libérateur et vous êtes du côté de la vie. »

ACTIVITÉS LITTÉRAIRES

Le 30 avril, le rédacteur en chef de la revue *Canadian Fiction*[5], Robert Stedigh, demande à Aquin des textes, nouvelles ou chapitres de roman, pour sa revue ; mais celui-ci n'y donnera pas suite.

Le 9 mai, Hubert Aquin et Alan Brown fêtent le couronnement de la traduction de *l'Antiphonaire* (*The Antiphonare*, Toronto, Anansi, 1973) par le Conseil des arts du Canada, qui vient d'attribuer à Alan Brown son prix de traduction.

Commencé en juillet 1973, *Neige noire* est achevé le 14 mai 1974. « Je procède sur de longues, profondes et absolument terrifiantes obsessions et, du coup, ça paraît difficile à aborder, mais j'écris, soudain je ramasse la Norvège, la neige... et c'est le Québec. La *Neige noire*, c'est nous ! [...] je me suis isolé durant un an pour faire ça. J'ai vécu un an, horrifié à la pensée que je devais terminer ce livre par ce par quoi ça se termine. [...] Au début, j'écrivais aussi le matin ; peu à peu ; je commençais vers quatre heures de l'après-midi, puis je finissais à cinq, six heures le matin. J'écrivais toutes les nuits, même la nuit de Noël ! Le livre a mille trois cents pages, écrites à la main, très serrées. Ça représente quasiment le triple de ça. J'ai comprimé, j'ai coupé, j'ai sauté. [...] Mais le manuscrit, je l'ai gardé cette fois[6]... »

Une nouvelle réimpression de *Prochain Épisode* est prévue, ainsi que la signature d'un contrat aux éditions Grasset pour la publication en France de *l'Antiphonaire* et de *Trou de mémoire*.

Le 25 mai, il se rend à Trois-Rivières et, le 26, à l'Université de Toronto où il donne une conférence dans le cadre des Sociétés savantes qui organisent le premier congrès de l'Association des littératures canadienne et québécoise[7].

Le 10 juin, il fait savoir à Pierre Tisseyre qu'il n'assumera plus la présidence du prix décerné par le Cercle du livre de France, à l'automne.

Michèle Lalonde adresse à Aquin son poème *Speak white* (Montréal, éd. l'Hexagone, 1974) le 24 juin.

Le 10 juillet, il lit *l'Écluse nᵒ 1* de Georges Simenon (Paris, Fayard, 1972).

VIE PRIVÉE

Hubert Aquin rencontre Christina Roberts, universitaire torontoise. Il entretient avec elle une relation épisodique jusqu'en février 1977.

PUBLICATIONS

Dans le numéro d'été-automne 1974, paraît sa conférence « La disparition élocutoire du poète (Mallarmé) » dans *Cul-Q,* nᵒˢ 4-5.

Le 21 août, il écrit un article sur Montréal qui est publié le 24 août dans *le Devoir* sous le titre « Dans le ventre de la ville ».

EUROPE : LA NORVÈGE

Le 24 juin, Aquin prend l'avion en compagnie d'Andrée Yanacopoulo pour Lyon, via Paris. Le 3 juillet, ils font un arrêt à l'hôtel d'Angleterre de Lausanne ; le 4 juillet, à l'hôtel Excelsior de Bâle, et le 5 juillet, ils visitent Strasbourg, se rendent à Liège, puis le lendemain à Anvers et à Amsterdam, où ils visitent le Rijsk Museum ; le 8 juillet, ils sont à La

Haye où ils parcourent le musée Maurizhuis ; le 9 juillet, à Arnhem, l'exposition Van Gogh du musée Kröller-Müller retient leur attention ; après un passage à Utrecht et à Rotterdam, où ils se rendent au musée Boymans, ils embarquent le 10 juillet, sur le bateau Vénus en direction de Bergen, en Norvège. Ils visitent alors les fjords, se rendent à Balestrand le 14 juillet, franchissent les glaciers du Jodestral en direction de Lillehamer et parviennent à Oslo le 16 juillet, où ils visitent le Kunstindustrimuseum, consacré aux arts décoratifs ; passage à Helsinberg le 17 juillet et traversée vers Helsingör qu'ils visitent le 18 juillet.

Le soir même, ils sont à Copenhague et le 20, ils traversent l'Allemagne, puis la Suisse en direction de Lyon. Ils sont de retour à Montréal le 25 juillet.

FORTUNE LITTÉRAIRE

Durant son absence, Gilles Dorion, directeur de la section de littérature québécoise à l'université Laval, invite à nouveau Hubert Aquin à titre d'écrivain résident pour le trimestre d'hiver de l'année académique 1974-1975. Celui-ci à son retour accepte cette proposition qui toutefois ne se concrétise pas.

Au cours de l'année est publié *De retour le 11 avril* en anglais, *Back on April Eleven*, traduit par Philip Stratford dans *Stories from Quebec*, Toronto, chez Van Nostrand Reinhold Ltd.

Le ministère de l'Éducation du Québec écarte *Trou de mémoire* du programme de ses classes secondaires.

Hubert Aquin est contacté par Max Cacopardo qui projette de réaliser un film partiellement biographique sur Aquin. En plus de donner des interviews, celui-ci accepte de collaborer étroitement à la conception, à la réalisation et à la scénarisation du film. Une première demande de subvention est déposée à l'Office du film du Québec le 29 août. Mais le film ne sera jamais tourné, car l'argent ne sera pas versé à temps et Aquin ne sera plus disponible par la suite en raison de son travail à La Presse.

ACTIVITÉS LITTÉRAIRES :
PUBLICATION DE *NEIGE NOIRE*

Hubert Aquin choisit de publier *Neige noire* aux éditions La Presse. Pierre Tisseyre accepte de le libérer de son contrat avec le Cercle du livre de France qui l'obligeait à y publier deux autres textes. Le roman paraît le 13 septembre.

Selon Pierre Pagé, Aquin convient à cette époque en privé que son écriture s'inscrit « dans une tradition plus ancienne que la réalité politique ou rhétorique du Québec[8] ». À Gaétan Dostie, quelques mois plus tard, il déclare : « Je procède sur de longues, profondes et absolument terrifiantes obsessions [...] Comment je travaille ? Je ne le sais pas ! Chose certaine, c'est un raccordement entre des obsessions très profondes et très anciennes... » (*Le Jour*, 24 mai 1975.)

VIE PROFESSIONNELLE : ENSEIGNEMENT

Le 3 août, il anime à l'université Carleton d'Ottawa une causerie dans le cadre d'un cours. Le lendemain, il est engagé comme professeur invité[9]. Il donnera un cours de « littérature canadienne de langue française » et dirigera un séminaire de maîtrise sur un sujet de son choix. Le contrat est signé le 23 août à Ottawa.

Le 9 août, il est à Ottawa pour chercher un appartement. Il loge au 1090, Kristin Way, à partir du 1er septembre, pour l'année universitaire. Il demeure à Ottawa du lundi au jeudi et enseignera à l'université Carleton. À l'occasion de ce cours, il monte sa bibliothèque en livres québécois.

Selon le témoignage d'Andrée Yanacopoulo, ainsi que d'après sa correspondance, la vie qu'il mène à Ottawa est désorganisée et épuisante. Les fréquents déplacements en automobile — une Mustang Mach I — occasionnent à Aquin, grand amateur de vitesse, divers accrochages.

La parution de *Neige noire* est l'occasion pour Aquin de revoir Roger Lemelin. Les deux hommes sympathisent et ce dernier songe à engager Aquin aux Éditions La presse.

ACTIVITÉS LITTÉRAIRES

En septembre et octobre, il travaille à un projet de texte *l'Invention de la mort. les Plaisirs de la mort*, d'abord intitulé *Je suis mort d'après les plaisirs de la mort* et aussi *les Plaisirs de la mort. Je suis mort*. Il s'agit d'une œuvre dramatique qu'Hubert Aquin doit écrire pour Louis-Georges Carrier, mais il abandonnera le projet en mars 1975.

À Yvon Boucher, un de ses anciens étudiants qui prépare un numéro de la revue *Québec littéraire* entièrement consacré à Aquin, celui-ci accorde une entrevue en septembre, puis une seconde en décembre ; le numéro sera publié en 1976.

VIE PRIVÉE

Le 16 septembre, il est victime d'une saisie par l'impôt, car Thérèse Larouche réclame les arriérés de sa pension alimentaire couvrant la période où Aquin était en chômage. Une requête en ce sens est déposée par elle à la Cour suprême de l'Ontario. Hubert Aquin réactive alors ses démarches de divorce, lequel est officiellement demandé le 18 octobre au greffe des divorces de Montréal. Il est automatique après une séparation de cinq ans[10]. Le procès aura lieu le 6 décembre à la Cour municipale de Montréal.

En décembre, selon le témoignage d'Andrée Yanacopoulo, Aquin, songeant à se suicider, écrit une lettre d'adieu à leur fils Emmanuel, qu'il déchire peu après.

Vers Noël, Aquin hérite du fusil de son père qui était chez sa mère à Duvernay. C'est avec cette arme qu'il s'enlèvera la vie.

FORTUNE LITTÉRAIRE

En septembre, réimpression de *l'Antiphonaire* au Cercle du livre de France.

En octobre, Aquin est invité à collaborer au numéro de la revue *Europe* consacré à Miguel Asturias. Il ne donnera pas suite. Éli Mandel, professeur à la faculté des arts de l'université York de Toronto, invite Aquin pour un emploi annuel en 1975-1976.

Victor-Lévy Beaulieu, des Éditions l'Aurore, reprend dans *Morceaux du Grand Montréal* un article d'Aquin paru en deux tranches dans le supplément du *Devoir* des 24 et 30 août, intitulé « Dans le ventre de la ville ».

À l'occasion de la présence de la délégation des Goncourt à Montréal[11], une rumeur laisse entendre qu'Hubert Aquin serait en lice pour le prix ; c'est en réalité André Langevin, Roger Fournier et Jacques Folch-Ribas qui figureront parmi les dix finalistes francophones retenus,mais aucun Québécois ne sera couronné.

Le 24 octobre, Aquin assiste au déjeuner donner par Roger Lemelin à la suite vice-royale du Ritz-Carlton de Montréal en l'honneur du jury français, à titre de membre canadien de l'Académie Goncourt. C'est le prix de l'Éditeur de la Presse que Roger Lemelin remet à Aquin pour l'ensemble de son œuvre. Ce prix spécial souligne le quatre-vingt-dixième anniversaire de la fondation du quotidien *la Presse* ; il est d'un montant de cinq mille dollars. Un second prix, équivalent, est attribué à Jacques Poulin, premier récipiendaire du prix annuel de La Presse. Aquin prononce un bref discours où il y défend la valeur de la littérature québécoise : « [...] j'ai le sentiment de recevoir cette distinction non seulement des mains de Roger Lemelin, mais aussi et en même temps des mains de Gabrielle Roy, de celles d'Émile Nelligan et même de celles de Louis Hémon qui désormais est un des nôtres à titre posthume[12] ! »

La presse salue ce couronnement avec chaleur, en particulier Jean Éthier-Blais dans *le Devoir* du 26 octobre, où il écrit : « Ce mélange d'intelligence, de connaissances rares et de style fait de M. Hubert Aquin un écrivain qui surprendra toujours et suscitera sinon l'enthousiasme à chaque coup, du moins le plaisir de lire et d'apprendre. »

Le 29 novembre, paraît la traduction de *Trou de mémoire* à Toronto, sous le titre de *Blackout*, dans une édition de poche de la maison Anansi ; la traduction est d'Alan Brown.

ACTIVITÉS PROFESSIONNELLES ET LITTÉRAIRES

Le 11 novembre, Aquin prend quelques notes pour un projet qu'il intitule « Roman »[13].

Aquin demande à Peter Clive, directeur du département d'études françaises où il travaille, d'être déchargé du cours « Littérature canadienne de langue française » qui serait remplacé par une fonction d'écrivain en résidence. En effet, il s'apprête à travailler officieusement comme conseiller aux Éditions La Presse. Sa requête est refusée et l'université lui fait savoir qu'elle ne renouvellera pas son contrat.

Le 20 novembre, il préside le jury du prix du Cercle du livre de France, qu'il remet à Jean-Pierre Guay pour son roman *Mise en liberté*[14].

Le 26 novembre, il est invité au Glendon College de l'université York de Toronto par Ann et Éli Mandel, dans un cours intitulé « Contemporary Canadian Writing »[15].

Le 29 novembre, il signe un contrat avec the Ontario Educational Communications Authority pour une série sur l'Afrique intitulée « Africa » et pour laquelle il rédige un texte de sept minutes sur l'Algérie.

Au même moment, Roger Lemelin demande officiellement à Hubert Aquin d'étudier le fonctionnement des Éditions La Presse et de proposer une nouvelle politique éditoriale. Celui-ci est vivement *intéressé* par ce projet : « Dans le moment, je suis tourné vers l'œuvre des autres. [...] En tant qu'éditeur, je me sens archi-écrivain[16]. »

Notes

1.   Selon ses termes dans la correspondance.

2.   Participent aussi Harold Horwood et W. O. Mitchell, écrivains, les professeurs Grant McGregor, Annette Klodny et Éli Mandel.

3.   Ont aussi été invités Michèle Lalonde, Gaston Miron, Hélène Pelletier-Baillargeon.

4.   L'émission a-t-elle eu lieu ? Nous l'ignorons.

5.   *The Canadian Fiction Magazine* est publié à Prince George, en Colombie-Britannique.

6.   Entretien accordé à Gaétan Dostie, publié dans *le Jour*, le 24 mai 1975.

7.   Participent notamment Gérard Bessette et Jean-Charles Falardeau. Le sujet traité par Aquin porte sur la forme et le style dans le roman contemporain.

8.   Témoignage de Pierre Pagé rédigé le 20 janvier 1987, pour l'ÉDAQ.

9.   Les autres concurrents étaient Guy Robert, écrivain, et Luc Racine, professeur à l'université Queen's de Kingston.

10.   Il n'est question de remettre en cause ni la garde des enfants ni la pension alimentaire. Aquin n'a pas vu ses fils depuis huit ans, mais il va rencontrer Philippe, cité à comparaître, une fois au cours du procès ; il lui a payé le voyage de Suisse, où il étudie, jusqu'à Montréal.

11.   La délégation comprenait Georges Sion, représentant de la Belgique, Françoise Mallet-Joris, Emmanuel Roblès, Armand Lanoux, Jean Cayrol, Robert Sabatier, Michel Tournier, Jean Prasteau, journaliste au *Figaro*, et Jacqueline Piatier, journaliste au *Monde*.

12.   *La Presse*, 25 octobre 1984, rapporté par Cyrille Felteau. Dans cet article intitulé « Happening au Ritz », le journaliste rapporte l'ambiance tendue qui règne entre les participants.

13. Le même jour est diffusée à « Bookclub », une émission de radio consacrée à *Neige noire*, commentée par Renald Bérubé et François Ricard, animée par Alain Pontaut et réalisée par André Major.

14. Le jury comprenait aussi Solange Chaput-Rolland, Alice Parizeau, Laurier Lapierre, Roch Poisson, Louis Gauthier et Alan Brown.

15. Nous ignorons si Aquin s'y est rendu ou non. C'est peu probable.

16. H. Aquin, entretien accordé à Gaétan Dostie, *le Jour*, 24 mai 1975.

1975[1]

Jusqu'à maintenant, je considère qu'il est très insécurisant de vivre seul en écrivant. Insécurisant aussi matériellement. Et ça me prend toujours un certain temps pour me relever d'un livre, ça m'a pris quatre ans pour me relever de *l'Antiphonaire*. Je suis en période de récupération.

(Aquin, entretien avec Gaétan Dostie, *le Jour*, 24 mai 1975.)

1975 Livre vert sur l'immigration au Canada.

Grève des postes. Grève de l'amiante.

Élection d'Ed Broadbent au Nouveau Parti démocratique (NPD).

Adoption d'un code d'éthique à Québec au sujet des conflits d'intérêts.

Affaire Morgentaler sur l'avortement.

Rapport de la Commission Cliche sur l'industrie de la construction à Québec.

Accord avec les Cris et les Inuit à propos du territoire de la baie James au Québec.

Prise en charge par Québec des chantiers olympiques.

Naissance de la Ligue communiste et du Parti national populaire.

Fondation des éditions Quinze, des Éditions Stanké, des Éditions VLB.

Création de *Chroniques* et de *Dérives*.

Les Ordres, film de Michel Brault.

LA PRESSE : « UNE MOBILISANTE AVENTURE[2] »

Le 1er janvier, Hubert Aquin et Andrée Yanacopoulo dînent chez René Garneau, conseiller spécial de Roger Lemelin et ancien ambassadeur du Canada. Ces relations mi-professionnelles, mi-privées se poursuivent tout au long de l'année. Le 3 janvier, il pose sa candidature au poste de direction des Éditions La Presse auprès de Roger Lemelin, en remplacement d'Alain Stanké, qui veut fonder sa propre maison d'édition[3].

Le 21 février, Aquin est nommé vice-président et directeur littéraire des Éditions La Presse, lors d'un dîner de mille convives que donne Roger Lemelin à l'hôtel Reine-Élisabeth. Aquin prend à son compte le rêve de Lemelin de faire de la maison d'édition une NRF québécoise ; il se lance avec enthousiasme dans ses fonctions, toutefois subordonnées à celle du président-directeur général Claude Hurtubise, nommé le même jour qu'Hubert Aquin à ce titre. Hurtubise ne partage pas le projet d'Aquin, qu'il estime bientôt trop coûteux.

En ce début d'année, il prépare avec René Garneau l'étude de la nouvelle orientation des Éditions La Presse que lui a demandée Roger Lemelin. Lemelin et Hurtubise sont alors absents pour deux mois et Aquin fait office de directeur intérimaire.

Durant cette période, il étudie certains ouvrages américains en vue d'une éventuelle publication en français à La Presse[4]. Dès lors, il n'a de cesse « d'organiser, de mettre en place et de consolider une maison d'édition conforme au modèle qu'en avait proposé Roger Lemelin[5] ».

Ignace Cau, dans son ouvrage *l'Édition au Québec de 1960 à 1977*, écrit : « La prodution des Éditions La Presse est à l'image du journal du même nom — elle est de qualité mais axée sur l'actualité. Presque à 70 %, la production est à caractère commercial ; les tirages sont élevés et l'écou-

lement des stocks rapides. Le restant, soit 30 % , est consacré
à la littérature (romans, essais, anthologies)[6] .»

VIE PRIVÉE

Hubert Aquin comparaît en cour le 9 janvier pour le règlement de la pension alimentaire. Ses fils, Philippe et Stéphane
y assistent. Philippe, interrogé plus longuement que son
frère, manifeste vivement son opposition à son père.

Le 24 avril, Hubert Aquin est interviewé à l'émission
télévisée de Lise Payette et Jacques Fauteux « Appelez-moi
Lise »[7].

ÉCRITURE

Le 20 janvier, une nouvelle revue suisse, *le Cistre*, demande
à Hubert Aquin un article pour un numéro consacré au Québec, mais ce dernier n'y donne pas suite.

Le 25 février et au cours du mois de mars, il rédige un
projet de roman d'une dizaine de pages : *Joue Frédéric,
joue*. Ce texte deviendra ultérieurement *Obombre* et il sera
publié dans *Liberté* de mai-juin 1981. Aquin doit alors choisir entre son métier d'enseignant et celui d'éditeur, puis
entre celui d'écrivain et d'éditeur.

Il abandonne sa pièce *les Plaisirs de la mort* en raison
de son travail à La Presse qui l'occupe entièrement.

ENSEIGNEMENT

Le 5 février, il prononce à l'université Carleton une conférence intitulée « Cher lecteur », à laquelle assiste notamment
Réjean Robidoux.

Le 25 février, il annonce à Peter Clive, directeur du
département d'études françaises, qu'il continuera à dis-
penser son enseignement tout en se faisant seconder par
Patricia Smart pour son cours de seconde année. Très peu de

temps après, il demande à celle-ci de le remplacer totalement.

Le 13 mars, le président de l'université, qui n'accepte pas le manque de disponibilité d'Aquin, réduit son salaire des deux tiers. Celui-ci proteste. Mais devant son impossiblité de transformer ce cours en fonction d'écrivain en résidence, il choisit de se consacrer à sa tâche de directeur littéraire.

LA PRESSE : TÂCHES ET FONCTIONS ADMINISTRATIVES

En mars, l'achat des Éditions du Jour par les Éditions La Presse est officiellement annoncé par Hubert Aquin. Le 21 du même mois, il dresse une classification des publications de La Presse. Ce projet de micro-édition consisterait en une diffusion d'ouvrages sélectionnés par La Presse, microfilmés par Kodak-France et distribués en France.

Le 22 avril, Aquin est informé qu'on lui retire le titre de vice-président, mais non les avantages financiers de ce titre, soit cinq pour cent des bénéfices avant déduction fiscale. Ceci, sans explication.

Le 23 avril, Hubert Aquin décide qu'Andrée Yanacopoulo est officiellement engagée à participer, avec Jean Ménard et Marcel Brisebois, au comité scientifique qu'il crée. Ce comité planifiera et coordonnera les Éditions de La Presse dans le secteur des sciences[8]. Aquin entend « mettre l'accent sur la transdiciplinarité » de l'édition et « aussi sur l'accroissement de la culture scientifique du public québécois » (correspondance mai 1975). C'est le premier moyen qu'il met en œuvre pour donner à la maison La Presse une nouvelle orientation et lui faire jouer ce rôle de « catalyseur dans la transformation de la mentalité collective québécoise » (ibid.) qu'il annonçait dans sa demande d'emploi à La Presse du 3 janvier.

Le 14 mai, a lieu la première réunion du comité scientifique qui traite de la question de l'animation dans les maisons d'édition, nécessaire, selon Aquin, pour stimuler la production des auteurs scientifiques jusqu'à la mise en place d'une politique éditoriale scientifique québécoise[9].

Du 15 au 19 mai, au moment de la Foire internationale du livre de Montréal, Hubert Aquin établit des contacts avec la maison new-yorkaise Pantheon Books[10].

Lors de la réunion du comité scientifique du 28 mai, une politique de recherche de textes à éditer est mise sur pied. Un projet de collection qui présenterait la culture canadienne-anglaise au Québec est aussi élaboré. Dans ce but, Hubert Aquin rencontre Laurier Lapierre, de La Saberdache québécoise, le 11 juin.

Le 10 juillet, il engage au nom de La Presse Gaétan Dostie à titre de directeur du secteur Poésie, qu'il crée ainsi[11].

LA PRESSE : SON RÔLE D'ÉDITEUR

En mars, Hubert Aquin établit la liste définitive des textes prévus pour l'*Anthologie de la poésie québécoise* en traduction hongroise, établie par B. Köpeczi et Eva Kushner.

Le 16 avril, Pierre Pagé remet à Aquin le plan de l'anthologie qu'il prépare avec Renée Legris sur le théâtre radiophonique québécois, afin que ce dernier en étudie les modalités d'édition. Pendant ce temps, il commence à travailler sur un projet de co-édition entre La Presse et McClelland ; il s'agirait d'un livre sur le Québec ; Peter Christopher en serait le photographe.

Le 3 juillet, à la suite du rapport de lecture en première instance d'Andrée Yanacopoulo, Hubert Aquin demande à Pantheon Books une option pour l'édition en français de l'ouvrage de Gunnar Myrdal, *Against the Stream*. Il confirme cette option le 28 août.

Du 22 juillet au 15 août, Hubert Aquin prépare la co-édition de l'ouvrage *Constructive Education for Children* avec les Éditions de l'UNESCO.

Le 30 juillet, Aquin rencontre Gaétan Brulotte et discute avec lui d'une éventuelle édition québécoise d'un livre sur William Burroughs, qui doit paraître sous peu à Paris, aux éditions L'Énergumène de Gérard-Julien Salvy. Aquin projetterait de fonder une collection de littérature étrangère à La Presse.

DÉPLACEMENTS

Du 25 avril au 8 mai, Hubert Aquin se rend en Europe pour affaires, mandaté par La Presse. Il arrive à Genève, puis après un détour par Fribourg[12] et Berne, à Lyon, puis à Nice, le 3 mai.

Voyage éclair à Ottawa, début juillet et le 30 août.

VIE LITTÉRAIRE

En avril, les Éditions Art global, de Montréal, étudient le projet de publication de *Prochain Épisode* sous forme de livre d'art, dans le cadre d'une collection d'ouvrages canadiens. L'ouvrage paraîtra en 1978, illustré par Fernand Toupin.

En 1976, *Prochain Épisode* est réimprimé à deux mille neuf cent treize exemplaires au Cercle du livre de France.

Le 16 mai, Hubert Aquin reçoit le Grand Prix littéraire de la Ville de Montréal pour *Neige noire* ; le maire Jean Drapeau lui remet le chèque de trois mille dollars qui accompagne le prix. La cérémonie, présidée par Roger Champoux, a lieu lors d'une somptueuse réception donnée au restaurant Hélène de Champlain, sur l'île Sainte-Hélène de Montréal.

Le 19 mai, Jean Sarrazin, animateur de « Carnets arts et lettres », émission radiophonique de Radio-Canada, interviewe Hubert Aquin à propos de ce prix. Il en sera aussi question à l'émission « Book club » le 26 mai suivant.

Le 9 juillet, il demande à faire partie de l'organisation Contemporary Dialogue de Vancouver, afin de présenter deux communications.

VIE PRIVÉE

Hubert Aquin emménage le 30 mai au 3776, Vendôme, à Notre-Dame-de-Grâce. C'est l'ancienne maison de ses amis Marcel et Florence Blouin.

Son divorce est enfin prononcé le 16 juin[13]. Le jugement de divorce devient irrévocable le 22 septembre.

Le 17 juin, il rédige son testament.

Il prend des vacances à Québec du 4 au 11 août.

LA PRESSE : TÂCHES ET
FONCTIONS ADMINISTRATIVES (SUITE)

À la réunion du comité scientifique de La Presse du 18 août, la question de diffuser une politique éditoriale par l'intermédiaire d'une revue est à l'ordre du jour ; la *Revue des deux mondes*, pour son audience internationale, en serait le modèle. Le comité décide de se constituer « directeur de collection » et Aquin rédige une lettre de présentation qui est adressée aux universités, aux CEGEP et à diverses personnalités.

À cette époque, Hubert Aquin adresse à Claude Hurtubise un projet de refonte de l'organisation des Éditions La Presse. Ce projet vise à accroître les prérogatives du directeur littéraire qui se verrait confier tous les manuscrits à étudier. Il serait de plus responsable des relations avec les auteurs, de la révision des manuscrits, de la publicité et de la coordination entre les divers secteurs des Éditions : sciences, poésie, nouveautés littéraires, traductions, ainsi que les deux nouveaux secteurs des arts et des archives.

De plus, il préconise l'abolition de la division collectionnaire, qui compte un directeur par titre, au bénéfice de la division sectorielle qu'il s'efforce de rendre effective et qu'il dirigerait en distribuant le travail à des lecteurs ou à des comités de lecture. Il exige une liberté financière plus grande que celle qui lui est accordée. Il demande la création de deux nouveaux postes placés sous sa compétence : un poste d'adjoint à la direction et un poste d'attaché de presse. Enfin, se recommandant du mandat que lui a donné Roger Lemelin en l'engageant, il avise le conseil qu'il va rédiger une charte pour la maison La Presse qui tiendra compte du travail entrepris par René Garneau en ce sens.

Durant l'été, Hubert Aquin adhère à la Société des gens de lettres ; il en est élu secrétaire à l'unanimité le 9 septembre.

Une réunion du comité scientifique[14] a lieu le 8 septembre.

Le 15 septembre, Aquin presse Claude Hurtubise de confirmer l'engagement comme traducteur de Robert-Guy Scully sur des essais de Mordecai Richler.

Le 29 septembre, Aquin se plaint à Antoine Des-Roches qu'il ne peut rencontrer à sa guise le président, Claude Hurtubise. Aussi a-t-il décidé de convoquer les directeurs de collection, Gilles Marcotte, Fernand Dumont et Guy Rocher, pour connaître leurs plans de publication « Échanges » qu'il dirige. À Fernand Dumont, il demande d'être informé de ses projets sur la collection que Claude Hurtubise l'a chargé de diriger et dont il ignore tout.

Hubert Aquin publie dans *la Presse* du 30 septembre une « Lettre à Victor-Lévy Beaulieu » dans laquelle il défend l'éditeur La Presse ainsi que ses propres engagements, Beaulieu accusant ce dernier de ne pas être un éditeur authentiquement québécois. La querelle se poursuit sous la plume de Victor-Lévy Beaulieu dans le quotidien *la Presse* du 13 octobre.

Les options divergentes de la politique éditoriale à La Presse éclatent dans le journal *la Presse*, par l'entremise de Claude Jasmin, qui révèle qu'Aquin lui avait promis l'édition d'un recueil de textes au printemps 1975, mais qu'il a été refusé par Claude Hurtubise, le 24 septembre ; un article de Réginald Martel dans *la Presse* qui s'intitule « Le temps serait venu d'établir un code d'éthique entre éditeurs et écrivains » résume le climat.

Le 1er octobre, Aquin exprime devant Claude Hurtubise, son désaccord à propos des avances financières faites à Marcel Dubé qu'il juge exorbitantes[15].

Les honoraires dus aux membres du comité scientifique n'ont toujours pas été versés.

Le mandat d'exploration des activités du comité scientifique étant achevé, Hubert Aquin soumet à Claude Hurtubise un compte rendu daté du 3 octobre. En quatre mois, onze réunions ont eu lieu, au cours desquelles la politique des choix éditoriaux a été élaborée. Aquin définit comme d'abord québécois le public qu'il veut viser, tout en ne cachant pas que certains ouvrages américains seront destinés au public francophone international. Il préconise la création d'une revue scientifique[16], ainsi que la publication occasionnelle de cahiers.

Claude Hurtubise répond au précédent rapport le 9 octobre suivant. Les points de divergence entre les deux hommes sont d'importance. Roger Lemelin rappelle à Aquin sa définition du rôle de directeur littéraire et s'oppose en particulier aux initiatives touchant au fonctionnement du comité scientifique. Il reproche notamment à ce dernier d'employer Andrée Yanacopoulo alors qu'il est lié à elle. D'une façon générale, il considère qu'Hubert Aquin empiète sur ses responsabilités.

Le 15 octobre, Gaétan Dostie donne à Aquin un compte rendu du congrès de l'Association québécoise des professeurs de français, auquel il a assisté en tant que représentant de La Presse. Il préconise la publication de séries audiovisuelles. Celui-ci reprend cette idée et la soumet à Claude Hurtubise.

Le 17 octobre, Aquin établit une liste de publications pour le « secteur poésie[17] ».

Le 19 octobre, Andrée Yanacopoulo s'adresse directement à Roger Lemelin pour qu'il la confirme dans sa fonction au secteur sciences. Elle évoque à ce propos l'existence de difficultés entre Hubert Aquin et Claude Hurtubise. L'absence d'intervention de la part de Roger Lemelin est considérée par Hubert Aquin et par Andrée Yanacopoulo comme une invitation à poursuivre le travail entrepris.

René Garneau demande à Aquin de préparer régulièrement la publicité de La Presse dans la revue *Culture française* que dirige Auguste Viatte à Paris. Cette entente a été prise avec ce dernier à Paris par Roger Lemelin.

Hubert Aquin informe Claude Hurtubise qu'il poursuit la mise sur pied des secteurs sciences et poésie et qu'il s'attaque à celui des arts.

Le 22 octobre, à la suite d'une rencontre avec Bruno Bulota, Aquin signale à Claude Hurtubise que La Presse édite trop d'ouvrages canadiens-anglais. Il réaffirme sa demande d'une planification rigoureuse.

Claude Hurtubise informe Hubert Aquin, le 27 octobre, que les corrections du roman de Lucile Durand (Louky Bersianik) qu'il avait demandées n'ont pas été effectuées. Aussi interdit-il désormais les avances faites aux auteurs par Aquin. De plus, il l'avise que ses renseignements concernant les traductions à La Presse sont erronés. Il estime que certains lecteurs choisis par Aquin manquent de jugement et que le comité scientifique a produit un travail décevant parce que l'expérience des collections ayant fait ses preuves en matière d'édition, il soupçonne que ce dernier a pour but de contrer les positions de quelques membres de l'équipe éditoriale. Le lendemain, Claude Hurtubise « gèle » toutes les opérations d'Aquin jusqu'à ce que le budget soit mis au point.

À la suite de quoi, Hubert Aquin reproche à la direction de La Presse de ne vouloir faire de cette maison que « le calque de l'ancienne maison HMH », alors que « le marché québécois peut absorber une maison de type HMH mais non pas deux[18] ».

Le 30 octobre, réaction offusquée de Claude Hurtubise aux contacts pris par Hubert Aquin avec Fernand Dumont, Gilles Marcotte et Guy Rocher.

Le ton monte le 3 novembre, à la suite de mémos vindicatifs autour du roman *l'Euguélionne* : Claude Hurtubise entend vérifier que toutes les coupures recommandées par les lecteurs seront bien effectuées ; Aquin, quant à lui, fait confiance à Suzanne Lamy qui a été chargée de cette tâche et à Lucile Durand, qui coopère à ces révisions.

Claude Hurtubise s'insurge contre le fait qu'Hubert Aquin ait utilisé son bureau sans son autorisation et il lui rappelle que ses initiatives sont « gelées » par le conseil de gestion.

Les relations continuent de se détériorer entre Hubert Aquin et Claude Hurtubise. Cette fois, c'est de la traduction de *Neige noire* qu'il s'agit[19]. De plus, Claude Hurtubise demande à Aquin de ne réexaminer la thèse d'André Bourassa sur le surréalisme que lorsque ce dernier l'aura réécrite[20].

LA PRESSE : SON RÔLE D'ÉDITEUR
(SUITE)

Le 14 août, Hubert Aquin adresse en première lecture des poèmes d'Andrée Maillet à Gaétan Dostie[21]. Le 15 août, il demande à Lucile Durand une option de six semaines sur ses ouvrages *l'Euguélionne* et *les Cahiers d'Ancyl*.

Avec Claude Hurtubise, Hubert Aquin a une discussion à propos du livre de Rudel Tessier sur André Mathieu. Le projet d'édition est ajourné.

Le 20 août, Aquin informe Pauline Sauvage que La Presse a décidé de ne pas publier son ouvrage, en dépit de son propre avis qu'il lui avait d'ailleurs signifié.

Fin août, il informe Yvon Rivard qu'il entend publier son premier roman *Mort et naissance de Christophe Ulric*.

Le 3 septembre, il demande à Gilbert Langevin une évaluation du roman de Jean-Michel Wyl, *l'Exil*.

Au même moment, Aquin demande une option de trois mois auprès de leur maison d'édition, pour les ouvrages suivants : *Love and Success* de Karl Stern, Doubleday & Compagy ; *Biogenetic Structuralism* de Charles O. Laughlin et M. D'Aquili, New York, Presses de l'université Columbia ; *Biofeedback* et *Biology. The New Synthesis* d'Edward O. Wilson, Cambridge, Presses de l'université Harvard ; *Sexual Signatures* de John Money et Patricia Tucker, Little, Brown and Co.

Le 5 septembre, Hubert Aquin adresse *Biofeedback Turning on the Power of your Mind* de Marvin Karlins et Lewis M. Andrews à Marcel Brisebois pour qu'il en fasse lecture.

Aquin reçoit de Makombo Bamboté, le 19 septembre, une demande d'édition pour son roman pour enfants *les Randonnées de Daba* déja publié à Paris, mais épuisé.

Le 27 septembre, Roger Pradel propose à La Presse un ouvrage intitulé *Retour à l'innocence*. Le même jour, Aquin fait savoir à André Bourassa que son ouvrage *Surréalisme et littérature québécoise* intéresse La Presse[22].

Le 20 octobre, Aquin confie à Gilbert Langevin *Poésie sans frontière* de Clément Moisan pour qu'il soit contre-expertisé, car il n'est pas d'accord avec le rapport de lecture défavorable de Gilles Marcotte. L'ouvrage sera édité, avec un titre modifié, sur l'insistance d'Aquin.

Hubert Aquin refuse, le 21 octobre, le manuscrit de Paul Gérin-Lajoie.

Le 31 octobre, Pierre Bertrand adresse à Aquin un manuscrit de poèmes intitulé *l'Année Syphon*.

Début novembre, il s'insurge contre la précipitation apportée à remettre la traduction d'une série de contes néerlandais à Anne Hébert. Il veut d'abord en confier la lecture à quelqu'un de son choix. À La Presse, les manuscrits continuent d'arriver entre ses mains[23].

Les 20 et 21 novembre ainsi que les 5 et 8 décembre, Aquin s'engage au nom de La Presse à publier en deux ou trois tomes les textes radiophoniques de Gratien Gélinas.

Le 3 décembre, Aquin confie à Andrée Yanacopoulo le soin de rencontrer Thérèse Laferrière en vue de la traduction puis de la publication de l'œuvre de Clark Moustakas, connu aux États-Unis pour ses travaux en psychothérapie et en pédagogie[24].

À la demande d'Hubert Aquin, les éditions The Dial Press de New York lui adresse, le 12 décembre, *When I Say No, I Feel Guilty* du docteur Manuel H. Smith.

Le 15 décembre, Isaac Marks est prêt à céder les droits de publication en français pour son livre *Living with Anxiety*, publié par Angus et Robertson en Grande-Bretagne.

Le 17 décembre, la maison Anansi demande à Aquin une option pour la traduction en anglais du *Jardin des délices* de Roch Carrier, que vient de publier La Presse.

Hubert Aquin adresse à Odette Lafontaine-Le Borgne une demande d'option pour son roman *Un pas vers les hommes*.

Le 24 décembre, ce dernier insiste pour que le conseil examine l'ouvrage de Clément Moisan *Poésie sans frontière* pour qu'il soit édité ; il sera publié chez HMH en 1979 sous le titre de *Poésie des frontières*.

ACTIVITÉS LITTÉRAIRES

Du 4 au 9 octobre se déroule la XIe Rencontre internationale des écrivains québécois, à Sainte-Adèle.

Le 10 octobre, une émission spéciale est diffusée à Radio-Canada en hommage à Eugène Cloutier, à laquelle Hubert Aquin participe brièvement[25].

Les 13 et 14 novembre, Aquin se rend à l'Université du Québec à Chicoutimi, où il participe à une causerie.

Le 1er décembre, c'est à l'Université du Québec à Rimouski qu'Hubert Aquin participe à une causerie, en présence de Jacques Pelletier et de Renald Bérubé, causerie qui porte sur *Neige noire* en particulier.

Durant cette période, il jette des notes sur papier en vue d'un roman intitulé *Obombre* qu'il a déjà en tête et pour lequel il accumule des notes depuis 1968.

NEW YORK

Du 6 au 13 octobre, il se rend à New York pour le compte de La Presse. Il y rencontre Louis Wiznitzer à propos de son livre sur Kissinger. Il traite d'un livre de Barbara Ward sur l'habitat humain. Il prend des contacts avec les éditions Time Life. Il visite une exposition sur la vidéo (Expo-Vidéo 75). Il se rend aux services de publication du Musée d'art moderne et du Métropolitan Museum, afin de prendre des idées pour la mise sur pied du secteur arts qu'il veut créer à La Presse.

Enfin, il négocie avec l'éditeur Random House les droits français de l'essai de Gunnar Myrdal.

RECONNAISSANCES GOUVERNEMENTALES

Le 17 décembre, Jean-Paul L'Allier, ministre des Affaires culturelles au gouvernement du Québec, invite Hubert Aquin, en raison de son expérience dans le domaine littéraire, à siéger sur le Comité consultatif du livre pour deux ans, à partir du 15 janvier 1976.

Dans le cadre de ses programmes d'aide à l'édition et de diffusion de la culture, le Conseil des arts du Canada procède en 1965 à l'achat de six cent quarante-cinq titres, dont des romans d'Aquin, pour les distribuer gratuitement à travers le Canada et à l'étranger. Son nom figure notamment aux côtés de celui de Gabrielle Roy, d'Alain Grandbois et d'Irving Layton.

LA NOUVELLE-ORLÉANS

Le 26 décembre, Aquin s'envole pour la Nouvelle-Orléans, où il assiste au troisième congrès de l'American Association of Teachers of French, affiliée à la Fédération internationale des professeurs de français, à titre de représentant des Éditions La Presse. À cette occasion, il contacte des universitaires américains et participe au débat sur la littérature québécoise qu'animent André Gaulin, Gilles Dorion, Alonzo Leblanc et Maximilien Laroche.

Notes

1.   Pour les années 1975 et 1976, l'EDAQ a bénéficié d'une documentation plus détaillée et spécialisée que pour les années antérieures. Nous pensons cette documentation susceptible d'éclairer l'histoire québécoise de façon pertinente.

2.   Archives UQAM, notes manuscrites adressées par Aquin à son avocat.

3.   Roger Lemelin est président et éditeur de La Presse de juin 1972 à novembre 1981 ; les Éditions La Presse ont été créées fin septembre 1971. Selon Cyrille Felteau, dans son *Histoire de La Presse* (Montréal, La Presse, 1984), Lemelin se fit remarquer par son éditorial vibrant de février 1975, « Le gouvernement Bourassa à la croisée des chemins » : « Sciemment ou non, on en vint à le considérer comme le porte-parole

attitré d'une certaine majorité silencieuse qui, de façon générale, lui sut gré de ses vigoureuses interventions » (p. 222).

4.   *60 Seconds to Mind Expansion*, d'Harold Cook et Joël Davitz ; *The Search for Psychic Power* de David Hammond ; *Tribal Justice* de Clark Blaise ; *The Secret Strength of Depression* de Frederick F. Flack ; *The Exploding Cities* de Peter Wilsher et Rosemary Righter ; *Occult Medecine Can Save your Life* de C. Norman Shealey et *Ego at the Treshold* d'Edward E. Sampson. Pour ces ouvrages, il demande une seconde évaluation.

5.   Aquin, notes manuscrites adressées à son avocat, le 29 novembre 1976.

6.   Ignace Cau, *l'Édition au Québec de 1960 à 1977*, Québec, ministère des Affaires culturelles, 1981, p. 144. Cette étude se rapporte aux années 1970, sans précision de date.

7.   Il y aborde les principales étapes de sa vie : son enfance liée au parc Lafontaine, son travail à Radio-Canada et à La Presse, ses lectures et sa relation au lecteur à travers ses livres. Cette émission de quinze minutes est réalisée par Jean-Paul Leclerc.

8.   Il s'agit d'un comité au statut provisoire de quatre mois, au terme desquels il pourrait être confirmé par La Presse.

9.   La discussion est étayée par les rapports de Jean Ménard, Andrée Yanacopoulo et Marcel Brisebois, chargés par Aquin d'étudier la question suivante : Quels sont les besoins d'une édition scientifique au Québec ?

10.   Il demande notamment qu'on lui adresse *Against the Stream. Critical Essays on Economics* de Gunnar Myrdal et *A Memoir of China Revolution* de Chester Roning. Il s'entend aussi avec les éditions de l'UNESCO, à Paris, pour négocier la traduction française de l'ouvrage *Constructive Education for Children*.

11.   Il invite aussi Gaétan Dostie à soumettre à La Presse son projet sur Paul-Marie Lapointe et celui d'une anthologie de la poésie québécoise.

12.   Il tente de voir son fils Philippe, mais la rencontre tourne au drame.

13.   La pension alimentaire est fixée à trois cent soixante-quinze dollars par mois.

14.   Aquin demande aux membres de répondre à la question suivante : « Quelle serait votre bibliothèque idéale ? ». On discute de la création d'une revue scientifique, « à la fois d'intérêt général et spécialisé ». Une charte pour le comité devrait être établie par rapport aux autres secteurs distingués par Aquin.

15.   Deux mille dollars lui ont été versés le 26 septembre, afin d'assurer l'exclusivité de ses œuvres aux éditions.

16. À ce jour, les ouvrages scientifiques déjà publiés aux États-Unis pour lesquels il a demandé une option à leurs éditeurs sont : *The Romantic Syndrome* par W. T. Jones, *The Phenomenal Logical Movement* par Herbert Spiegelberg, *The Sociology of Sciences* par R. K. Merton, *The Redshift Controversy* par G .B. Field, H. Arp et J. N. Bahcall, *The Structure of Social Inconsistency* par Richard Grethoff, *Philosophy and Environmental Crises* par W. T. Blackstone, *The Structure of American History* par Hofstadter, Miller et Aaron, *Verbal Behavior* par Benjamin Skinner, *The Invasion of America* par Francis Jennings, *Against the Stream. Critical Essays on Economics* par Gunnar Myrdal, *The Best Years of your Life* par Leopold Bellak, *Constructive Education for Children* par un collectif de l'UNESCO, *The Process of Choice* par Levy, Geissbuhler et Chapman, *The Technology of Teaching* par Skinner, *Computer in Humanities* par Bowles.

17. *L'Avion rose* de Gilbert Langevin, *Chanteaux* de Georges Cartier, *l'Épreuve du bruit* de Guy Lafond, *Ma mère* de Serge Mercier ; un disque d'Yves-Gabriel Brunet et un disque de Pierre Morency.

18. Correspondance, dossier « Documents divers », Édaq, mémorandum d'Hubert Aquin à lui-même, 29 octobre 1975.

19. Hurtubise et Aquin se disputent la signature du contrat de traduction avec McClelland. Aquin s'était réservé le copyright de *Neige noire*.

20. Liste des manuscrits expertisés et acceptés par Aquin : Louky Bersianik *l'Euguélionne*, lu par Aquin, Suzanne Lamy et Michèle Mailhot ; Georges Cartier *Chanteaux*, lu par Aquin et Gaétan Dostie ; Michel Mastantuono *Mémoires*, lu par Aquin et Michel Auger ; Alice Parizeau *Sommes-nous tous des assassins ?*, lu par Aquin et Gilbert Langevin ; Gabriel Valois *Jeu de perles* ; Luc Tellier *l'État québécois en perspective ;* Simone Bonenfant *Étincelle* ; Daniel Pellerin *Recueil de poèmes* ; Yvon Boucher *De la vacuité de l'expérience littéraire*, Peuil « 27 Din ».

21. Le formulaire d'évaluation type remis au lecteur est très bref (une demi-page spécifiant « jugement rapide »).

22. Claude Hurtubise reviendra sur le jugement d'Aquin. Voir 3 novembre 1975.

23. *Le Retour de Dat Johnson*, par Jean-Pierre April, est refusé par Aquin. Le 18 novembre, *Solitude, cette étrange compagne*, Aga Dunlop ; le 26 novembre, deux manuscrits de Marie Leduc, dont un roman policier. Le 8 décembre, Louise Pelletier de Simini propose à Aquin deux de ses ouvrages pour publication. Le 9 décembre, Fernande Saint-Martin adresse à Aquin un recueil de deux cents poèmes inédits qu'elle a écrits depuis plus de vingt ans. Le même jour, Aquin demande à Christian Turpin son manuscrit, auquel il s'intéresse, ainsi que Bruno Bulota. Le 19 décembre,

Christian Turpin, de Paris, adresse à Aquin son manuscrit intitulé *Rome et les USA*.

    24.   L'entretien aura lieu le 29 décembre.

    25.   Eugène Cloutier, écrivain, a été scripteur à Radio-Canada. L'émission est animée par Fernand Séguin ; y participent Raymond David, le Dr François Cloutier, Paul Legendre, Monique Leyrac, Jean Lajeunesse et Hubert Aquin.

1976

> Comme écrivain, je suis toujours en position de me replonger dans un univers de souvenirs, un univers culturel qui me nourrit ; j'ai toujours un mouvement de replongée en même temps que j'ai un mouvement d'écriture ou de réitération.
>
> (Aquin, *Horizons*, Radio-Canada, 1976.)

1976   Victoire du Parti québécois. René Lévesque est élu Premier ministre.

Grève du Front commun inter-syndical.

Jeux olympiques.

Entrée en vigueur de la charte des droits et libertés.

Fondation de *Jeu*, des *Lettres québécoises*, d'*Estuaire*, et de *Possibles*.

J.-A. Martin, photographe, un film de Jean Beaudin.

L'Eau chaude, l'eau frette d'André Forcier.

La Nef des sorcières, collectif.

Pour l'évolution de la politique culturelle de Jean-Paul L'Allier.

LA PRESSE : TÂCHES ET
FONCTIONS ADMINISTRATIVES

À son retour de la Nouvelle-Orléans le 5 janvier, Hubert Aquin élabore un projet de promotion de la littérature québécoise aux États-Unis. Il désire que La Presse publie à cette fin une anthologie de poésie et une histoire de la littérature québécoise[1] et il prévoit des conférences d'écrivains dans des universités américaines.

À la demande d'Hubert Aquin qui voudrait accélérer le processus éditorial et accroître son pouvoir de décision dans la politique d'édition[2], le conseil discute des tâches qui lui sont dévolues en tant que directeur littéraire. De cette réunion, il se dégage que dorénavant, le travail de celui-ci sera davantage centralisé au moment de la réception des manuscrits mais qu'il sera aussi plus contrôlé. Ses responsabilités sont réaffirmées, mais la liberté de décision dont il jouit est étroitement liée aux décisions prises par le conseil de gestion. Toutefois, une certaine ambiguïté demeure dans cette question de confiance et de répartition des responsabilités.

Hubert Aquin refuse l'offre de Robert Choquette de joindre les rangs de l'Académie canadienne-française, estimant que cette Académie, par son seul titre, affiche un projet d'une autre génération que la sienne.

Le 20 janvier, il assiste à la remise du Prix du Cercle du livre de France à Pierre Stewart pour son roman *l'Amour d'une autre*, au Castel du Roy, rue Drummond, à Montréal. Il préside alors le jury, composé d'Alice Parizeau, Alan Brown, Louis Gauthier et Roch Poisson.

Du 22 au 29 janvier, Aquin informe le conseil de son engagement de nouveaux lecteurs, le Dr Fernand Poirier et Jacques Languirand, puis du Dr Carlo Sterlein, psychiatre.

LA PRESSE : SON RÔLE D'ÉDITEUR

Le conseil demande à Hubert Aquin de constituer un fichier des manuscrits à l'étude que ce dernier désignera sous l'expression « Cahier Manuscritothèque »[3]. Le 6 janvier, il écarte la publication de cinq ouvrages[4]. De plus, il proteste auprès de Claude Hurtubise à propos d'un ouvrage de Carole Dunlop-Hébert, *les Liens de l'ombre* : Aquin veut l'éditer, tandis qu'Hurtubise s'y refuse.

En janvier, Andrée Yanacopoulo fournit un rapport favorable de lecture en première instance à propos des ouvrages suivants : *When I Say No I Feel Guilty* de Manuel J. Smith, *Loneliness* et *Loneliness and Love* de Clark E. Moustakas parus respectivement en 1961 et 1972.

Fin décembre 1975 ou janvier 1976, Aquin annonce à Isaac Marks de Londres son intention de publier *Living with Anxiety*, dans une traduction d'Yves Lamontagne. Le 14 janvier, a lieu une réunion du conseil de gestion. Hubert Aquin doit remettre un plan de travail sur ce projet de publication au conseil.

Il demande que soit examiné le projet Barbara Ward, qui traîne en longueur, et pour lequel il a déjà effectué diverses démarches[5]. Le projet est refusé par le conseil.

Il avise alors le conseil que le contrat qu'il a fait signer à Michel Mastantuono pour ses *Mémoires*, recueillies par Michel Auger, va être annulé par Hurtubise mais que des frais de dédommagement devront être payés à Michel Auger.

Aquin offre de publier *When I Say No I Feel Guilty*, du Dr Manuel H. Smith, best-seller aux États-Unis, et réclame à l'éditeur les droits universels en français. Puis, le 15 janvier, il écarte quatre ouvrages des tablettes de La Presse[6].

Le 22 janvier, Hubert Aquin recommande le tirage de *l'Euguélionne* à cinq mille exemplaires, ainsi qu'une adroite publicité, car « ce livre devrait produire un certain remous dans le public[7] ». Il suggère qu'une publicité dans le cahier des arts de *la Presse* situe Louky Bersianik par rapport à Kate Millet et à Benoîte Groult et insiste sur le côté « impeccable » de son écriture[8].

Fin janvier, Hubert Aquin propose une importante publicité dans le cahier des arts de *la Presse* à l'occasion de la sortie des ouvrages de Gilbert Langevin et de Georges Cartier ; il inaugurerait ainsi le secteur Poésie des Éditions La Presse. Il organise par ailleurs la publicité de l'ouvrage *le Comique et l'humour* de Pierre Pagé dans le cahier des arts de *la Presse* sur le thème du patrimoine culturel à conserver.

Le 30 janvier, Hubert Aquin informe Paul Ohl que son livre, au titre provisoire de *Sport, où est ta victoire ?,* intéresse La Presse.

François Hertel annonce à Hubert Aquin le 13 février qu'il lui adressera son manuscrit *Souvenirs et impressions du premier âge, du deuxième âge, du troisième âge : mémoires humoristiques et littéraires* vers la fin mars[9].

Le 3 mars, Axel Maugey adresse son ouvrage *Poésie et société au Québec (1937-1970)* à Hubert Aquin qui est intéressé à le publier en traduction anglaise. Il l'informe de plus qu'il s'intéresse à ses travaux en cours.

Il recommande vivement au conseil la publication de *000 000 00 de Soghur* d'un auteur inconnu, qu'il trouve « un livre bouleversant » et qu'il prévoit être « la bombe de la saison littéraire d'automne[10] ». Le livre n'a pas été édité.

Il écrit à certains professeurs qu'il a connus, à Carleton par exemple, pour leur demander des manuscrits qui pourraient être publiés par La Presse[11].

Le conseil autorise Hubert Aquin à réunir les participants au projet *Introduction à la civilisation québécoise* et accepte la publication de *Petits Problèmes de dames*, soumis par Henri Tranquille.

Le 19 mars, Hubert Aquin transmet au conseil de gestion le rapport d'André Gaulin à propos de l'ouvrage de Gilles Marcotte, *Du vaisseau d'or à la croix du chemin*. Il recommande quelques modifications dans l'ouvrage, conformes aux recommandations d'André Gaulin, et insiste pour que son avis soit pris en considération[12].

DÉPLACEMENTS : QUÉBEC — OTTAWA

Hubert Aquin se trouve à Québec du 1er au 5 février.

Du 18 au 20 du même mois, il se rend de nouveau à Québec pour assister à une réunion du Comité consultatif du livre, présidé par Denis Vaugeois, nommé à ce poste par le ministre Jean-Paul L'Allier[13].

Le 25 février, il est à Ottawa où il participe à un colloque sur les grandes éditions, organisé par le Centre de recherche en civilisation canadienne-française de l'Université d'Ottawa. Il s'est inscrit à deux ateliers : « Éditions critiques des 17e et 18e siècles » et « Éditions des œuvres d'art ».

VIE AFFECTIVE

Entre janvier et mars, Aquin enregistre beaucoup de musique. Musique classique italienne, musique romantique allemande, variétés, jazz ont toujours eu une grande importance dans sa vie[14].

Hubert Aquin fréquente Christina Roberts à Ottawa. Du 14 au 16 mars, il se rend à Toronto pour la rencontrer.

ÉCRITURE

Durant les trois premiers mois de l'année, il travaille *Obombre*. Il écrit : « Le 8 mars 1976, j'entreprends *Obombre* au rythme de deux à trois heures en fin de journée.

Surtout ne pas briser par de trop longues interruptions cet
élan et perdre ainsi une vitesse de croisière (d'obsession)
que j'ai dès maintenant acquise. » Cependant, le 12 avril,
l'écriture se tarit et le silence semble durer jusqu'au 31
octobre.

LA PRESSE : PRÉCIPITATIONS DES DIVERGENCES

Claude Hurtubise exige d'Hubert Aquin que tous les
rapports de lecture originaux et complets lui soient trasmis et
ce, depuis novembre 1975. Le ton est celui d'une sévère
mise en garde.

Le 25 mars, Hubert Aquin se rend à une réunion du
Comité consultatif du livre à Québec[15].

Le 28 mars, Gaétan Dostie, qui travaille au secteur
poésie créé par Hubert Aquin, demande à celui-ci que son
statut à La Presse soit plus clairement défini. Pour les
éditions, il négocie la participation de la maison à l'*Anthologie de la poésie québécoise des origines à nos jours*,
qu'il prépare avec Gaston Miron, Laurent Mailhot et Mi-
cheline Paquette-Valcourt.

Le lendemain, Hubert Aquin fournit au conseil un plan
de l'*Introduction à la civilisation québécoise*, ainsi qu'un
échéancier de travail[16]. La Presse est bientôt le seul éditeur
qui reste en lice.

À la réunion du conseil de gestion, Hubert Aquin
propose une gravure de Rita Letendre pour illustrer l'ouvrage de Robert Mallet. Claude Hurtubise ne semble pas
d'accord avec la publication telle que prévue. Aquin propose
aussi un document standard pour la rédaction des rapports de
lecture[17]. On discute de la nature des relations entre président, directeur littéraire et directeur de collection.

Le 31 mars, Hubert Aquin renouvelle sa confiance à
Gilbert Langevin, qu'il a engagé comme lecteur, mais il lui
demande de formuler ses rapports de lecture selon les

normes établies à La Presse. Bien que très solidaire de la maison, Hubert Aquin confie à ce dernier que leur tâche demande qu'ils se plient aux « exigences d'un milieu de travail que nous, créateurs, avons tendance à outrepasser parce que nous allons plus vite et parce que nous fonctionnons sur une autre longueur d'ondes[18] ».

Il propose au conseil de lier Louky Bersianik à la maison par de nouveaux contrats, en raison du succès de l'*Euguélionne*. Déjà, il a reçu son manuscrit des *Cahiers d'Ancyl* et il cherche à attirer son *Dictionnaire de la misogynie*, déjà proposé à un autre éditeur. Le conseil approuve cette démarche[19]. Il informe aussi le conseil que ses négociations avec Maurice Lemire pour le *DOLQ* ont avancé : La Presse est à ce jour le seul éditeur qui reste en lice.

Le 5 avril, Michèle Mailhot, lectrice, fait savoir à Hubert Aquin que son modèle de rapport de lecture est trop universitaire et que cette méthode de travail diffère beaucoup de celle jusqu'alors en vigueur, qui visait la concision en une page de commentaires.

Hubert Aquin poursuit son projet de diffuser la littérature québécoise au Québec, dans le reste du Canada et à l'étranger. En ce sens, il entreprend des démarches de coédition avec Dave Godfrey, président de Porcupine Press, en vue d'éditer « une série d'ouvrages auxiliaires à l'étude de la littérature québécoise[20] ».

Le 7 avril, Hubert Aquin communique au conseil le nom de nouveaux lecteurs : Jean-Pierre Vidal, Réginald Hamel, Jacques Pelletier, Pierre Vennat, Pierre de Bellefeuille, Claude Lévesque.

Le conseil modifie légèrement les procédures de travail du directeur littéraire : il tente de renforcer son contrôle de la circulation des manuscrits et du choix des lecteurs. Toutefois, le directeur littéraire est autorisé à procéder lui-même à l'appréciation des manuscrits qui réclament une lecture immédiate après en avoir informé le conseil.

Le 20 avril, réunion à l'hôtel Constellation, à Montréal, d'André Gaulin, Virgil Benoît, David Hayne, Pierre Pagé et d'Hubert Aquin, assisté de Mireille Despard. On y discute de l'esprit général du projet d'*Introduction à la civilisation québécoise*. Une liste de collaborateurs éventuels est constituée. Aquin propose de faire de cet ouvrage le premier d'une série destinée d'abord au marché étranger, secondairement au marché intérieur.

À partir du 28 avril, les memorandums d'Hubert Aquin à son supérieur portent la mention « confidentiel ». Cette modification signe l'escalade du climat conflictuel qui règne au sein de La Presse.

Le 7 mai, durant l'absence d'Hubert Aquin, Bruno Bulota informe le conseil qu'Aquin a organisé une nouvelle réunion pour l'*ILCQ* sans aucune autorisation. Il n'endossera pas les frais encourus. Il est clair que Bruno Bulota n'apprécie pas les initiatives personnelles d'Aquin ; de plus, il a des réserves sur le projet même.

Du 19 au 23 mai, se tient la Foire internationale du livre de Montréal et le 20 mai, une réunion du Comité consultatif du livre, à laquelle assiste Hubert Aquin ; sa participation y paraît discrète[21].

Après la Foire du livre, Hubert Aquin demande à Roger Lemelin une entrevue pour discuter du différend entre Claude Hurtubise et lui-même. Roger Lemelin a déjà demandé à Aquin d'être conciliant et d'attendre qu'il règle cette délicate situation. Il convient qu'il a tort d'engager deux personnalités au tempérament si différent.

À la suite des contacts d'Hubert Aquin et d'Antoine DesRoches à la Foire du livre avec l'éditeur belge Oyez, La Presse s'assure la diffusion au Québec de quatre dictionnaires spécialisés.

LA PRESSE : SON RÔLE D'ÉDITEUR

Début avril, Pierre Vennat, chroniqueur aux affaires syndicales de La Presse, rend compte à Hubert Aquin du manuscrit *Histoire de la Regent Knitting* qu'il lui a demandé d'évaluer.

À la réunion du comité scientifique du 10 avril, sont à l'ordre du jour les affaires courantes, le projet de traduction pour *Frontiers of Knowledge* ; les *Cahiers d'Ancyl*.

Hubert Aquin signale à Antoine DesRoches qu'Yvon Boucher serait prêt à donner sa publication annuelle *le Québec littéraire* à La Presse et non plus à Guérin. Deux numéros ont déjà paru ; un troisième sur Jacques Godbout serait en préparation.

Hubert Aquin informe Antoine DesRoches que les négociations de Bruno Bulota avec Louky Bersianik se sont mal déroulées et qu'il prendra en charge désormais la conduite de ces relations.

À Gaétan Dostie, il fait savoir qu'il a établi des contacts avec Thomas Déri en vue de la co-édition de l'*Anthologie de la poésie québécoise*.... Il lui signale qu'à son avis, l'édition illustrée de *la Légende d'un peuple* de Louis Fréchette est d'ores et déjà acquise.

Le 25 mai, il se rend à Québec pour rencontrer le comité de conception de l'ouvrage collectif *Introduction à la société québécoise*.

Le lendemain, Jean-Pierre Vidal propose à Aquin de créer une collection « Poche-critique » pour la publication de thèses. Aquin participe ce même jour à une discussion littéraire à la bibliothèque de Saint-Léonard.

Le 9 juin, Hubert Aquin demande au conseil de réexaminer de toute urgence le manuscrit refusé de Roch Lamarche, qui vient de mourir. Il signale en outre qu'il existe des poèmes de Lamarche qui mériteraient d'être publiés.

Le 17 juin, réunion du conseil au cours de laquelle il est question d'abandonner la publication de Renée Legris, *l'Œuvre radiophonique et télévisuelle de Robert Choquette*. On décide de retarder la publication du tome II du *Comique et l'humour*... de Pierre Pagé, en fonction des ventes du tome I. On abolit la pratique d'avances faites aux auteurs. On confie la responsabilité des contrats de traduction à Bruno Bulota. Dès son retour, le 18 juin, Hubert Aquin exprime une vive indignation face aux décisions prises la veille.

Courant juillet, s'accumulent les lettres des auteurs qui attendent des nouvelles de leur manuscrit. Le 23, Hubert Aquin informe Patrick Imbert, professeur à Ottawa, de son intérêt en tant qu'éditeur à sa thèse sur Balzac.

ACTIVITÉS LITTÉRAIRES

Le 4 avril, Hubert Aquin est invité à l'émission de radio « Horizons », réalisée par Gilles Archambault, pour y parler de Flaubert[22]. Sa fascination pour Flaubert l'amène à conclure que la lecture est « une sorte de double mémoire », parce qu'à ses souvenirs propres on superpose ceux des autres.

Ce même jour, il adresse à Sheila Fishman des conseils pour la traduction de mots difficiles de *Neige noire*. Il se dit enchanté du titre qu'elle a trouvé : *Hamlet's Twin*.

Courant avril, il remet à Gordon Sheppard un projet du scénario de film qu'ils ont convenu de préparer ensemble. Trois titres ont été considérés : *Sacrilège, le Meurtre-Image, la Reine de Pologne*.

QUÉBEC

Une réunion du Comité consultatif du livre a lieu à Québec le 8 avril, puis le 22 du même mois. Le lendemain, il rencontre Lorne Laforge, doyen de la faculté des lettres de l'université Laval, à propos de l'édition du DOLQ. Ce projet lui tient particulièrement à cœur.

FRANCE, SUISSE, BELGIQUE ET POLOGNE

Au cours du mois d'avril, Hubert Aquin prépare son voyage en France, en Suisse, en Belgique et en Pologne. Il projette de faire connaître les ouvrages de référence que doit publier La Presse aux universités de Nice, Lyon, Bordeaux, Strasbourg, Bruxelles et Louvain.

Il quitte Montréal pour Lyon, où résident les enfants d'Andrée Yanacopoulo, le 28 avril. Le 1er mai, il va à Nice où se tient jusqu'au 6 mai la Foire internationale du livre. Aquin y présente notamment *l'Euguélionne*, lors d'un lancement spécial d'ouvrages féministes. Hubert Aquin est accompagné d'Andrée Yanacopoulo.

Du 6 au 10 mai, il revoit Genève, Nyon, Ouchy, Sion et gagne Bruxelles le 10 mai, où il tente d'établir des contacts avec la Maison de la francité et avec l'Université de Bruxelles. Le 11 mai, il fait de même à Louvain.

Il continue seul son voyage, Andrée Yanacopoulo devant rentrer pour donner ses cours, et le 14 mai, il s'envole pour Varsovie, où se tient une foire du livre scientifique et technique. Il cherchera à atteindre le marché des pays de l'Est et celui des pays africains francophones.

À Andrée Yanacopoulo, il écrit qu'il est malade et qu'il a songé à se suicider en se jetant de son hôtel dans le vide.

Le 18 mai, il est de retour à Montréal via Londres. Il se rend à Québec le 2 juin et est de retour le lendemain à Montréal.

ACTIVITÉS LITTÉRAIRES, ÉDITION

Hubert Aquin rédige, au cours de mai, un article qui sera publié dans *Forces*, premier trimestre 1977, sous le titre « Le

Québec : une culture française originale ». Cet article devait initialement paraître dans le numéro publié à l'occasion des Jeux olympiques. Sa teneur, jugée trop « abstraite » pour un public international par le directeur Jean Sarrazin, fait que le texte est remisé pour un numéro spécial ultérieur, consacré aux problèmes du Québec.

Du 14 au 17 juin, Aquin assiste à Québec, à une réunion du Comité consultatif du livre, où l'on discute de l'élaboration du Livre vert sur la politique de la lecture que prépare le ministère[23].

Il adresse à Gratien Gélinas, président de la Société de développement de l'industrie cinématographique canadienne (S.D.I.C.C.), le synopsis du film *Sacrilège*, auquel il a travaillé du 16 au 27 juin.

Le 22 juillet, Aquin confie à un admirateur qu'il a perdu le goût d'écrire.

LA PRESSE : DIVERGENCES (SUITE)

Le 5 juin, paraît dans *Perspective* une interview de Roger Lemelin dans laquelle celui-ci déclare : « Il n'y a pas de littérature québécoise ; il y a une littérature d'expression française en Amérique du Nord. » Cet article précipite l'action d'Aquin.

Roger Lemelin officialise la divergence entre Hubert Aquin et Claude Hurtubise en annonçant à Hubert Aquin qu'il a confié à Jean Sisto et à Guy Pépin, membres du conseil de gestion, le mandat de régler le différend qui existe entre les deux hommes et qu'il se retire personnellement de l'affaire.

Le 29 juin, dans une lettre à Guy Sabourdy, à qui il avait promis l'édition de son texte, Hubert Aquin lui confie son « humiliation » d'être mis en minorité au sein des Éditions : « [...] le pourrissement de la situation m'a beaucoup affecté dans mon fonctionnement normal et connote d'une certaine dérision mon titre de directeur littéraire. Les problèmes de régie interne ne sont toujours pas réglés et il semble bien que je m'use en vain à vouloir les régler sainement. »

Le 30 juin, réunion du groupe de Montréal du Comité consultatif du livre dans les locaux de La Presse[24].

Le 2 juillet, il fait savoir à Lorne Laforge, à Maurice Lemire et à Claude Trudel que le projet du *DOLQ* est abandonné par La Presse[25]. Il se dit « anéanti par cette stalinisation brutale qui assimile l'édition à du colportage et le livre à un objet indifférencié[26] ». Il affirme qu'il va tenter de s'opposer à cette décision du conseil, mais il sait que ce faisant, il se place dans une situation intenable. Par ailleurs, le même jour, il adresse à Roger Lemelin une lettre dans laquelle il exige des explications sur la politique éditoriale dans le règlement du différend qui l'oppose à Hurtubise.

Le 5 juillet, il adresse au conseil un projet de réorganisation complète des Éditions La Presse. Dessein ambitieux qui préconise une augmentation des dépenses éditoriales dans le secteur littéraire, ce qui précisément est une pierre d'achoppement entre Aquin et les gestionnaires de La Presse. Il propose « que les Éditions La Presse ouvrent un secteur littéraire québécois et couvrent entièrement les productions de poésie, de romans, d'essais, de critiques ainsi que les productions para-académiques concernant la littérature québécoise ». Il préconise de procéder de même dans le secteur scientifique. À cette double fin, il suggère d'engager deux nouveaux directeurs, dont il suggère même les noms. Il demande que Bruno Bulota soit cantonné à un rôle exclusif de directeur commercial, que lui-même ait la direction des services littéraires et des projets spéciaux et, enfin, que Claude Hurtubise ne soit définitivement plus en concurrence avec lui.

Les 6, 7, 8 et 9 juillet, Hubert Aquin propose des modifications à l'exercice du mandat du Comité consultatif du livre, au nom du groupe de Montréal. Il réclame des crédits supplémentaires, un secrétariat permanent et la lecture de tous les rapports concernant la politique de la lecture en provenance des divers ministères.

Il adresse également aux membres du Comité consultatif du livre son point de vue enthousiaste à propos du « nationalisme culturel » annoncé comme ligne politique dans le Livre vert du gouvernement. Ce document préconise la mise en place d'une politique culturelle globale, axée sur la protection et l'épanouissement de la culture québécoise. Dans son commentaire, Aquin établit cependant une distinction plus nette entre « aide et création » et « aide à l'édition ». Il l'assortit de suggestions concrètes : il recommande qu'à la littérature pour enfants, au roman et à l'écriture dramatique soient ajoutés dans le Livre vert « la poésie, l'essai et la création qui ne relève d'aucun genre et d'aucune catégorie » ; que les mécanismes de subvention évitent aux auteurs d'avoir à choisir entre le Conseil des arts fédéral et l'aide proposée par le Québec ; que le ministère institue une pension d'État pour les artistes québécois[27].

Le 26 juillet, il rédige une lettre à Roger Lemelin qu'il intitule « Monsieur Lemelin, je ne démissionne pas », mais il en diffère l'envoi. Le 2 août, il donne au texte sa version définitive : c'est une lettre sans titre, datée du 3 août, qu'il remet le 4 août à Roger Lemelin et dont de larges extraits paraissent dans le Devoir, dirigé par Claude Ryan, le lendemain. Il y accuse Roger Lemelin de trahir le Québec et d'être un agent de colonisation à la solde de la Power Corporation[28].

Le 5 août, Roger Lemelin le convoque à son bureau et le somme de démissionner. Vers onze heures trente, le jour même, Claude Hurtubise lui notifie son congédiement et il reçoit l'ordre de quitter les lieux dès ce jour. Un chèque couvrant trois semaines de salaire lui est remis.

Hubert Aquin avise aussitôt son avocat Pierre Desaulniers de sa situation. Le 6 août, *le Soleil* de Québec publie à son tour des extraits de la lettre ; l'affaire est étalée au grand jour. *Le Devoir* publie des extraits de la réponse de Lemelin à Aquin, dont les propos sont qualifiés de « divagation ». Le 13 août, Gaétan Dostie renchérit dans *le Jour* sur les analyses politiques d'Aquin et lui apporte son total soutien ; à son tour, il suggère un regroupement des écrivains québécois, nouvelle stratégie d'affirmation littéraire nationale.

Le 7 août, la lettre complète d'Hubert Aquin paraît dans *le Devoir*, sous un titre choisi par la rédaction : « Pourquoi je suis désenchanté du monde merveilleux de Roger Lemelin ».

Dès cette date, des témoignages de solidarité parviennent à Aquin. Le 22 août, l'écrivain et professeur Jean Marcel Paquette, suggère à celui-ci de fonder une nouvelle maison d'édition.

Le 10 août, Pierre Desaulniers fait parvenir à La Presse un avis de poursuite judiciaire pour le congédiement illégal d'Aquin qui exige un règlement hors cour. Par ailleurs, l'avocat prépare une demande d'abolition de pension alimentaire[29].

Le 9 septembre, la Commission royale d'enquête sur les groupements de sociétés prie Aquin de fournir des preuves de ses allégations concernant les relations entre la Power Corporation et le journal *la Presse*.

Le 29 septembre, Aquin dépose en cour une action en dommages et intérêts contre La Presse au montant de quarante-cinq mille dollars, pour congédiement illégal. Il accuse La Presse d'avoir abusé de sa réputation et de son prestige, d'avoir mis en danger sa crédibilité dans le milieu littéraire et auprès du public, de lui avoir fait abandonner des emplois intéressants sous de fausses représentations, de n'avoir pas soutenu ses projets de diffusion de la culture québécoise

comme convenu et de lui avoir versé une indemnité de licenciement dérisoire.

VACANCES

Le 10 juillet, Aquin rejoint Andrée Yanacopoulo et son fils
Emmanuel à Magog, d'où ils partent pour New York le 12,
Philadelphie le 14, Washington le 15. Ils seront de retour à
Montréal le 17 juillet.

LE JOUR

Le 17 août, Yves Michaud, directeur du journal *le Jour*, lui
propose un poste de rédacteur en chef dans ce quotidien[30].
Cette nomination ne fait pas l'unanimité chez les journalistes, en opposition avec la direction depuis le mois de mai.

Le quotidien ferme ses portes le 26 août. Cependant,
durant septembre et octobre, Aquin s'efforce de concevoir
une nouvelle formule, hebdomadaire cette fois, pour le journal. Il fait cavalier seul et une nouvelle équipe se constitue
sans lui.

Le 24 septembre, fermeture du *Jour* par ses pro-
priétaires, la SODEP Inc.

VIE PRIVÉE

Le 27 août, Hubert Aquin se rend à New York avec Christina
Roberts. Il rentrera plus tôt que prévu, le 3 septembre.

UQAM

Il obtient une charge d'enseignement à l'UQAM, au
département d'études littéraires, pour un cours intitulé
« L'écriture sous le régime du livre »[31]. Il y étudie
notamment le rôle de l'écriture intime dans la production
littéraire. Toutefois, il n'enseigne que durant un mois, car la

session est interrompue par une grève qui dure du 15 octobre à la fin février 1977.

Le 15 décembre, paraît dans *le Devoir* un article sur « Les grèves universitaires — vingt-cinq intellectuels québécois appuient les professeurs » ; la signature d'Aquin y figure.

ACTIVITÉS LITTÉRAIRES

Hubert Aquin exige que Claude Hurtubise lui revende les droits d'exploitation de *Neige noire*.

La SDICC se dit intéressée par le film *Sacrilège*, mais demande des précisions.

Le 7 septembre, Hubert Aquin est nommé membre du jury du prix David[32], qui gratifie Pierre Vadeboncœur le 6 décembre suivant.

Le 13 du même mois, se tient la cinquième Rencontre québécoise internationale des écrivains au Mont-Gabriel. Jacques Godbout, Pierre Morency et André Major s'unissent pour créer une Union des écrivains québécois (UNEQ). Jacques Godbout invite Hubert Aquin à participer activement au projet. Une réunion a lieu à cet effet le 29 octobre, dans les locaux de Radio-Canada, où sont élus Jacques Godbout, président, André Major, secrétaire, Hubert Aquin, Jacques Brault et Pierre Morency, conseillers[33].

REPLI ET TENTATIVES

Commence pour Aquin une longue période d'attente qui durera jusqu'au 1er février 1977.

Le 6 octobre, celui-ci rencontre Michèle Favreau, une ancienne amie de jeunesse qui s'occupe de sciences parapsychiques. Ils ont ensemble une longue conversation où Aquin se confie sur son expérience d'épileptique.

Le 11 octobre, il veut écrire seul le scénario de *Sacrilège*. Un différend éclate avec Gordon Sheppard ; Aquin décide de ne plus collaborer à ce projet.

Il rencontre Yvon Rivard pour constituer avec lui un livre d'art consacré à Jordi Bonet.

Il sollicite, le 19 octobre, une bourse d'aide à la création auprès du ministère des Affaires culturelles à Québec, afin de poursuivre le roman commencé en ce début d'année ; *Obombre*, sans doute.

L'assurance-chômage lui est refusée le 26 septembre.

Il songe au suicide en ces mois de septembre et d'octobre et en parle à Andrée Yanacopoulo[34]. Il lui annonce vers le 25 septembre son intention de se suicider avant la fin de l'année.

Cette dernière l'incite à fonder une compagnie d'édition ; elle lui trouve le nom de « Micro-méga » et ils font ensemble les premières démarches. La société est incorporée le 25 octobre ; ses membres sont Pierre Pagé, Andrée Yanacopoulo, Renée Legris, Hubert Aquin. Du 8 au 10 octobre, Andrée Yanacopoulo et H. Aquin se rendent à Boston où, au musée des Beaux-Arts, se tient une exposition consacrée aux anamorphoses.

Le 31 octobre et les quelques jours qui suivent, il reprend frénétiquement son projet *Obombre*, « fantôme d'un fantôme, spectre au carré de néant, Obombre — ombre d'ombre » (notes d'Aquin).

En novembre, il écrit « Le texte ou le silence marginal ? », lettre adressée à son amie de jeunesse Michèle Favreau, co-directrice de la revue *Mainmise* qui publie ce texte dans le numéro 64.

Le 9 novembre, il accorde un entretien téléphonique à Gilles Dorion et Christian Vandendorpe pour la revue *Québec français*. La conversation se déroule très difficilement.

Pendant quelques soirs du début novembre, Hubert Aquin se remet à écrire. Mais il souffre d'une bronchite qui l'affectera jusqu'à sa mort. Certains amis témoigneront qu'il est alors en dépression nerveuse.

POLITIQUE ET LITTÉRATURE

> Je suis fier, profondément fier de tous mes collègues écrivains qui, par le passé, ont axé leur œuvre dans le sens de l'histoire [...] .
>
> (Aquin, *Québec français*, décembre 1976.)

Le 15 novembre marque la victoire du Parti québécois aux élections provinciales. Le 27 novembre, Hubert Aquin, Michèle Lalonde, Gaston Miron et Pierre Vadeboncœur se réunissent pour préparer leurs commentaires radiophoniques sur ce moment historique. Ils cosignent alors « Le manifeste des quatre », diffusé le lendemain à Radio-Canada.

Le 19 du même mois, a lieu à Radio-Canada une nouvelle rencontre des écrivains québécois en vue de fonder l'Union des écrivains. Aquin y assiste.

Le 1er décembre, Andrée Yanacopoulo offre à Aquin *Chronique des années perdues* de Guy Frégault (Montréal, Leméac, 1976).

Le 6 décembre, Aquin participe à la remise du prix David décerné à Pierre Vadeboncœur à la Bibliothèque nationale. Il a été membre du jury, aux côtés de Michèle Lalonde, Fernand Dumont, Gaston Miron et François Ricard.

Le 4 décembre, lors d'une réception chez Sheila Fischman qui fête sa traduction anglaise de *Neige noire*, puis trois ou quatre jours plus tard, à une réception souvenir organisée par Pierre Verdy chez lui, en commémoration du RIN, celui-ci s'enivre publiquement ; Andrée Yanacopoulo et diverses relations témoignent des états d'ébriété avancés d'Aquin au cours de cette dernière année. Ils auraient été cause de crises de violence dont l'existence remonterait au début des années 1960, vers la fin de sa vie maritale avec Thérèse Larouche.

Début décembre, Aquin rencontre Camille Laurin, qui a été nommé ministre d'État au développement culturel. Aquin espère alors faire partie du jeune gouvernement québécois.

LECTURES 1976-1977

Le Journal intime d'Alain Girard (Paris, Presses universitaires de France, 1963) ; *Vie de Beethoven* de Romain Rolland (Paris, Le Club français du livre, 1949) ; *l'Apparition du livre* de Lucien Febvre et Henri-Jean Martin (Paris, Albin Michel, 1958) ; *Journal 1889-1939* d'André Gide (Paris, Gallimard, la Pléiade, 1951) ; *Correspondance I janvier 1830 — avril 1851* de Gustave Flaubert (Paris, Gallimard, la Pléiade, 1973) ; *Chopin* de Franz Liszt (Paris, Le Club français du livre, 1950) ; *la Passion de détruire* d'Erich Fromm (Paris, Laffont, 1975)[35] ; *Commentaires de Goethe avec Eckermann* (Paris, Gallimard, 1949) ; *la Musicologie* d'Armand Macchalay (Paris, PUF, 1969), *le Temps* de Jean Pucelle (Paris, PUF, 1967) ; *le Vide. Formation et contrôle des couches minces* de R. Daul et A. Richardt (Paris, Dunod, 1970) ; *Mœurs, ethnologie et fiction* de Roger Kempf (Paris, Seuil, 1976) ; *l'Irréversible et la nostalgie* de Vladimir Saukilivitch (Paris, Flammarion, 1974) ; *Histoire comparée des notations écrites* de Geneviève Guitel (Paris, Flammarion, 1975) ; *Jean-Sébastien Bach* de Karl Geivinger (Paris, Seuil, 1966) ; *la Terre et l'évolution humaine* de Lucien Febvre (Paris, Albin Michel, 1922) ; *Monde du baroque* de Rémy Stricker (Paris, Gallimard, 1968) ; *Journal intime I* (1939-1951) d'Amiel (L'Âge d'Homme, 1977) ; *Journal 1915-1919* de Pierre Teilhard de Chardin (Paris, Fayard, 1975) ; *Liber Librorum — 500 ans d'art du livre* (Bruxelles, Arcades, 1972).

Notes

1.   Il demande à Gilles Dorion, de l'université Laval, de lui trans-
mettre son projet de publication qui deviendra le *Dictionnaire des œuvres
littéraires du Québec*, dont ils ont parlé à Nouvelle-Orléans.

2.   Le processus d'édition est le suivant : le directeur littéraire
effectue une pré-lecture de tout manuscrit soumis à une première évaluation. Il peut le refuser ou l'accepter d'emblée, ou bien il le confie à un
lecteur. Dans ce second cas, si le manuscrit est recommandé, le directeur
littéraire l'examine : il l'accepte, le refuse ou le fait lire à nouveau. Le
directeur littéraire choisit les lecteurs, mais le président peut les refuser.
L'entrée de tout nouveau lecteur à La Presse doit être discutée au conseil de
gestion. Tous les rapports de lecture sont soumis au président.

3.   Correspondance du 26 janvier 1976.

4.   Il est en cela d'accord avec les recommandations de Gertrude
LeMoyne, sauf pour l'ouvrage *The Exploding Cities* de Peter Wilsher et
Rosemary Righter qu'Hubert Aquin entend éliminer parce que son projet
d'éditer l'ouvrage de Barbara Ward sur le même sujet a été abandonné. Par
ailleurs, il va confier deux ouvrages scientifiques à la lecture d'experts,
malgré l'avis contraire de Mme LeMoyne. Les rapports de lecture rédigés à
ce jour par Aquin portaient sur les ouvrages suivants : *60 Seconds to Mind
Expansion* par Harold Cook et Joel Davitz ; *The Search for Psychic Power*
par David Hammond ; *Total Justice* par Clark Blaise ; *The Sweet Strength
of Depression* par Frederick Flock ; *Occult Medecine Can Save your Life*
par C. Norman Sheely ; *Ego at the Treshold* par Edward E. Sampson.

5.   Choix d'un traducteur, renonciation aux droits d'auteur par
l'éditeur de Washington, financement partiel de la traduction par l'Institut
international pour l'environnement, obtention du manuscrit intégral par
l'éditeur, projet de lancement à l'occasion de la conférence pour l'environnement de Vancouver, prévue pour l'automne 1976.

6.   Les rapports de lecture rédigés par Aquin portent sur *In Search
of Ancient Mysteries* par Alan et Sally Landburg, *Living your Dying* par
Stanley Kelema ; *Gibbet and the Cross* par Arthur Guirdham ; *The Outer
Space Connection* par Allan et Sally Landsburg. Il confie *The Age of
Miracles*, de J. H. Reyner, à Jacques Languirand pour qu'il l'évalue.

7.   Correspondance du 22 janvier 1976.

8.   Correspondance du 29 janvier 1976.

9.   François Hertel se dit enchanté de ses relations avec La Presse,
en la personne d'Hubert Aquin, à la suite de la publication de *Mystère
cosmique et condition humaine* à La Presse.

10.   Correspondance du 16 avril 1976.

11.   Le 19 avril, Jean-Pierre Vidal adresse à Aquin trois thèses dont il lui recommande l'examen. Ces textes portent sur *Salammbô* de Flaubert, *Locus Solus* de Roussel et sur la *Sémiotique du cinéma*.

12.   C'est Claude Hurtubise qui a attiré l'ouvrage à La Presse.

13.   Il est signifié au comité qu'une étude pour établir une politique de la lecture a été commandée par le ministre à la firme Drouin, Paquin et associés. C'est ce qu'on appellera bientôt le « Livre vert ». Au CCI, on s'inquiète du mandat incertain et restreint qui lui est assigné par la loi.

14.   À titre d'exemple, voir *Signé Hubert Aquin*, pp. 125-126.

15.   Celui-ci est chargé de préparer l'étude du projet de modification de la loi concernant les prêts garantis par la SDT aux libraires québécois. Après quelques modifications d'usage, le texte devrait être adopté par l'Assemblée nationale (juin 1976).

16.   Les membres du comité de conception qu'il propose sont, outre lui-même, André Gaulin, Pierre Pagé, David Hayne, Virgil Benoît, Jacques Allard.

17.   La formule prévoit les rubriques suivantes : 1) Description morphologique du manuscrit en dix lignes. 2) Lisibilité. 3) Qualités importantes. 4) Défauts. 5) Modernité de l'ouvrage. 6) Cet ouvrage apporte-t-il quelque chose de vraiment important ou de neuf à la production littéraire du Québec ? 7) Cet ouvrage pourrait-il avoir un marché uniquement au Québec ou également à l'extérieur ? 9) Impressions globales et remarques. (Correspondance du 6 avril 1976.) Le conseil reformule le questionnaire en apportant les modifications suivantes : 5) Validité ou intérêt de la conception globale. 8) Impression globale et remarques doivent comporter une réponse d'une quinzaine de lignes au minimum.

18.   Correspondance du 31 mars 1976.

19.   L'idée d'Hubert Aquin d'installer un moniteur présentant Louky Bersianik lors d'interviews à Radio-Canada et Radio-Québec est retenue pour la Foire internationale du livre de Montréal. Cependant, ce projet ne sera pas réalisé, faute d'entente avec ces organismes. Aquin suggère alors de faire confectionner de grands posters des auteurs à promouvoir.

20.   Correspondance du 6 avril 1976.

21.   À la lecture des procès-verbaux.

22.   Aquin y expose son sentiment général sur l'œuvre de Flaubert, *Madame Bovary* en particulier, ainsi que sur le style de l'écrivain français.

23.   Il est aussi discuté à nouveau de la politique franco-québécoise d'aide à la co-rédaction et à la co-édition.

24.   En présence d'Aquin, Michel Decelles, Jacques Panneton, Marielle Durand, Thomas Déri et André Dussault. Il est décidé que quatre études seront rédigées portant sur les problèmes des bibliothèques, des

éditeurs, des auteurs et des libraires. Hubert Aquin parlera du point de vue des auteurs.

25. Le principe d'une co-édition La Presse-Presses de l'université Laval aurait été acquis le 18 juin, puis abandonné le 22 par le gestionnaire Guy Pépin, selon le témoignage d'Andrée Yanacopoulo.

26. Correspondance du 2 juillet 1976, Aquin à Lorne Laforge. Le ministère des Affaires culturelles à acordé au DOLQ une subvention sans précédent dans l'histoire du Québec pour promouvoir une entreprise d'édition.

27. Le Livre vert sera suivi, en 1978, du Livre blanc du ministère d'État au développement culturel, parrainé par Camille Laurin, intitulé « La politique québécoise du développement culturel », sous le gouvernement Lévesque. Ses principales recommandations ont été codifiées dans la loi 51 du 21 décembre 1979, entrée en vigueur en août 1981.

28. Cette accusation n'est pas nouvelle : on rappellera notamment la grande manifestation syndicale du 29 octobre 1971 contre la direction du journal La Presse et Power Corporation qui prit l'allure d'une émeute et conduisit à la fermeture des bureaux pendant plusieurs mois. L'administration Pierre Dansereau-André Bureau fut remplacée par celle de Roger Lemelin, nommé par Paul Desmarais, président de Power Corporation. Une grève de sept mois débutera à nouveau à La Presse le 6 octobre 1977.

29. Ceci lui est accordé le 22 septembre, après entente hors cour avec Thérèse Larouche le 16 septembre, jusqu'à ce qu'il ait retrouvé du travail.

30. Fondé le 28 janvier 1974 par René Lévesque, Yves Michaud et Jacques Parizeau, ce journal proche du PQ connaît alors de graves difficultés financières.

31. Le descriptif officiel du cours ELM 5030 est le suivant : « L'écriture sous le régime du livre : séminaire critique. L'influence du médium de l'écriture sur la parole même (texte littéraire). Relations entre l'appauvrissement de la parole par l'écriture (typographie, à l'extrême), et la mise à la raison de la sensibilité, de la sexualité. Répression des vues par la prépondérance de l'œil ; vision, raison et répression étatique, économique, sexuelle. Intellectualisation, abstraction, idéalisme, impérialisme. » Aquin y ajoute la politisation de l'écriture au Québec.

32. Les autres membres sont Michèle Lalonde, Fernand Dumont, Gaston Miron et François Ricard.

33. En une dizaine d'années, plusieurs tentatives pour rassembler les écrivains québécois ont échoué. Existent à ce moment la Société des écrivains ccnadiens, l'Académie canadienne-française, les Jeunesses littéraires, la Société des auteurs et compositeurs, la CAPAC, la Société des auteurs dramatiques, la Société des gens de lettres, le Pen Club.

34.   Celle-ci rapporte dans son livre qu'il passe ses journées inactif à la maison hormis des voyages de deux jours chaque semaine, au cours desquels il se rend à Toronto, Ottawa, Québec, Sherbrooke et Trois-Rivières.

35.   Ce livre aurait été le dernier lu par Aquin (témoignage d'Andrée Yanacopoulo à Radio-Canada).

1977

PUBLICATIONS

Parution posthume de *Blocs erratiques*, anthologie préparée par René Lapierre. Cet ouvrage est le premier à rassembler des textes peu connus d'Aquin, à côté des articles qui l'ont rendu célèbre ; il comprend aussi quelques inédits.

Dans *Forces*, Hubert Aquin publie « Le Québec : une culture originale ».

Il a toujours son projet de livre avec Jordi Bonet. Aquin doit écrire un article sur le processus de la création.

Le 6 janvier, il se rend en compagnie de Jacques Languirand, Michèle Favreau, Jordi Bonet, Gordon Sheppard à une réunion ésotérique chez le cinéaste Denis Robert, avenue des Pins, où se trouvent une cinquantaine de personnes que rassemble leur intérêt pour les phénomènes de perception extra-sensorielle et les états de conscience altérés. Aquin quitte la réunion précipitamment.

En janvier, il attend que le nouveau gouvernement du Québec fasse appel à lui et le nomme sous-ministre des Affaires culturelles. Camille Laurin, ministre des Affaires culturelles, se montre intéressé par la proposition d'Hubert Aquin de diriger une enquête ou une étude. On lui demande, ainsi qu'à Michèle Lalonde, Gaston Miron et quelques autres, de faire partie du « comité des hypothèses » qui doit tester le Livre blanc en préparation sur les questions linguistiques[1].

Le 4 janvier est officialisée la décision de nommer Évelyn Dumas rédactrice en chef de l'hebdomadaire *le Jour*.

Le 12 janvier, dans une lettre à André Bélanger, président du conseil d'administration du *Nouveau Journal*, il réclame des explications à propos de sa nomination passée au quotidien *le Jour*, mais il sait qu'Évelyn Dumas a été nommée à sa place. Il n'obtiendra pas de réponse.

Le 1er février, il obtient le règlement de son congédiement de La Presse, soit dix mille dollars.

Le 14 février, il travaille à un texte remis à Yvon Rivard qui paraîtra dans *la Nouvelle Barre du jour* à la fin du mois.

VOYAGE

Hubert Aquin prévoit partir en voyage pour décider s'il veut vivre ou mourir

Le 3 février, il part en Italie avec Christina Roberts. Ils se rendent à Agrigente le 10 et le 11, à Taormina le 13, à Naples le 14, à Salerne le 15 et à Rome jusqu'au 19[2]. Puis Hubert Aquin part seul pour Lyon le même jour où il rend visite aux enfants du premier mariage d'Andrée

Yanacopoulo. De là, il se rend à Ouchy et à Lausanne avant de quitter Genève. Il rentre à Montréal le 26 février.

Il est très affaibli par une bronchite tenace.

DERNIERS GESTES

Aquin tente de reprendre son cours à l'UQAM interrompu par la grève des chargés de cours.

Il rompt avec Christina Roberts.

En mars, paraît « Réflexion à quatre voix sur l'émergence d'un pouvoir québécois » dans *Change*, écrit en collaboration avec Michèle Lalonde, Gaston Miron et Pierre Vadeboncœur à l'occasion de la victoire du PQ. Ce texte est daté du 29 novembre 1976.

Il dactylographie les quelques pages d'*Obombre*, écrites depuis le début 1976.

Le 9 mars, rencontre entre François Hébert, René Lapierre et Hubert Aquin à propos de *Blocs erratiques* ; ils s'entendent sur le choix des textes.

Les 12 et 13 mars, il est en compagnie d'Andrée Yanacopoulo et d'Emmanuel à Saint-Hippolyte dans les Laurentides.

Le 15 mars, il s'enlève la vie dans le jardin du couvent Villa-Maria à Notre-Dame-de-Grâce, avec un fusil.

FUNÉRAILLES

Le 18 mars, le service funèbre d'Hubert Aquin est célébré en l'église de Notre-Dame-de-Grâce. L'inhumation a lieu au cimetière de l'Est.

La presse écrite et radiophonique rend un vibrant hommage à Hubert Aquin, soulignant sa vie fulgurante et sa carrière mouvementée. Une soirée commémorative est organisée en son honneur à la Bibliothèque nationale le 13 mars 1978 ; l'éloge est prononcé par Jacques Godbout.

TEXTES POSTHUMES

« Le corps mystique » dans *le Jour* de fin mars, reprise de l'article publié dans *Parti pris* en 1964 ; « Manifeste des écrivains québécois » dans *la Quinzaine littéraire* en mai ; « Pour un dictionnaire » dans *Liberté* en novembre ; entretien à Radio-Canada dans « Documents ».

Notes

1.   Dans *Signé Hubert Aquin*, Andrée Yanacopoulo note que les écrivains n'ont été consultés que pour la forme. Le Livre blanc est paru le 1er avril 1977 et a conduit à l'adoption de la loi 101.

2.   Ils assistent à une bénédiction papale.

AUTRES ITINÉRAIRES

« [...] Je n'ai jamais voulu être réduit à un rôle, ni à une fonction, ni même à une profession. À quoi ça tient ? Je me le demande. On ne veut pas que son entité soit réduite. On dirait que les virtualités comptent plus que les réalités chez les Québécois. »

(H. Aquin, *Magazine Maclean*, septembre 1966.)

« L'homme était avant tout un personnage impressionnant, fascinant, qui vivait toujours aux limites de ses possibilités, qui n'acceptait pas le silence, était prêt à tout miser pour réussir ce qu'il avait décidé d'entreprendre, et qui a eu une vie extraordinaire parce qu'il a réussi à tenir de multiples rôles, dans de multiples situations... »

(Jacques Godbout, « *Antenne 5* », Radio-Canada, 3 novembre 1979.)

ANNEXE I

BIBLIOTHÈQUE D'AQUIN

Voici la liste des ouvrages figurant dans la bibliothèque d'Hubert Aquin. Ils ont été vraisemblablement lus ou consultés par lui. Certains comportent une date manuscrite : ils sont alors inscrits dans la *Chronologie*, tout comme ceux dont la lecture a été datée par Andrée Yanacopoulo. Cependant, la lecture de la plupart des ouvrages demeure indatable ; ils ne figurent donc pas dans la *Chronologie*.

Certains ouvrages comportent la présence de *marginalia* précieux pour comprendre la genèse des textes littéraires. On comprendra la nécessité de les présenter en annexe, comme un document biographique et littéraire de grand intérêt.

Nous mentionnons la date de l'édition originale de chaque ouvrage, soit dans sa première version, soit dans sa première traduction. L'exemplaire de la bibliothèque d'Aquin est parfois une réédition, ce qui n'offre pas une garantie de première lecture. Nous indiquons entre crochets [] la date du volume que possède Aquin quand elle diffère de la date d'édition originale. Cette bibliothèque a été constituée à partir de 1964 ; nous ignorons ce que possédait Aquin auparavant, sauf quelques ouvrages qu'il conserva toute sa vie.

Il faut préciser que cette bibliothèque est aussi celle d'Andrée Yanacopoulo. Même si une sélection a été opérée avec minutie, il est possible que certains titres aient échappé à Andrée Yanacopoulo tandis qu'Hubert Aquin pouvait prendre connaissance de textes qui ne sont pas mentionnés ici.

A

ADAMS, Robert Martin, *Surface and Symbol. The Consistency of James Joyce's Ulysses* (New York, 1962, [1967]).

ADLER, Alfred, *Pratique et théorie de la psychologie individuelle comparée* (Paris, 1961).

AGEL, Henri, *Esthétique du cinéma* (Paris, 1957).

ALAIN, *Minerve ou de la sagesse* (Paris, 1936, [1946]).

ALAIN, *Politique* (Paris, c. 1951, [1952]).

ALAIN, *Système des beaux-arts* (Paris, c. 1929, [1963]).

ALEWYN, Richard, *l'Univers du baroque* (Paris,c. 1959, [1964]).

ALEXANDER, Frany, *le Criminel et ses juges* (Paris, 1938).

ALEXANDRE, Paul et Maurice ROLAND, *Voir Londres et mourir* (Paris, 1956, [1967]).

ALLEG, Henri, *la Question* (Paris, 1958, [1965]).

AMBACHER, Michel, *les Philosophes de la nature* (Paris, 1974).

AMIEL, Henri-Frédéric, *Journal intime* (1847-1881 [tome I, Lausanne, 1976]).

ANDREU, Pierre, *Drieu témoin et visionnaire* (Paris, 1952).

ARAGON, Louis, *le Roman inachevé* (Paris, 1956, [1966]).

ARBAN, Dominique, *Dostoïevski par lui-même* (Paris, 1962, [1966]).

ARON, Robert, *Histoire de la libération de la France 1 ; juin 1944 — août 1944* (Paris, 1959, [1967]).

ARON, Robert, *Histoire de la libération de la France 2 ; décembre 1944 — mai 1945* (Paris, 1959 [1967]).

ARROU, Pierre, *les Logis de Léon Bloy* (Paris, 1931).

ARVON, Henri, *l'Anarchisme* (Paris, 1951).

ASHFORD, Jeffrey, *Faire l'impossible.*

AUBRY, Octave, *le Second Empire* (Paris, 1938).

AUDET, Noël, *la Tête barbare. Transpoésie* (Montréal, 1968).

AZIZA, Mohamed, *la Calligraphie arabe* (Tunis, 1973).

B

BACHELARD, Gaston, *l'Eau et les rêves. Essai sur l'imgaination de la matière* (Paris, 1942, [1947]).

BACHELARD, Gaston, *la Psychanalyse du feu* (Paris, 1938, [1967]).

BADIAN, Seydou, *les Dirigeants africains face à leur peuple* (Paris, 1964, [1965]).

BADY, R. et J. CHEVALIER, *l'Âme française à travers la littérature* (Lausanne, 1945).

BEACHLER, Jean, *les Origines du capitalisme* (Paris, 1971).

BAEDEKER, Karl, *Italie centrale y compris Rome et ses environs* (Leipzig, [1883]).

BAEDEKER, Karl, *la Suisse* (Leipzig, 1883).

BAEDEKER, Karl, *Paris and its Environs* (Leipzig, [1891]).

BAEDEKER, Karl, *The Dominion of Canada* (Leipzig, [1907]).

BAILLY, René et André ROCHE, *Dictionnaire de la télévision* (Paris, [1967]).

BAKOUNINE, Mikhaël Alexandrovitch, *la Liberté* (Paris, 1965).

BALANDIER, Georges, *Au royaume du Bakongo du XVIe au XVIIIe siècle* (Paris, 1965.)

BALTRUSAITIS, Jurgis, *Anamorphoses ou Perspectives curieuses* (Paris, 1955).

BALZAC, Honoré de, *Monographie de la presse parisienne* (Paris, 1842, [1965]).

BALZAC, Honoré de, *la Rabouilleuse* (Bruxelles, 1852, [1960]).

BARBEAU, Victor, *Pour nous grandir. Essai d'explication des misères de notre temps* (Montréal, 1937).

BARDÈCHE, Maurice, *Stendhal romancier* (Paris, 1947).

BARDÈCHE, Maurice, *Une lecture de Balzac* (Paris, 1964).

BARRENECHEA, Ana Maria, *Borges the Labyrinth Maker* (New York, 1965.

BARROW, R. H., *les Romains* (Paris, 1962).

BARTHES, Roland, *le Degré zéro de l'écriture* (Paris, 1953, [1968]).

BARTHES, Roland, *Essais critiques* (Paris, 1964).

BARTHES, Roland, *Michelet par lui-même* (Paris, 1954).

BARTHES, Roland, *Roland Barthes* (Paris, 1975).

BARTHES, Roland, *Système à la mode* (Paris, 1967, [1969]).

BARTHES, Roland, *S / Z* (Paris, 1970.)

BASILE, Jean, *le Grand Khan* (Montréal, 1967).

BAUDELAIRE, Charles, *l'Art romantique,* suivi de *Fusées, Mon cœur mis à nu et Pauvre Belgique* (Paris, 1868-1870, [1964]).

BAUDELAIRE, Charles, *Œuvres complètes de Charles Baudelaire. Correspondance générale* (Paris, 1868-1870, [1947]).

BAUDOUIN, Charles, *l'Œuvre de Jung et la psychologie complexe* (Paris, 1963).

BAUDOUIN, Charles, *le Triomphe du héros. Étude psychanalytique sur le mythe du héros et les grandes épopées* (Paris, 1952).

BAZIN, Hervé, *Cri de la chouette* (Montréal, 1972).

BEAUCHEMIN, Yves, *l'Enfirouapé* (Montréal, 1974).

BEAUDOUX, Robert, *les Alligators* (Paris, 1968).

BEAULIEU, Michèle, *les Tissus d'art* (Paris, 1953).

BEAULIEU, Victor-Lévy, *En attendant Trudot* (Montréal, 1974).

BEAULIEU, Victor-Lévy, *Jack Kerouac. Essai-poulet* (Montréal, 1972).

BEAULIEU, Victor-Lévy, *Jos Connaissant* (Montréal, 1970).

BEAULIEU, Victor-Lévy, *les Grands-Pères* (Montréal, 1971).

BEAULIEU, Victor-Lévy, *Oh Miami, Miami, Miami* (Montréal, 1973).

BEAUMARCHAIS, Pierre-Augustin de, *le Barbier de Séville* (Amsterdam, 1775, [1965]).

BEAUREGARD, G. de et L. et C. de FOUCHER, *l'Italie méridionale* (Paris, [1911]).

BÉDIER, Joseph, *le Roman de Tristan et Iseut* (New York et Londres, 1931, [1947]).

BÉDOUIN, Jean-Louis, *les Masques* (Paris, 1961).

BÉGUIN, Albert, *l'Âme romantique et le rêve* (Marseille, 1937, [1956]).

BÉGUIN, Albert, *Balzac lu et relu* (Paris, 1965).

BÉGUIN, Albert, *Gérard de Nerval* (Paris, 1936, [1945]).

BENNETON, Paul, *la Société française du XVIIe siècle.*

BENOIST, Luc, *Michel-Ange* (Paris, 1941).

BENSTOCK, Bernard, *Joyce-Again's Wake. An Analysis of Finnegans Wake* (Seattle, 1965).

BERGSON, Henri, *la Pensée et le mouvant* (Paris, 1934, [1969]).

BERLIN, Isaiah, *Karl Marx* (Londres, New York, 2e éd. 1956, [1962]).

BERNARD, Jean-Paul, *les Idéologies québécoises au 19e siècle* (Montréal, 1976).

BERNASCONI, Marcel, *Histoire des énigmes* (Paris, 1964).

BERSIANIK, Louky, *l'Euguélionne* (Montréal, 1976).

BERTHIO, *les Cent Dessins du centenaire* (Montréal, 1967).

BÉRUBÉ, Renald et Yvan PATRY, *Jean-Pierre Lefebvre* (Montréal, 1971).

BESSETTE, Gérard, *le Cycle* (Montréal, 1971).

BESSETTE, Gérard, *le Libraire* (Montréal, New York, 1960, [1968]).

BESSETTE, Gérard, *Trois Romanciers québécois : V.-L. Beaulieu. A. Langevin et G. Roy* (Montréal, 1973).

BESSETTE, Gérard, *Une littérature en ébullition* (Montréal, 1968, [1971].)

BIGO, Robert, *les Bases historiques de la finance moderne* (Paris, 1933, [1948]).

BISHOP, Morris Champlain, *The Life of Fortitude* (Toronto, c. 1963, [Ottawa, 1977]).

BLAIS, Marie-Claire, *Une saison dans la vie d'Emmanuel* (Montréal, 1965, [Paris, 1966]).

BLAIS, Marie-Claire, *Manuscrits de Pauline Archange* (Montréal, 1968).

BLAIS, Marie-Claire, *Un joualonais, sa joualonie* (Montréal, 1973).

BLANCHARD, Yvon, *Humanisme et philosophie économique* (Montréal, 1968).

BLANCHÉ, Robert, *l'Épistémologie* (Paris, 1972).

BLANCHOT, Maurice, *l'Espace littéraire* (Paris, 1953, [1962]).

BLANCHOT, Maurice, *le Livre à venir* (Paris, 1959).

BLASCO IBANEZ, Vicente, *la Tentatrice* (Paris, 1923, [1925]).

BLIN, Pierre-Christian, *l'Œuvre scientifique et philosophique de Jean Rostand* (Paris, 1968).

BLOCH, Marc, *la Société féodale. La Formation des liens de dépendance, les classes et le gouvernement des hommes* (Paris, 1968).

BLONDEAU, Dominique, *Que mon désir soit ta demeure* (Montréal, 1975).

BLUNT, Anthony, *la Théorie des arts en Italie de 1450 à 1600* (Paris, 1962, [1966]).

BOILEAU-NARCEJAC, *L'ingénieur aimait trop les chiffres* (Paris, [1968]).

BOILEAU-NARCEJAC, *le Roman policier* (Paris, 1964).

BOILEAU-NARCEJAC, *Sueurs froides* (Paris, 1967).

BOILEAU-NARCEJAC, *les Visages de l'ombre* (Paris, 1953, [1959]).

DE BOISDEFFRE, Pierre, *Littérature d'aujourd'hui (1939-1969)* I et II.

BORDUAS, Paul-Émile *et al.*, *Refus global* ([Shawinigan, 1973]).

BORGES, Jorge Luis, *Essai sur les anciennes littératures germaniques* (Paris, 1966, [1970]).

BORGES, Jorge Luis, *Histoire de l'infamie, histoire de l'éternité* (Paris, c. 1951).

BORGES, Jorge Luis, *Manuel de zoologie fantastique* (Paris, 1965, [1970]).

BOUCHER, Yvon, *l'Ouroboros* (Montréal, 1973).

BOUCHEREAU, Yves, Robert Mc CONNELL et Gilbert TAGGART, *Panorama de la grammaire française* (Montréal, 1972).

BOUCHETTE, Errol, *l'Indépendance économique du Canada français* (Arthabaska, 1906, [Montréal, 1977]).

BOULLÉE, Étienne-Louis, *Architecture. Essai sur l'art* (Paris, 1968).

BOURCART, Jacques, *le Fond des océans* (Paris, 1954).

BOURIN, André et Jean ROUSSELOT, *Dictionnaire de la littérature française contemporaine* (Paris, [1966]).

BOURSIN, Jean-Louis, *les Structures du hasard* (Paris, 1966).

BOUTHOUL, Gaston, *la Guerre* (Paris, 1953, [1959]).

BOUTHOUL, Gaston, *Histoire de la sociologie* (Paris, 1956, [1967]).

BOUTHOUL, Gaston, *les Structures sociologiques. Traité de sociologie I* (Paris, 1946, [1968]).

BOUTHOUL, Gaston, *Variations et mutations sociales* (Paris, 1968).

BOUVARD, Philippe, *Ultra-guide Deauville* (Paris, [1967]).

BRABANT, Georges-Philippe, *Clefs pour la psychanalyse* (Paris, 1970, [1974]).

BRASILLACH, Robert, *Présence de Virgile* (Paris, 1960).

BRAZEAU, J. Raymond, *An Outline of Contemporary French Canadian Literature* (Toronto, 1972).

BRECHT, Bertolt, *Écrit sur le théâtre* (Paris, 1963).

BRÉHIER, Émile, *la Philosophie du Moyen Âge* (Paris, 1971).

BRÉHIER, Louis, *Vie et mort de Byzance* (Paris, 1948-1950,]1969]).

BRETON, André, *Arcane 17* suivi de *André Breton ou la Transparence par Michel Beaujour* (Paris, 1965.)

BRETON, André, *Entretiens* (Paris, 1952, [1973]).

BRETON, André, *Manifestes du surréalisme* (Paris, 1924-1930, [1963]).

BRETON, André, *Point du jour* (Paris, 1933, [1970]).

BRETON, André, *les Vases communicants* (Paris, 1932, [1970]).

BROCH, Hermann, *Création littéraire et connaissance* (Paris, 1966).

BROCH, Hermann, *la Mort de Virgile* (1945, [Paris, 1955]).

BROCH, Hermann, *les Somnambules* (Paris, 1929-1932, [1956-1957]).

BROSSARD, Jacques, André PATRY et Élisabeth WEISER, *les Pouvoirs extérieurs du Québec* (Montréal, 1967).

BROSSARD, Jacques, *le Sang du souvenir* (Montréal, 1976).

BROWN, J. D., *les Hippies* (Montréal, [1968]).

BRUCE, Jean, *Cache-cache au Cachemire* (Paris, 1955, [1969]).

BRUCE, Jean, *OSS 117 au Liban* (Paris, [1967]).

BRUCE, Jean, *OSS 117 n'est pas mort* (Paris, [1969]).

BRUCE, Josette, *Corps à corps pour OSS 117* (Paris, [1975]).

BRUCE, Josette, *Dernier Sursis en Yougoslavie* (Paris, [1976]).

BRUCE, Josette, *Fin Prêt à Taïpeh* (Paris, [1975]).

BRUNET, Michel, *Québec, Canada anglais. Deux itinéraires, un affrontement* (Montréal, 1968).

BRUNSCHWIG, Henri, *l'Avènement de l'Afrique noire* (Paris, 1963).

BRUYNE, Edgar de, *Études d'esthétique médiévale. I. De Boèce à Jean Scot Érigène* (Bruges, 1946).

BRUYNE, Edgar de,*Études d'esthétique médiévale. II. L'Époque romane* (Bruges, 1946).

BRUYNE, Edgar de,*Études d'esthétique médiévale. III. Le XIIIe siècle* (Bruges, 1946).

BUCHAN, John, *les 39 Marches* (Paris, 1962, [1966]).

BUCHARD, Robert, *Organisation armée secrète* (Paris, [1963]).

BUCHMANN, Jean, *l'Afrique noire indépendante* (Paris, 1962).

BUDGE, Wallis, *The Nile. Notes for Travellers in Egypt* (Londres, [1905]).

BULLOCK, Alan, *Hitler ou les Mécanismes de la tyrannie. 2 : L'Apogée et la chute* (Verviers, [1963]).

BURCKHARDT, Jacob, *Considérations sur l'histoire universelle* (Genève, 1965, [Paris, 1971]).

BURGESS, Anthony, *Rejoyce* (New York, 1965).

BURGIN, Richard, *Conversations with Jorge Luis Borges* (New York, 1969).

BURNAT, Jean, Georges-H. DUMONT et Émile WANTY, *le Dossier Napoléon* (Verviers, 1962).

BURROUGHS, William, *la Machine molle* (Paris, 1968).

BUTLER, Philip, *Classicisme et baroque dans l'œuvre de Racine* (Paris, 1969).

BUTOR, Michel, *l'Emploi du temps* (Paris, 1948, [1966]).

BUTOR, Michel, *Essais sur les modernes* (Paris, 1964).

BUTOR, Michel, *la Modification* (Paris, 1957).

BUTOR, Michel, *Répertoire I* et *II* (Paris, 1960-1964.)

BYRON, George Gordon, *A Self-Portrait. Letters and Diaries. 1798 to 1824* (Londres, 1830, [1950]).

BYRON, George Gordon, *The Poetical Works of Lord Byron* (Londres, vers 1850, [1948]).

C

CAILLOIS, Roger, *Instincts et société* (Genève, 1964).

CAILLOIS, Roger, *l'Homme et le sacré* (Paris, 1939, [1970]).

CAILLOIS, Roger, *les Jeux et les hommes* (Paris, 1958, [1967]).

CAIN, Julien, Robert ESCARPIT et Henri-Jean MARTIN, *le Livre français hier, aujourd'hui, demain* (Paris, 1972.)

CALLAGHAN, Morley, *Cette belle faim de vivre* (Montréal, 1976).

CAMBERRA, *Pas de témoin pour un massacre* (Paris, 1971).

CAPOTE, Truman, *In Cold Blood* (Toronto, 1965).

CAPOTE, Truman, *Petit Déjeuner chez Tiffany* (Paris, 1962).

CARCOPINO, Jérôme, *Aspects mythiques de la Rome païenne* (Paris, c. 1941, [1947]).

CARCOPINO, Jérôme, *la Vie quotidienne à Rome à l'apogée de l'empire* (Paris, 1956, [1958]).

CARCOPINO, Jérôme, *les Secrets de la correspondance de Cicéron I* et *II* (Paris, 1947).

CARCOPINO, Jérôme, *Profils de conquérants* (Paris, 1961).

CARON, M. et S. HUTIN, *les Alchimistes* (Paris, 1959, [1964]).

CAROTHERS, J. C., *Psychologie normale et pathologique de l'Africain* (Genève, 1954).

CARRÉ, J.-R., *Réflexions sur l'anti-Pascal de Voltaire* (Paris, 1935).

CARRIER, Roch, *la Guerre, yes sir !* (Montréal, 1968, [1972]).

CARRIER, Roch, *le Jardin des délices* (Montréal, 1975).

CARRIER, Roch, *They Won't Demolish Me* (Toronto, 1973).

CARRIÈRE, Jean, *l'Épervier des Maheux* (Montréal, 1972).

CARTIER, Georges, *Chanteaux poèmes 1954-1974* (Montréal, 1976).

CAUCHARD, Paul, *la Mort* (Paris, [1960]).

CAYROL, Jean, *Je vivrai l'amour des autres* (Neuchâtel, 1947, [1967]).

CENDRARS, Blaise, *Moravagine* (Paris, 1926, [1968]).

CÉSAIRE, Aimé, *Toussaint Louverture* (Paris, 1960, [1961]).

CÉSAR, Jules, *la Guerre des Gaules* (Paris, 1984, [1964]).

CHABREY, F.,*la Vingt-cinquième Image* (Paris, [1967]).

CHAMPIGNY, Robert, *Pour une esthétique de l'essai. Analyses critiques (Breton, Sartre, Robbe-Grillet)* (Paris, 1967).

CHANTAL, Suzanne, *la Vie quotidienne au Portugal après le tremblement de terre de Lisbonne de 1755* (Paris, 1962).

CHANTAL, René de, *Marcel Proust, critique littéraire* I et II (Montréal, 1976).

CHANY, Pierre, *Arriva Coppi ou les Rendez-vous du cyclisme* (Paris, 1960).

CHAPONNIÈRE, Paul, *la Suisse, terre de travail et de liberté* (Lausanne, 1947).

CHAPOT, Victor, *la Frontière de l'Euphrate de Pompée à la conquête arabe* (Paris, 1907, [Rome, 1967]).

CHAPOT, Victor, *la Province romaine pro-consulaire d'Asie* (Paris, 1904, [1967]).

CHARBONNEAU, Robert, *Ils posséderont la terre* (Montréal, 1941, [1970].)

CHASE, James H., *Eh bien, ma jolie* (Paris, [1967]).

CHASE, James H., *Eva* (Paris, 1963, [1965]).

CHAZEL, Alain et Hubert POYET, *l'Économie mixte* (Paris, 1963).

CHESTERTON, G. K., *Saint Thomas d'Aquin* (Paris, 1975).

CHEVALLIER, Jacques, *Nous, Algériens* (Paris, 1968).

CHOMBART DE LAUWE, Paul-Henry, *Des hommes et des villes* (Paris, 1965, [1970]).

CHOMBART DE LAUWE, Paul-Henry, *Pour une sociologie des aspirations* (Paris, 1969).

CHOQUETTE, Adrienne, *Confidences d'écrivains canadiens-français* (Trois-Rivières, 1939).

CHOQUETTE, Robert, *le Fabuliste La Fontaine à Montréal* (Montréal, 1935).

CHOQUETTE, Robert, *Œuvres poétiques* (Montréal et Paris, 1956, [1976]).

CHOQUETTE, Robert, *Suite marine* (Montréal, 1953).

CHRAIBI, Driss, *la Civilisation, ma mère !...* (Paris, 1972, [Montréal, 1972]).

CHRISTIE, Agatha, *les Vacances d'Hercule Poirot* (Paris, 1964, [1967]).

CHRISTIE, Agatha, *Mr. Quinn en voyage* (Paris, [1974]).

CLARK, Kenneth, *le Nu I et II* (trad., Paris, [1969]).

CLARK, Kenneth, *Léonard de Vinci* (New York, 1939, [Paris, 1967]).

CLAUDEL, Paul, *Réflexions sur la poésie* (Paris, [1971]).

CLUZEL, Magdeleine, *Odyssée des Vikings* (Paris, 1956).

COHEN, Marcel, *la Grande Invention de l'écriture et son évolution* (Paris, 1958).

COLLIN, G. *Rome et la Grèce de 200 à 146 avant Jésus-Christ* (Rome, 1965).

COLLIER, John, *Un rien de muscade* (Paris, 1949).

CONSTANT, Benjamin, *Adolphe* (Paris, 1953, [1965]).

COOKRIDGE, E. H., *Missions spéciales. L'Épopée du Vercors, la libération de Bordeaux* (Paris, [1966]).

COPLESTON, Frédéric, *Histoire de la philosophie. 2. La Philosophie médiévale d'Augustin à Scot* (Paris, 1958, [1964]).

COPLESTON, Frédéric, *Histoire de la philosophie. 3. La Renaissance* (Paris, 1945).

COPPEL, Alec, *Choc* (Paris, [1966]).

COPPENS, Patrick, *Pas de* (Montréal, 1976).

COQUERY, Catherine, *la Découverte de l'Afrique* (Paris, 1965).

CORNEVIN, Robert, *Histoire de l'Afrique tome II : L'Afrique précoloniale du tournant du XVIe au tournant du XXe siècle* (Paris, 1962, [1966]).

COSSA, Paul *et al.*, *Thérapeutique neurologique et psychiatrique* (Paris, 1945).

COT, Pierre-D., *les Aéroports* (Paris, 1963).

COURTHION, Pierre, *Paris d'autrefois. De fouquet à Daumière* (Genève, c. 1957, [1959]).

CRÉMAZIE, Octave, *Œuvres complètes* (Montréal, 1882).

CREVEL, René, *le Clavecin de Diderot* (Paris, 1932, [1966]).

CRUICKSHANK, John, *French Literature and Its Background. The Sixteenth Century* (Londres, 1968).

CULMANN, Henri, *les Mécanismes économiques* (Paris, 1948, [1963]).

D

D'HAUCOURT, Geneviève et Georges DURIVAULT, *le Blason* (Paris, 4e édition 1965, [1975]).

D'ORS, Eugénio, *Du baroque* (Paris, c 1935, [1968]).

DAIX, Pierre, *Nouvelle Critique et art moderne* (Paris, 1968).

DANOS, Jeanne, *la Poupée mythe vivant* (Paris, 1966).

DANTE, Alighieri, *Œuvres complètes* (Paris, 1843-1856, [1975]).

DANTIN, Louis, *Poètes de l'Amérique française. Études critiques* (Montréal, 1928).

DARD, Frédéric, *Ça mange pas de pain.*

DARD, Frédéric, *Coma* (Paris, c. 1959, [1965]).

DARD, Frédéric, *la Pelouse* (Paris, 1970).

DARD, Frédéric, *le Cahier d'absence* (Paris, 1970).

DARD, Frédéric, *le Cauchemar de l'aube* (Paris, [1968]).

DARD, Frédéric, *le Dos au mur* (Paris, 1967).

DARD, Frédéric, *le Pain des fossoyeurs* (Paris, 1966).

DARD, Frédéric, *les Mariolles* (Paris, c 1960, [1967]).

DARD, Frédéric, *Refaire sa vie* (Paris, 1969).

DASSONVILLE, Michel, *Crémazie* (Montréal, 1956).

DAVID, L. O., *les Patriotes de 1837-1838* (Montréal, 1834, [1884].)

DAVID, R. et A. RICHARDT, *le Vide. Formation et contrôle des couches minces* (Paris, 1970).

DAVIDSON, Basil, *Mère Afrique* (Paris, 1965.)

DECOUFLÉ, André, *Sociologie des révolutions* (Paris, 1968).

DECRAENE, Philippe, *le Panafricanisme* (Paris, 1964).

DEDIJER, Vladimir, *Tito parle...* (Paris, 1953).

DÉFOSSÉ, Gaston, *la Bourse des valeurs* (Paris, 3ᵉ éd. 1961, [1962]).

DEIGHTON, Len, *Ipcress danger immédiat* (Paris, c. 1962, [1967]).

DEIGHTON, Len, *Mes funérailles à Berlin* (Paris, [1968]).

DEIGHTON, Len, *Neige sous l'eau* (Paris, 1966, [1973]).

DELACHET, André et Jean TAILLE, *la Balistique* (Paris, 1951).

DELALANDE, J., *le Conseil souverain de la Nouvelle-France* (Québec, 1927).

DELAY, Jean, *Psycho-physiologie humaine* (Paris, c. 1945, [1959]).

DELPHAUT, Jean, *les Hypnotiques* (Paris, 1963).

DELUMEAU, Jean, *Naissance et affirmation de la Réforme* (Paris, 1965, [1968]).

DENIS, Charles, *Qu'est-ce que la Bourse ?* (Montréal, 1964).

DERRY, T. K., *Introducing Oslo* (Oslo, 1969).

DESCARTES, *Œuvres choisies*, tome I : *Métaphysique et physique* (Paris, 1950).

DESCARTES. *Œuvres choisies*, tome II : *Morale* (Paris, [1943]).

DESCHAMPS, Nicole, *Louis Hémon, Lettres à sa famille* (Montréal, 1968).

DESCHAMPS, Nicole, *Sigrid Undset ou la Morale de la passion* (Montréal, 1966).

DESNOS, Robert, *Cinéma* (Paris, 1966).

DETINOVA, T. S., *Méthodes à appliquer pour classer par groupes d'âge les diptères présentant une importance médicale* (Genève, 1963).

DEVÈZE, Michel, *l'Europe et le monde à la fin du XVIIᵉ siècle* (Paris, 1970).

DICKSON CARR, J., *la Chambre ardente* (Paris, [1963]).

DICKSON CARR, J., *Un coup sur la tabatière* (Paris, [1964]).

DIDEROT, Denis, *Sur l'art et les artistes* (Paris, [1967]).

DIETRICH, Luc, *le Bonheur des tristes* (Paris, 1935, [1945]).

DIMNET, Ernest, *l'Art de penser* (Paris, 1930).

DION, Rosaire, *En égrenant le chapelet des jours* (Montréal, 1928).

DOSTOÏEVSKI, Fiodor Mikhaïlovitch, *Crime et châtiment*, tome II (Paris, 1884, [1965]).

DOSTOÏEVSKI, Fiodor Mikhaïlovitch, *l'Éternel mari* (Paris, 1896, [1966]).

DOSTOÏEVSKI, Fiodor Mikhaïlovitch, *l'Idiot*, tomes I et II (Paris, 1887, [1966]).

DOSTOÏEVSKI, Fiodor Mikhaïlovitch, *le Joueur* (Paris, 1887, [1966]).

DOSTOÏEVSKI, Fiodor Mikhaïlovitch, *les Frères Karamazov* (Paris, 1888, [1966]).

DOSTOÏEVSKI, Fiodor Mikhaïlovitch, *Souvenirs de la maison des morts* (Paris, 1886, [1966]).

DOUBROVSKY, Serge, *la Place de la madeleine. Écriture et fantasme chez Proust* (Paris, 1974).

DOUBROVSKY, Serge, *Pourquoi la nouvelle critique* (Paris, 1966, [1967]).

DUBÉ, Marcel, *Poèmes de sable* (Montréal, 1974).

DUBECH, Lucien, *les Chefs de file de la jeune génération* (Paris, 1925).

DU CAMP, Maxime, *Souvenirs littéraires* (Paris, 1882).

DUCELLIER, Alain, *les Byzantins* (Paris, 1963).

DUCHEMIN, Jacques, *Histoire du F.L.N.* (Paris, 1962).

DUFRESNE, Mikel, *Esthétique et philosophie* (Paris, [1967]).

DUMAS, Alexandre, *Mes mémoires* (Paris, 1852-1854, [1962])

DUMONT, Fernand, *le Lieu de l'homme. La Culture comme distance et mémoire* (Montréal, 1968, [1969]).

DUNLOP-HÉBERT, Carol, *la Solitude inachevée* (Montréal, 1976).

DÜRER, Albrecht, *Lettres. Écrits théoriques et traité des proportions* (Paris, 1964).

DU VEAU, Georges, *1848* (Paris, 1965).

DUVERGER, Maurice, *Introduction à la politique* (Paris, 1964).

DUYZINGS, Martin W., *la Mafia* (Paris, 1965).

E

ECO, Umberto, *l'Œuvre ouverte* (Paris, 1965).

ÉDON, Georges, *Dictionnaire français-latin* (Paris, [1955]).

ÉLIE, Robert, *la Fin des songes* (Montréal, 1950, [1968]).

ELLMANN, Richard, et Ellsworth MASON, *James Joyce. The Critical Writings* (New York, [1970]).

ENGELS, Friedrich, *le Pôle de la violence dans l'histoire* (trad., Paris, 1962).

ÉRASME, *Éloge de la folie* (trad., Paris [1964]).

ERRER, Emmanuel, *l'Envol des corneilles* (Paris, [1976]).

ESCARPIT, Robert, *l'Humour* (Paris, 1960).

ESCARPIT, Robert, *le Littéraire et le social. Éléments pour une sociologie de la littérature* (Paris, 1970).

ESCARPIT, Robert, *Sociologie de la littérature* (Paris, 1958).

ESTANG, Luc, *les Stigmates* (Paris, c. 1949, [1967]).

ÉTHIER-BLAIS, Jean, *Dictionnaire de moi-même* (Montréal, 1976).

ÉTIEMBLE, René, *le Mythe de Rimbaud. Structure du mythe* (Paris, 1952).

F

FAIR, A. A., *La veuve a mis les voiles* (Paris, [1967]).

FALARDEAU, Jean-Charles, *l'Évolution du héros dans le roman québécois* (Montréal, 1968).

FALARDEAU, Jean-Charles, *Notre société et son roman* (Montréal, 1967).

FANON, Frantz, *les Damnés de la terre* (Paris, 1961, [1963]).

FANON, Frantz, *Pour la révolution africaine* (Paris, 1964).

FAULKNER, William, *le Bruit et la fureur* (Paris, 1938, [1963]).

FAULKNER, William, *Lumière d'août* (Paris, 1961, [1966]).

FAULKNER, William, *Monnaie de singe* (Grenoble, 1948, [Paris, 1968]).

FAULKNER, William, *Sanctuaire* (Paris, 1933, [1966]).

FAULKNER, William, *Tandis que j'agonise* (Paris, 1934).

FAULKNER, William, *The Rivers* (Toronto, 1962).

FAUTEUX, Aegidius, *le Duel au Canada* (Montréal, 1934).

FEBVRE, Lucien, *Amour sacré, amour profane. Autour de l'Heptaméron* (Paris, 1944, [1971]).

FEBVRE, Lucien, *la Terre et l'évolution humaine* (Paris, 1922, [1970]).

FEBVRE, Lucien, *le Problème de l'incroyance au 16e siècle. La Religion de Rabelais* (Paris, 1942, [1968]).

FEBVRE, Lucien et Henri-Jean MARTIN, *l'Apparition du livre* (Paris, 1958, [1971]).

FELDT, Éric, *Espions-suicide* (Paris, 1964).

FESTUGIÈRE, A.-J., *Socrate* (Paris, 1934).

FILLOUX, Jean-Claude, *la Personnalité* (Paris, 1957, [1959]).

FISHBEIN, Morris, *Modern Home Dictionary of Medical Words* (New York [1976]).

FLAUBERT, Gustave, *Correspondance,* tome I (Paris, 1887-1893, [1973]).

FLAUBERT, Gustave, *Madame Boravy* (Paris, 1857, [1967]).

FLAUBERT, Gustave, *Préface à la vie d'écrivain* (Paris, 1863).

FLAUBERT, Gustave, *Salammbô* (Paris, 1863).

FLORES, César, *la Mémoire* (Paris, 1972).

FOCILLON, Henri, *le Moyen Âge gothique* (Paris, 4e édition, 1963, [1965]).

FOCILLON, Henri, *le Moyen Âge roman* (Paris).

FOCILLON, Henri, *Moyen Âge, survivance et réveil* (Paris, 1943).

FOLCH-RIBAS, Jacques, *le Démolisseur* (Paris, 1970).

FONTANIER, Pierre, *les Figures du discours* (Paris, 1827, [1968]).

FOUCAULT, Michel, *les Mots et les choses. Une archéologie des sciences humaines* (Paris, 1966, [1971]).

FOURNIER, Roger, *Gilles Vigneault mon ami* (Montréal, 1972).

FRANCESTEL, Pierre, *Peinture et société*.

FRÉGAULT, Guy, *Chronique des années perdues* (Montréal, 1976).

FRÉGAULT, Guy, *Histoire de la Nouvelle-France. La Guerre de la Conquête 1754-1760* (Montréal, 1955, [1975]).

FRÉGAULT, Guy et Marcel TRUDEL, *Histoire du Canada par les textes* (Montréal, 1963).

FRÉGAULT, Guy, *le XVIIIe siècle canadien. Études* (Montréal, 1968).

FRÉGAULT, Guy, *le Grand Marquis* (Montréal, 1952, [1966]).

FREUD, Sigmund, *Cinq Leçons sur la psychanalyse* (Paris, 1910).

G

GABEL, Joseph, *la Fausse Conscience. Essai sur la réification* (Paris, 1962).

GAGNÉ, Marc, *Visages de Gabrielle Roy* (Montréal, 1973).

GAILLARD, Émile, *les Alpes de Savoie. Les Massifs entre la Savoie et le Dauphiné* (Chambéry [s. d.]).

GARDNER, John, *le Liquidateur* (Paris, 1965).

GARDNER, John, *le Liquidateur dans le lac* (Paris, [1966]).

GARNEAU, François-Xavier, *Histoire du Canada* (Québec, 1845-1848, [1859]).

GARNIER, Marcel, Véléry DELAMARE, *Dictionnaire des termes techniques de médecine* (Paris, [1965])

GAUDEFROY-DEMOMBYNES, Maurice, *Mahomet* (Paris, 1957, [1959]).

GAULLE, Charles de, *Mémoires d'espoir*, vol. I et II (Paris, 1970, 1971).

GAULLE, Charles de, *Mémoires de guerre. I : L'Appel, 1940-1942* (Paris, 1954).

GAULLE, Charles de, *Mémoires de guerre. II : L'Unité, 1942-1944* (Paris, 1950).

GAULLE, Charles de, *Mémoires de guerre. III : Le Salut, 1944-1946* (Paris, 1959).

GAUTHIER, Théophile, *Histoire du romantisme* suivie de *Notices romantiques* et d'une *Étude sur la poésie française* (Paris, 1874, [1927]).

GAUTHIER, Théophile, *Voyage en Espagne* (Paris, 1843, [1964]).

GEIRINGER, Karl, *Jean-Sébastien Bach* (New York, 1966, [1970]).

GERBEAU, Marcel, *l'Administration de la justice en matière criminelle au Québec* (Montréal, 1974).

GERHARD, H. P., *Welt der Ikonen* [1974]).

GERMAIN, Gabriel, *Homère* (Paris, 1958, [1964]).

GERNET, Louis et André BOULANGER, *le Génie grec dans la religion* (Paris, 1932, [1970]).

GERRARD, Paul, *la Porsche jaune* (Paris, 1967).

GIDE, André, *Journal 1889-1939* (Paris, 1943-1953, [1972]).

GIDE, André, *Journal 1939-1949. Souvenirs* (Paris, 1943-1953, [1972]).

GIDE, André, *les Faux-Monnayeurs* (Paris, 1925, [1957]).

GIDE, André, *Paludes* (Paris, 1895, [1971]).

GIDE, André, *Romans, récits et soties, œuvres lyriques* (Paris, 1958, [1969]).

GIMPEL, Érich, *Ma vie d'espion* (Grenoble, 1956, [Paris, 1967]).

GIORDAN, H. et A. LABARRÈRE, *Production littéraire et situations de contacts interethniques* (Nice,1974).

GLOBENSKY, Maximilien, *la Rébellion de 1837 à Saint-Eustache* (Montréal, 1974).

GODBOUT, Jacques, *D'Amour P.Q.* (Paris, Montréal, 1972).

GODBOUT, Jacques, *l'Isle au dragon* (Paris, 1976).

GODBOUT, Jacques, *le Réformiste* (Montréal, 1975).

GODEY, John, *Frissons garantis* (Paris, [1966]).

GODIN, Jean-Cléo et Laurent MAILHOT, *le Théâtre québécois. Introduction à dix dramaturges contemporains* (Montréal, 1970).

GOELZER, Henri, *Dictionnaire latin-français* (Paris, [1966]).

GOGUEL, Jean, *Géologie I : La Composition de la terre* (Paris, [1972]).

GOLDMANN, Lucien, *Pour une sociologie du roman* (Paris, 1964).

GOMBROWICZ, Witold, *Ferdydurke* (Paris, 1937, [1964]).

GONCOURT, Edmond Huot de et Jules Huot de, *l'Art du dix-huitième siècle* (Paris, 1859 à 1875, [1967]).

GOODIS, David, *Sans espoir de retour* (trad., 1956, [1967]).

GOUIN, Jacques, *William Henry Scott ou le Destin romanesque et tragique d'un rebelle de 1837* (Hull, 1972).

GOULET, Robert, *la Maison de fous* (Montréal, 1976).

GRANIER, Jean et Paul CAILLON, *l'Infrarouge* (Paris, 1951, [1958]).

DE GRANDPRÉ, Pierre, *Histoire de la littérature française du Québec* (Montréal, 1967, [1971]).

GREEN, Julien, *les Années faciles. Journal 1926-1934* (Paris, 1938, [1973]).

GREENE, Graham, *lLhomme est lui-même* (Paris, 1931, [1951]).

GREIMAS, Algirdas Julien, *Sémantique structurale* (Paris, 1966).

GRENIER, Albert, *le Génie romain dans la religion, la pensée et l'art* (Paris, 1925, [1969]).

GRENON, Hector, *Nos p'tites joies d'autrefois* (Montréal, 1972).

GRENON, Hector, *Us et coutumes du Québec* (Montréal, 1974).

GREVILLOT, Jean-Marie, *les Grands Courants de la pensée contemporaine* (Paris, 1948).

GRIMBERG, Carl, Ragnas SVANSTRÖM et Georges-H. DUMONT, *Histoire universelle*, vol. 12 : *De la faillite de la paix à la conquête de l'espace* (Verviers, c. 1963, [1965]).

GROSS, John, *Joyce* (Londres, 1971).

GROULX, Lionel, *Histoire du Canada français depuis la découverte*, tomes I et II : *le Régime français* et *le Régime britannique au Canada* Montréal et Paris, c. 1960, [1966]).

GROULX, Lionel, *Lendemain de conquête. Cours d'histoire du Canada à l'Université de Montréal* (Montréal, 1920).

GROULX, Lionel, *Notre maître le passé* (Montréal, 1924, [1941]).

GROULX, Lionel, *Orientations* (Montréal, 1935).

GROUSSET, René, *Bilan de l'histoire* (Paris, 1946).

GSELL, Stéphane, *Essai sur le règne de l'empereur Domitien* (Paris, 1893, [Rome, 1967]).

GUÉNON, René, *la Crise du monde moderne* (Paris, 1946).

GUÉRIN, Daniel, *l'Anarchisme* (Paris, 1965).

GUÉVARA, Ernesto dit Che, *la Guerre de guérilla* (Paris, 1962).

GUEX, Germaine, *la Névrose d'abandon* (Paris, 1950).

GUITEL, Geneviève, *Histoire comparée des numérations écrites* (Paris, 1975).

GURDJIEFF, Georges Ivanovitch, *Récits de Belzébuth à son petit-fils* (Paris, 1956.)

GUYOT, Charles, *l'Hydrologie* (Paris, 1960).

H

HALPHEN, Louis, *Charlemagne et l'empire carolingien* (Paris, 1947, [1968]).

HANSON, Éric J., *les Finances publiques et les services de santé au Canada* (Ottawa, 1964).

HARRON, Don, *Charlie Farguharson's History of Canada* (Toronto, 1972).

HARVEY, Jean-Charles, *les Paradis de sable* (Ottawa, 1963).

HAZARD, René, *Précis de thérapeutique et de pharmacologie* (Paris, [1963]).

HÉBERT, Anne, *Kamouraska* (Paris, 1970).

HÉBERT, Anne, *Poèmes* (Paris, 1960).

HÉBERT, Jean-Claude, *le Siège de Québec en 1759, par trois témoins* (Québec, 1972).

HEIDEGGER, Martin, *Nietzsche* I (Paris, 1971).

HEILBRUNN, Otto, *la Guerre de partisans* (Paris, 1964).

HEMINGWAY, Ernest, *l'Adieu aux armes* (Paris, 1929, [1948]).

HÉMON, Louis, *Colin-Maillard* (Montréal, 1972).

HÉMON, Louis, *Maria Chapdelaine* (Montréal, 1916, [1974]).

HÉRAUD, Guy et Roland BÉGUELIN, *Europe-Jura* (Lausanne, 1965).

HERTEL, François, *Anatole Laplante, curieux homme* (Montréal, 1944).

HERTEL, François, *Mystère cosmique et condition humaine* (Montréal, 1975).

HIGHSMITH, Patricia, *Ce mal étrange* (Paris, [1971]).

HIMES, Chester, *l'Aveugle au pistolet* (Paris, 1969, trad., 1970, [1972]).

HIMES, Chester, *Dare-Dare* (Paris, 1959, [1969]).

HIMES, Chester, *Ne nous énervons pas* (Paris, 1961, [1970]).

HIMES, Chester, *la Reine des pommes* (Paris, 1961, [1970]).

HIMES, Chester, *Tout pour plaire* (Paris, 1959, [1968]).

HOMÈRE, *l'Odyssée* (Paris, 1604, [1965]).

HOMO, Léon, *Essai sur le règne de l'empereur Aurélien (250-275)* (Paris, 1904, [Rome 1967]).

HOMO, Léon, *les Institutions politiques romaines. De la cité à l'État* (Paris, 1927, [1950]).

HOMO, Léon, *Rome impériale et l'urbanisme dans l'Antiquité* (Paris, 1951, [1971]).

HOWE, Irving, *William Faulkner. A Critical Study* (New York, 1952).

HUIZINGA, Johan, *Érasme* (Paris, 1955).

HUIZINGA, Johan, *le Déclin du Moyen Âge* (Paris, 1948, [1967]).

HURET, Marcel, *les Industries mécaniques* (Paris, 1951).

HUSSERL, Edmund, *Idées directrices pour une phénoménologie* (Paris, 1950).

HUSSERL, Edmund, *Leçons pour une phénoménologie de la conscience intime du temps* (Paris, PUF, 1964).

HUTIN, Serge, *l'Alchimie* (Paris, 1951, [1966]).

HUYSMANS, Georges Charles dit Joris-Karl, *la Cathédrale* (Paris, 1898, [1964]).

I

IONESCO, Eugène, *Notes et contre-notes* (Paris, 1962, [1966]).

IRISH, William, *la Sirène du Mississipi* (trad., Paris, 1950, [1964]).

ISAY, Raymond, *Panorama des expositions universelles* (Paris, 1937).

J

JACOBSEN, Erik, *The Comparative Pharmacology of some Psychotropic Drugs* (Genève, 1960).

JACQUOT, Jean, *les Fêtes de la Renaissance* (Paris, 1956).

JAHN, Janheinz, *Muntu. L'Homme africain et la culture néo-africaine* (Paris, 1961).

JANKELEVITCH, Wladimir, *l'Irréversible et la nostalgie* (Paris, 1974).

JAPRISOT, Sébastien, *Compartiment tueurs* (Paris, 1962, [1969]).

JAPRISOT, Sébastien, *la Dame dans l'auto...* (Paris,1966, [1971]).

JAPRISOT, Sébastien, *Piège pour Cendrillon* (Paris, 1962. [1970]).

JASMIN, Claude, *Ethel and the Terrorist* (Montréal, 1965).

JASMIN, Claude, *la Petite Patrie* (Montréal, 1972).

JASMIN, Claude, *Pleure pas Germaine* (Montréal, 1965, [1974]).

JASMIN, Claude, *Pointe-Calumet Boogie-woogie* (Montréal, 1973).

JASMIN, Claude, *Sainte-Adèle-la-vaisselle* (Montréal, 1974).

JEANNIN, Pierre, *les Marchands du XVIe siècle* (Paris, 1957, [1967].)

JOYCE, James, *A Portrait of the Artist as a Young Man* (Londres, 1916, [New York, 1928]).

JOYCE, James, *Dubliners* (Londres, 1914, [Édimbourg, 1950]).

JOYCE, James, *Gens de Dublin* (Paris, 1926, [1963]).

JOYCE, James, *The Critical Writings* (Londres, 1959, [NewYork, 1970]).

JOYCE, James, *Ulysse* (Paris, c. 1948, [1965]).

JOYCE, James, *Ulysse* (Paris, 1922, [Middlesex, 1968]).

JUNEAU, Marcel, *Travaux de linguistique. Un échantillon du futur trésor de la langue française au Québec* (Québec, [s. d.]).

JUNG, Carl Gustav, *l'Homme à la découverte de son âme* (Paris, 6e éd. 1963, [1966]).

JUNG, Carl Gustav et Ch. KERÉNYL, *Introduction à l'essence de la mythologie* (Paris, 4e éd. 1953, [1968]).

K

KARDINER, Abram et Edward PREBLE, *Introduction à l'ethnologie* (Paris, 1966).

KATTAN, Naïm, *Adieu, Babylone* (Montréal, 1975).

KATZ, Joseph, *Society, School and Progress in Canada* (Toronto, 1969).

KEMPF, Roger, *Mœurs. Ethnologie et fiction* (Paris, 1976).

KENYATTA, Jomo, *Au pied du mont Kenya* (Paris, 1960).

KIERKEGAARD, Sören Aabye, *Journal du séducteur* (Paris, 1965, [1967]).

KIMONI, Iyay, *Destin de la littérature négro-africaine ou Problématique d'une culture.*

KING, Rufus, *la Femme qui a tué* (Paris, [1967]).

KIRSCH, Édith W. et Millard Meiss, *les Heures de Visconti* (Paris, 1972).

KLEIN, Mélanie, *Essais de psychanalyse (1921-1945)* (Paris, 1967).

KLIMOV, Alexis, *Nicolas Berdiaeff ou la Révolte contre l'objectivation* (Paris, 1967).

KOHLER, Pierre, *Au château de Coppet. Madame de Staël et ses amis* (Lausanne, [1943]).

KONIG, René, *Sociologie de la mode* (trad., Paris, 1969).

KOTT, Jan, *Shakespeare notre contemporain* (Paris, c. 1962, [Verviers, 1965]).

KOUROUMA, Ahmadou, *les Soleils des indépendances* (Montréal, 1968).

KUPFER, Émile, *Morges dans le passé. La Période savoyarde* (Lausanne, [1943]).

KURZ, Marcel, *Guide des Alpes valaisannes*, vol. I : *Du col Ferret au col Collon* (Lausanne, 1920, [Kriens, 1937]).

KUSHNER, Eva, *Saint-Denys Garneau* (Montréal, 1967).

L

LABRACHERIE, Pierre, *la Vie quotidienne de la bohème littéraire au XIXe siècle* (Paris, 1967).

LACOUR-GAYET, Robert, *Histoire du Canada* (Paris, 1966).

LACOURSIÈRE, Jacques, *Alarme citoyens ! L'Affaire Cross-Laporte, du connu à l'inconnu* (Montréal, 1972).

LACROIX, Louis, *îles de la Grèce* (Paris, 1853, [1881]).

LAFARGUE, Paul, *le Droit à la paresse* (Paris, 1883, [1965]).

LAFOND, Guy, *l'Eau ronde* (Montréal, 1977).

LAFORGUE, René, *Psychopathologie de l'échec* (Paris, 1944, [Genève, 1963]).

LAJOIE, Andrée, *le Pouvoir déclaratoire du parlement* (Montréal, 1969).

LAJOIE, Andrée, *les Structures administratives régionales. Déconcentration et décentralisation du Québec* (Montréal, 1968).

LAJUGIE, Joseph, *les Systèmes économiques* (Paris, 1957, [1964].

LALONDE, Michèle, *Speak White* (Montréal, 1974).

LAMARCHE, Jacques, *Euridyce* (Montréal, 1971).

LAMBERT, Fernand, *Vacances en Tunisie* (Verviers, [1967]).

LAMONTAGNE, Roland, *Problématique des civilisations. Leçon inaugurale* (Montréal, 1968).

LAMY, Laurent, *Jacques Hurtubise* (Montréal, 1970).

LANDAU, Deborah, *Janis Joplin. Her Life and Tunes* (New York, 1971).

LANGEVIN, André, *l'Avion rose* (Montréal, 1976).

LANGEVIN, André, *l'Élan d'Amérique* (Montréal, 1972).

LANGEVIN, André, *Poussière sur la ville* (Montréal, 1953, [1972]).

LANGEVIN, André, *Une chaîne dans le parc* (Montréal, 1974).

LANGUIRAND, Jacques, *Klondyke* (Montréal, 1971).

LAROCHE, Hervé, *le Nigeria* (Paris, 1962).

LAROCQUE, Pierre-A., *Bruines* (Montréal, 1974).

LATOUCHE, Robert, *les Origines de l'économie occidentale* (Paris, 1956, [1970]).

LE BRAS, Gabriel, *Études de sociologie religieuse*, tome I : *Sociologie de la pratique religieuse dans les campagnes françaises* (Paris, 1955).

LE CARRÉ, John, *Chandelles noires* (Paris, 1963, [1966]).

LE CARRÉ, John, *Une petite ville en Allemagne* (Paris, 1969, [1971]).

LEFEBVRE, Henri, *Critique de la vie quotidiennes* vol. I : *Introduction* (Paris, 1947, [1958]).

LEFEBVRE, Henri, *Introduction à la modernité* (Paris, 1962).

LEFEBVRE, Henri, *la Révolution urbaine* (Paris, 1970.)

LEFEBVRE, Henri, *le Langage et la société* (Paris, 1966).

LEFEBVRE, Henri, *le Manifeste différentialiste* (Paris, 1970).

LEFEBVRE, Henri, *le Marxisme* (Paris, 1948, [1958]).

LEFEBVRE, Henri, *Pascal* (Paris, 1949 et 1954).

LEFEBVRE, Henri, *Position : contre les technocrates. En finir avec l'humanité. Fiction* (Paris, 1967).

LEFEBVRE, Henri, *Problèmes actuels du marxisme* (Paris, 1958, [1960]).

LEGENDRE, René, *la Découverte des mers* (Paris, 1948).

LEGRIS, Renée, *Robert Choquette* (Montréal, 1972).

LEGRIS, Renée et Pierre PAGÉ, *le Théâtre à la radio et à la télévision au Québec, Archives des lettres canadiennes* (Montréal, 1972).

LEHR, Georges, *les Moteurs* (Paris, 1949, [1959]).

LEHR, Goerges, *le Vol supersonique* (Paris, 1958).

LEIBNIZ, Gottfried Wilhelm, *Nouveaux Essais sur l'entendement humain* (Paris, 1842, [1966]).

LEIRIS, Michel, *l'Afrique fantôme* (Paris, 1934, [1951]).

LEMELIN, Roger, *Au pied de la pente douce* (Montréal, 1944, [1975]).

LEMELIN, Roger, *l'Écrivain et le journaliste* (Montréal, 1977).

LEMELIN, Roger, *le Québec à vol d'oiseau* (Montréal, 1976).

LEMELIN, Roger, *le Québec et la francophonie* (Montréal, 1974).

LEMELIN, Roger, *les Plouffe* (Québec, 1948, [1973]).

LEMOYNE, Jean, *Convergences* (Montréal, 1961, [1962]).

LENGELLÉ, Maurice, *l'Esclavage* (Paris, 1955, [1962]).

LÉNINE, Vladimir Ilitch, *l'État et la révolution* (Moscou, 1919, [Paris, 1963]).

LENOBLE, Robert, *Histoire de l'idée de nature* (Paris, 1968, [1969]).

LEPAILLEUR, François-Maurice, *Journal d'exil* (Montréal, 1972).

LERNER, Martin, *Bronze Sculptures from Asia* (New York, 1975).

LEROI-GOURHAN, André, *Documents pour l'art comparé de l'Eurasie septentrionale* (Paris, 1943).

LEROI-GOURHAN, André et Jean POIRIER, *Ethnologie de l'union française (territoires extérieurs). Tome premier : Afrique* (Paris, 1953).

LEROI-GOURHAN, André, *Évolution et techniques*, vol. II : *Milieu et techniques* (Paris, 1943 à 1945, [1950]).

LEROI-GOURHAN, André, *le Geste et la parole. Technique et langage* (Paris, 1964).

LESSING, Gotthold Ephraïm, *Laocoon* (Paris, 1866, [1964]).

LEVAILLANT, Maurice, *Chateaubriand, Madame Récamier et les Mémoires d'outre-tombe* (Paris, 1936, [1947]).

LEVIN, Harry, *James Joyce* (Norfolk, 1941, [Paris, 1950]).

LÉVINAS, Emmanuel, *En découvrant l'existence avec Husserl et Heidegger* (Paris, 1949).

LÉVI-STRAUSS, Claude, *Anthropologie structurale* (Paris, 1962).

LÉVI-STRAUSS, Claude, *la Voie des masques* (Paris, 1975).

LÉVI-STRAUSS, Claude, *le Totémisme aujourd'hui* (Paris, 1962).

LÉVI-STRAUSS, Claude, *Mythologiques*, tomes I, II et IV : *le Cru et le cuit, Du miel au cendres* et *l'Homme nu* (Paris, 1966, 1971).

LIBOS, Christian, *Impasse au Valais* (Paris, 1963).

LISZT, Franz, *Chopin* (Paris, 1852, [1950]).

LOCHER, J.-M., *le Monde de M. E. Escher* (Paris, [1972]).

LONGAUD, Félix, *Dictionnaire de Balzac*, (Paris, [1969]).

LOT, Ferdinand, *la Fin du monde antique et le début du Moyen Âge* (Paris, 1927, [1968]).

LOWER, J. A., *Canada, an Outline History* (Toronto, 1966).

DE LUBAC, Henri, *De la connaissance de Dieu* (Paris, 1941).

LUKACS, Georges, *la Théorie du roman* (Lausanne, 1963).

LUTHER, Martin, *Mémoires* (Paris, 1835, [1854]).

M

MACHABEY, Armand, *la Musicologie* (Paris, 1962, [1969]).

MADAULE, Jacques, *Histoire de France*, vol. II : *De Louis XIV à Napopéon III* (Paris, 1943 à 1945, [1966]).

MAILHOT, Laurent, *la Littérature québécoise* (Paris, 1974).

MAILHOT, Michèle, *Veuillez agréer* (Montréal, 1975).

MAILLET, Andrée, *lettres au Surhomme* (Montréal, 1976).

MAITRON, Jean, *Histoire du mouvement anarchiste en France (1880-1914)* (Paris, 1951).

MAJOR, André, *Félix-Antoine Savard* (Montréal et Paris, 1968).

MALAPARTE, Curzio, *Technique du coup d'État* (Paris, 1961).

MALAQUAIS, Jean, *Sören Kierkegaard* (Paris, 1971).

MALCOLM X., *The Autobiography* (New York, 1966).

MALLET, Robert, *Région inhabitée* (Paris, 1964, [Montréal, 1976]).

MALRAUX, André, *Antimémoires* (Paris, 1967, [1972]).

MALRAUX, André, *la Condition humaine* (Paris, 1933, [1946]).

MALRAUX, André, *les Noyers de l'Altenburg* (Paris, 1948).

MALRAUX, André, *la Tentation de l'occident* (Paris, 1926, [1972]).

MANCINI, Jean-Gabriel, *Prostitution et proxénétisme* (Paris, 1962).

MANDROU, Robert, *Des humanistes aux hommes de science* (Paris, 1976).

MAO TSÉ-TUNG, *la Guerre révolutionnaire* (Paris, 1955, [1962]).

MAQUET, Charles, *Dictionnaire analogique* (Paris, [1936]).

MARCOTTE, Gilles, *le Roman à l'imparfait. Essais sur le roman québécois d'aujourd'hui* (Montréal, 1976).

MARCUSE, Herbert, *l'Homme unidimensionnel* (Paris, 1968, [1970]).

MARIE-VICTORIN, frère, *Flore laurentienne* (Montréal, 1935, [1947]).

MARGIOTTA, Domenico, *le Palladisme, culte de Satan-Lucifer dans les triangles maçonniques* (Grenoble, 1895).

MARITAIN, Jacques, *Éléments de philosophie*, tome I : *Introduction générale à la philosophie* (Paris, 1930, [Paris Montréal, 1946]).

MARITAIN, Jacques, *le Crépuscule de la civilisation* (Paris, 1939, [Montréal, 1941]).

MARROU, Henri-Irénée, *De la connaissance historique* (Montréal, 1974).

MARROU, Henri-Irénée, *Saint Augustin et la fin de la culture antique* (Paris, 1937, [1958]).

MARTEL, Éric, *Conrad l'imaginaire* (Paris, 1954, [1966]).

MARTIN-CHAUFFIER, Louis, *Charles Du Bos. Byron et le besoin de la fatalité* (Paris, [1929]).

MARTINEAU, Henri, *le Cœur de Stendhal* (Paris, 1952).

MARTINET, André, *le Language* (Paris, [1968]).

MARX, Karl, *Manifeste du parti communiste* suivi de *la Lutte des classes* (Paris, 1895, [1962]).

MATHIER, Albert, *Valais* (Genève [1966]).

MAUGEY, Axel, *Poésie et société au Québec (1937-1970)* (Québec, 1972).

MAUGHAM, W. Somerset, *le Fil du rasoir* (Paris, 1947, [1965]).

MAUGHAM, W. Somerset, *la Lune et soixante-quinze centimes* (Paris, c. 1928, [1965]).

MAULNIER, Thierry, *Violence et conscience* (Paris, 1945).

MAUROIS, André, *Byron*, tomes I et II (Paris, 1930).

MAUROIS, André, *Prométhée ou la Vie de Balzac* (Paris, 1965).

MAURY, Roger, *Cerveau pour un espion* (Paris, [1967]).

McKERRACHER, D. G., *l'Évolution des soins psychiatriques* (Ottawa, 1967).

McLUHAN, Marshall, *la Galaxie Gutenberg* (Montréal, 1967).

McLUHAN, Marshall, *Pour comprendre les médias. Les Prolongements technologiques de l'homme* (Montréal, 1968, [1969]).

McNAUGHT, Kenneth, *The Pelican History of Canada* (Baltimore, 1969, [Londres, 1970]).

MÉGRET, Maurice, *la Guerre psychologique* (Paris, 1956, [1963]).

MEMMI, Albert, *Portrait du colonisé* précédé du *Portrait du colonisateur* (Paris, 1957, [1966]).

MERCIER-VEGA, Luis, *l'Increvable Anarchisme* (Paris, 1970).

MERLEAU-PONTY, Maurice, *la Structure du comportement* (Paris, 1942, [1949]).

MÉTHIVIER, Hubert, *Louis XIV* (Paris, 1950).

METZGER, Henri, *la Céramique grecque* (Paris, 1953).

MICHELIS, P. A., *Études d'esthétique* (Paris, [1967]).

MILLER, Henry, *Nexus* (Paris, 1960, [1967]).

MILLER, Henry, *Souvenirs souvenirs* (Paris, 1953).

MINKOWSKI, Eugène, *le Temps vécu. Études phénoménologiques et psychopathologiques* (Paris, 1933, [Neuchâtel, 1968]).

MIRON, Gaston, *l'Homme rapaillé* (Montréal, 1970).

MITRY, Jean, *Dictionnaire du cinéma* (Paris, [1963]).

MOISAN, Clément, *l'Âge de la littérature canadienne* (Montréal, 1969).

MOISSAN, Stéphane, *À la découverte des antiquités québécoises* (Montréal, 1976).

MOLES, Abraham, *Théorie de l'information et perception esthétique* (Paris, 1968, [1972]).

MONTÉ, Denyse, *On l'appelle toujours Lise* (Montréal, 1975).

MONTEILHET, Hubert, *De quelques crimes parfaits* (Paris, 1958, [1972]).

MONTEILHET, Hubert, *le Retour des cendres* (Paris, 1961, [1967]).

MONTESQUIEU, Charles de, *Considérations sur les causes de la grandeur des Romains et de leur décadence* (Amsterdam, 1758, [Paris, 1968]).

MORA, Édith, *Sappho. Histoire d'un poète et traduction intégrale de l'œuvre* (Paris, 1966).

MORIER, Henri, *la Psychologie des styles* (Genève, 1959).

MORIN, Jacques-Yvan, *Liberté nationale et fédéralisme* (Montréal, 1964).

MOURY, Alain, *le Fantôme de la mer du Nord* (Paris, [1965]).

MULLANY, P., *Œdipe, du mythe au complexe* (Paris, [1951]).

MUSSALLEM, Helen K., *la Formation infirmière au Canada* (Ottawa, 1964).

MYKING, Laila, *Scandinavian* (Londres, c. 1959, [1968].

N

NABOKOV, Vladimir, *Ada ou l'Ardeur* (New York, 1969, [Paris, 1975]).

NABOKOV, Vladimir, *Chambre obscure* (Paris, c. 1934, [1974]).

NABOKOV, Vladimir, *la Vraie Vie de Sebastian Knight* (Paris, 1951, [1959]).

NABOKOV, Vladimir, *Lolita* (Paris, 1953, [1967]).

NABOKOV, Vladimir, *Pale Fire* (New York, c. 1962, [1966]).

NADEAU, Maurice, *le Roman français depuis la guerre* (Paris, 1963, [1966]).

NANTEL, Adolphe, *À la hache* (Montréal, 1932).

NEEDLEMAN, Morries H. et William Bradley OTIS, *Outline History of English Literature. Since Milton*, vol. II (New York, 1938, [1950]).

NELLIGAN, Émile, *Poèmes choisis* (Montréal, 1952, [1972].)

NEVILLE, Frank, *Bien mal acquis* (Paris, [1967]).

NICOLET, Claude et Alain MICHEL, *Cicéron* (Paris, 1961, [1967]).

NIETZSCHE, Freidrich, *la Naissance de la tragédie* (Paris, 1940, [1970]).

NIETZSCHE, Friedrich, *la Volonté de puissance* I (Paris, 1903, [1942]).

O

O'DONNELL, Peter, *Modesty Blaise et les affreux* (Paris, 1966).

OLIVIER, Juste, *le Major Davel* suivi de *Hommage au major* (Lausanne, 1842, [1959]).

OPPENHEIMER, Christine, *Building the Bridge* (Chicago, 1964).

ORTEGA Y GASSET, José, *la Révolte des masses* (Buenos-Aires, c. 1938, [Paris, 1961]).

OSBORN, A.F., *l'Imagination constructive* (Paris, 1959, [1965]).

OSTERRIETH, *Introduction à la psychologie de l'enfant* (Paris, 1957, [1967]).

OUELLET, Réal, *les Critiques de notre temps et le nouveau roman* (Paris, 1972).

OUELLETTE, Fernand, *Edgar Varèse* (Paris, 1966).

OUELLETTE, Fernand, *les Actes retrouvés* (Montréal, 1970).

OULIPO, *la Littérature potentielle* (Paris, 1973).

OVIDE, *les Métamorphoses* (Paris, 1539, [1966]).

P

PAGÉ, Pierre, *Anne Hébert* (Montréal, 1965, [1971]).

PAGÉ, Pierre, *le Comique et l'humour à la radio québécoise. Aperçus historiques et listes choisis, 1930-1970* (Montréal, 1976).

PAGÉ, Pierre, *Répertoire des œuvres de la littérature radiophonique québécoise 1930-1970* (Montréal, 1975).

PAGÈS, François, *le Paludisme* (Paris, 1953).

PAINTER, George D., *Marcel Proust. 1871-1903 : les années de jeunesse. 1904-1922 : les années de maturité*, 2 tomes (Paris, 1966).

PALMIER, Jean-Michel, *Sur Marcuse* (Paris, 1968).

PARACELSE, Œuvres médicales (Paris, 1913-1914, [1968]).

PARENT, Lise, *les Îles flottantes* (Montréal, 1971).

PARIS, Jean, *James Joyce par lui-même* (Paris, 1957).

PARIZEAU, Alice, *l'Envers de l'enfance* (Montréal, 1976).

PARIZEAU, Alice, *les Militants* (Montréal, 1974).

PARKINSON, Northcote C., *l'Évolution de la pensée politique* (Paris, 1964, [1965]).

PAULHAN, François, *la Morale de l'ironie* (Paris, 1909).

PAULME, Denise, *les Civilisations africaines* (Paris, 1953, [1961]).

PAYETTE, Jean-Pierre, *le Guide des artisans créateurs du Québec* (Montréal, 1974).

PENROSE, Roland, *Man Ray* (New York, 1975).

PERCHERON, M., *la Chine* (Paris, [1946]).

PERRAULT, Pierre, *Toutes isles* (Montréal, 1963).

PETIT-DUTAILLIS, Charles, *les Communes françaises* (Paris, 1947, [1970]).

PETIT-MANGIN, H., *Histoire sommaire de la littérature latine* (Paris, [1965]).

PIAGET, Jean, *Biologie et connaissance* (Paris, 1966, [1967]).

PIAGET, Jean, *l'Épistémologie génétique* (Paris, 1970).

PIAGET, Jean, *le Structuralisme* (Paris, 1968).

PICARD, Charles, *la Vie dans la Grèce antique* (Paris, 1946).

PICARD, Raymond, *Two Centuries of French Literature : 1600-1800* (Toronto, 1970).

PICHOT, Pierre, *les Tests mentaux* (Paris, 1954, [1956]).

PICON, Gaétan, *Balzac par lui-même* (Paris, 1956, [1967]).

PICON, Gaétan, *Malraux par lui-même* (Paris, 1953).

PINGAUD, Bernard, *Hollande* (Paris, [1954]).

PIVOT, Sylvain, *Norvège* (Paris, [1960]).

PLATON, *le Banquet et Phèdre* (Paris, 1771, [1964]).

POIRIER, Jean, *Ethnologie générale I ; Afrique, Océanie* (Paris, [1972]).

POIRIER, Pascal, *le Parler franco-acadien et ses origines* (Québec, 1928).

POLLAK, Kurt, *les Disciples d'Hippocrate. Les Médecins de l'âge des cavernes à l'ère des antibiotiques.*

PONTEIL, Félix, *les Classes bourgeoises et l'avènement de la démocratie* (Paris, 1960).

PONTEIL, Félix, *l'Éveil des nationalités et le mouvement libéral* (Paris, 1968).

POROT, Antoine, *les Toxicomanies* (Alger, 1945, [Paris, 1960]).

POROT, Antoine, *Manuel alphabétique de psychiatrie* (Paris, [1965]).

PRÉLOT, Marcel, *la Science politique* (Paris, 1961, [1963]).

PRÉVOST, Jean, *Essai sur les sources de Lamiel. Les Amazones de Stendhal. Le procès de Lacenaire* (Lyon, 1942).

PRIVAT, Edmond, *Vingt siècles à Genève. La Lanterne et l'épée* (Genève 2e éd. 1942, [Bâle, 1963]).

PROUDHON, Pierre-Joseph, *Œuvres choisies* (Paris, 1967).

PROUDHON, Pierre-Joseph, *Qu'est-ce que la propriété ? ou Recherches sur le principe du droit et du gouvernement* (Paris, 1867, [1966]).

PROUST, Marcel, *À la recherche du temps perdu* (Paris, 1929 à 1933, [1958]).

PUCELLE, Jean, *le Temps* (Paris, 2e éd. 1958, [1967]).

Q

QUEEN, Ellery, *The Devil to Pay* (New York, c. 1933, [1943]).

QUEEN, Ellery, *Siamese Turin Mystery* (New York, 1938, [1971]).

DE QUINCEY, Thomas, *De l'assassinat considéré comme un des beaux-arts* (Paris, 1963).

R

RACINE, CLAUDE, *l'Anticléricalisme dans le roman québécois. 1940-1965* (Montréal, 1972).

RADCLIFFE-BROWN, A. R. et Daryll FORDE, *Systèmes familiaux et matrimoniaux en Afrique* (Paris, 1953).

RAMUZ, Charles-Ferdinand, *Fragments de journal* (Paris, 1945).

RAMUZ, Charles-Ferdinand, *Journal 1896-1942* (Lausanne, 1943, [Paris, 1945]).

RAMUZ, Charles-Ferdinand, *la Suisse romande* (Grenoble 1936, [Lausanne, 1955]).

RAMUZ, Charles-Ferdinand, *Présence de la mort* (Genève, 1920, [1947]).

RAMUZ, Charles-Ferdinand, *Une province qui n'en est pas une* (Paris, 1938, [Lausanne, 1952]).

RANK, Otto, *le Traumatisme de la naissance* (Paris, 1928, [1968]).

RAYMOND, André, *la Tunisie* (Paris, 1961).

RAYMOND, André, *Baroque et renaissance poétique* (Paris, 1955, [1964]).

RAYMOND, Marcel, *De Baudelaire au surréalisme* (Paris, 1933, [1953]).

REAU, Louis, *l'Art romantique* (Paris, 1930).

REAU, Louis, *l'Europe française au siècle des Lumières* (Paris, 1938, [1971]).

REGAMEY, Marcel, MURET, Philibert et André MANUEL, *Consultation donnée au comité directeur du Rassemblement jurassien sur la création d'un canton du Jura* (Lausanne, 1957).

REMY, *Comment devenir agent secret* (Paris, 1963).

RENAN, Ernest, *Souvenirs d'enfance et de jeunesse* (Paris, 1883, [1967]).

RENAN, Ernest, *Vie de Jésus* (Paris, 1863, [1965]).

RICHARD, Jean-Jules, *Louis Riel, exovide* (Montréal, [1972]).

RICHARD, Jean-Pierre, *Littérature et sensation. Stendhal et Flaubert* (Paris, c. 1954, [1970]).

RICHARD, Jean-Pierre, *Poésie et profondeur* (Paris, 1955).

RICHARD-MOLARD, Jacques, *Afrique occidentale française* (Paris, 1956).

RICHARDS, J.. M., *l'Architecture moderne* (Paris, 1968).

RICHLER, Mordecai, *Canadian Writing Today* (Londres, 1960).

RIDEAU, Émile, *la Pensée du père Teilhard de Chardin* (Paris, 1965).

RINGUET, *Trente Arpents* (Paris, 1938, [Montréal, 1971]).

RINGUET, *l'Amiral et le facteur ou Comment l'Amérique ne fut pas découverte* (Montréal, 1954).

RIOUX, Hélène, *Un sens à ma vie* (Montréal, 1975).

RIOUX, Hélène, *Yes monsieur* (Montréal, 1973).

RIVARD, Yvon, *Mort et naissance de Christophe Ulric* (Montréal, 1976).

ROBBE-GRILLET, Alain, *Pour un nouveau roman* (Paris, 1963, [1967]).

ROBERT, Guy, *Albert Dumouchel* (Montréal, 1970).

ROBERT, Gary, *le Su et le tu* (Montréal, 1969).

ROBERT, Marthe, *l'Ancien et le nouveau. De Don Quichotte à Kafka* (Paris, 1967).

ROBIDOUX, Réjean et André RENAUD, *le Roman canadien-français du vingtième siècle* (Ottawa, 1966).

ROBINSON, Sinclair et Donald SMITH, *Practical Handbook of French Canadian / Manual pratique du français canadien* (Toronto, [1973]).

RODE, Paul et Achille URBAIN, *les Singes anthropoïdes* (Paris, 1946, [1948]).

ROLIN, Jean, *Drogues de police* (Paris, 1950).

ROLLAND, Romain, *Vie de Beethoven* (Paris, 1907, [1949]).

ROMANOVSKY, V., *Physique de l'océan* (Paris, 1966).

ROMEUF, Jean, *l'Entreprise dans la vie économique* (Paris, 1951, [1964]).

ROSSET, Clément, *la Philosophie tragique* (Paris, 1960).

ROUGEMONT, Denys de, *l'Amour et l'occident* (Paris, 1939, [1962]).

ROUGEMONT, Denys de, *les Mythes de l'amour* (Paris, 1967).

ROUGERIE, Gabriel, *la Côte d'Ivoire* (Paris, 1964).

ROUSSEAU, Jean-Jacques, *Correspondance générales*, tome VI (Amsterdam, 1761, [Paris, 1926]).

ROUSSET, Jean, *Forme et signification. Essais sur les structures littéraires de Corneille à Claudel* (Paris, 1962, [1967]).

ROUSSET, Jean, *la Littérature de l'âge baroque en France. Circé et le paon* (Paris, 1953, [1965]).

ROUX, Jean-Paul, *les Explorateurs au Moyen Âge* (Paris, 1971).

ROY, Claude, *Défense de la littérature* (Paris, 1968).

ROY, Claude, *Stendhal par lui-même* (Paris, 1951).

ROY, Gabrielle, *Bonheur d'occasion*, tomes I et II (Montréal, 1945).

ROY, Raoul, *les Patriotes indomptables de La Durantaye* (Montréal, 1977).

ROY, Raoul, *Pour un drapeau indépendantiste* (Montréal, 1965).

RUDLER, Gustave, *Adolphe de Benjamin Constant* (Paris, 1935).

RUDLER, Gustave, *la Jeunesse de Benjamin Constant* (Paris, 1908, [1909]).

RUMILLY, Robert, *Histoire de la province de Québec. Léonide Perron* (Paris, 1940, [1959]).

RYTZ, Walter, *Fleurs des Alpes*, tomes I et II (Lausanne, 2e éd. 1948).

S

SAADA, Denise, *l'Héritage de Freud* (Paris, 1966).

SALLIARD, Étienne, *la Terreur à Poitiers* (Paris, 1912).

SAPIR, Edward, *le Langage. Introduction à l'étude de la parole* (Paris, 1963, [1967]).

SARRAZIN, Albertine, *Bibiche* (Montréal, 1974).

SARTRE, Jean-Paul, *Critique de la raison dialectique*, tome I (Paris, 1960).

SARTRE, Jean-Paul, *l'Être et le néant. Essai d'ontologie phénoménologique* (Paris, 1943, [1948]).

SARTRE, Jean-Paul, *Qu'est-ce que la littérature ?* (Paris, c. 1948, [1964]).

SARTRE, Jean-Paul, *Situations*, tome II (Paris, 1947, [1965]).

SAUSSURE, Ferdinand de, *Cours de linguistique générale* (Lausanne, 1916, [Paris, 1960]).

SCHELLER, Marc, *l'Idée de paix et le pacifisme* (trad., Paris, 1953).

SCHNEIDER, Fernand, *Histoire des doctrines militaires* (Paris, [1965]).

SCHNEIDER, Pierre-B., *les Tentative de suicide* (Neuchâtel, 1954).

SCHOELCHER, Victor, *Esclavage et colonisation* (Paris, 1957).

SCHURÉ, Édouard, *les Grands Initiés* (Paris, 1889, [1968]).

SCHUWER, Camille, *la Signification métaphysique du suicide* (Paris, 1949).

SÉGUIN, Maurice, *l'Idée d'indépendance au Québec. Genèse et historique* (Trois-Rivières, 1968).

SÉGUIN, Pierre, *les Métamorphoses du choupardier* (Montréal, 1976).

SÉGUIN, Robert-Lionel, *la Civilisation traditionnelle de l'habitant* (Montréal et Paris, 1967).

SÉGUIN, Robert-Lionel, *la Victoire de Saint-Denis* (Montréal, c. 1964, [1968]).

SEIGNOBOS, Charles, *Essai d'une histoire comparée des peuples de l'Europe* (Paris, 1948, [1947]).

SEKELY, Trude, *Pour vous future maman* (Montréal, 4e éd. 1960, [1967]).

SERGE, Victor, *Ce que tout révolutionnaire doit savoir de la répression* (Paris, 1925, [1977]).

SEROUYA, Henri, *la Pensée arabe* (Paris, 1960, [1962]).

SEVERIN, Kurt, *Cassius Clay. Toujours le plus grand ?*

SÉVIGNY, Marie de RABUTIN-CHANTAL, marquise de, *Lettres posthumes* (Paris, [1933]).

SHAKESPEARE, William, *Hamlet* (Londres, 1603, [Paris, 1946]).

SHIRER, William L., *le Troisième Reich. Des origines à la chute*, tomes I et II (1961, Paris, 1965-1966).

SIMENON, Georges, *Feux rouges* (Paris, 1949, [1970]).

SIMENON, Georges, *l'Écluse n° 1* (Paris, 1933, [1972]).

SIMENON, Georges, *la Guinguette à deux sous* (Paris, 1932, [1971]).

SIMENON, Georges, *la Jument perdue* (Paris, 1947, [1966]).

SIMENON, Georges, *la Nuit du carrefour* (Paris, 1931, [1970]).

SIMENON, Georges, *la Patience de Maigret* (Paris, 1965, [1967]).

SIMENON, Georges, *le Charretier de la Providence* (Paris, 1931, [1970]).

SIMENON, Georges, *le Coup de lune* (Paris, 1933, [1970]).

SIMENON, Georges, *le Grand Bob* (Paris, 1952, [1965]).

SIMENON, Georges, *le Passager du Polarlys* (Paris, 1931, [1971]).

SIMENON, Georges, *le Petit Homme d'Arthangelets* (Paris, 1955).

SIMENON, Georges, *le Port des brumes* (Paris, 1932, [1973]).

SIMENON, Georges, *les Fantômes du chapelier* (Paris, 1949, [1965]).

SIMENON, Georges, *M. Gallet décédé* (Paris, 1931, [1971]).

SIMENON, Georges, *Maigret* (Paris, 1934, [1971]).

SIMENON, Georges, *Maigret à Vichy* (Paris, 1968).

SIMENON, Georges, *Maigret et le client du samedi* (Paris, 1962).

SIMENON, Georges, *Maigret et le marchand de vin* (Paris, 1970, [1971]).

SIMENON, Georges, *Maigret et le tueur* (Paris, 1969, [1971]).

SIMENON, Georges, *Maigret et les vieillards* (Paris, 1960).

SIMENON, Georges, *Maigret hésite* (Paris, 1968, [1969]).

SIMENON, Georges, *Marie qui louche* (Paris, 1951, [1971]).

SIMENON, Georges, *Quand j'étais vieux* (Paris, 1970).

SIMENON, Georges, *Un crime en Hollande* (Paris, 1931, [1971]).

SIROIS, Antoine, *Montréal dans le roman canadien* (Montréal et Paris, 1968).

SLETTEN, Vegard, *Cinq pays nordiques coopèrent* (Danemark, 1967).

SMART, Patricia, *Hubert Aquin, agent double* (Montréal, 1973).

SMITH, Adam, *An Inquiry into the Nature and Causes of the Wealth of Nations* (1776, [Londres, 1904]).

SMITH, Adam, *The Wealth of Nations*.

SOLLERS, Philippe, *Logiques* (Paris, 1968).

SOMBART, Werner, *le Bourgeois* (Paris, 1926, [1966]).

SOREL, Georges, *Réflexions sur la violence* (Paris, 1908, [1950]).

SPILLANE, Mickey, *Court-circuit* (Paris, [1967]).

SPILLANE, Mickey, *le Cri du Sioux* (Paris, [1960]).

SPOCK, B., *Comment soigner et éduquer son enfant* (Belgique, 1952, [Verviers, 1965]).

STEEMAN, S. A., *le Mannequin assassiné* (Paris, 1932, [1971]).

STEEMAN, S. A., *Que personne ne sorte* (Verviers, 1964, [Paris, 1973]).

STEENHOUT, Ivan, *la Geste* (Montréal, 1967).

STEKEL, Wilhelm, *la Femme frigide* (Paris, 1937, [1949]).

STENDHAL, *Vie de Henry Brulard* (Paris, 1913, [1964]).

STRICKER, Rémy, *Musique du baroque* (Paris, 1968).

STRICKLAND, David, *Dictionnaire de citations de la littérature québécoise* (Montréal, 1974).

SUARES, André, *Valeurs* (Paris, 1936).

SUTHERLAND, C.H.V., *Monnaies romaines* (Fribourg, 1974).

T

TAGORE, Rabindranâth, *[Chitra] et [Arj iéna]* (Gap, 1950).

TAINE, Henri, *Voyage en Italie I. Naples et Rome* ((Paris, [1895]).

TAINE, Henri, *Voyage en Italie II. Florence et Venise* (Paris, [1896]).

TANGUAY, Cyprien, *Dictionnaire généalogique des familles canadiennes-françaises depuis la fondation de la colonie jusqu'à nos jours* (Ottawa, 1871).

TAPIÉ, Victor-Lucien, *le Baroque* (Paris, 1961).

TEILHARD DE CHARDIN, Pierre, *Hymne de l'univers* (Paris, 1961, [1972]).

TEILHARD DE CHARDIN, Pierre, *Journal. 26 août 1915 — 4 janvier 1919* (Paris, 1975).

TEILHARD DE CHARDIN, Pierre, *Œuvres I. Le Phénomène humain* (Paris, 1955).

TERROU, Fernand, *l'Information* (Paris, 1962, [1968]).

TESTAS, Jean, *la Tauromachie* (Paris, 1953).

THEOLLEYRE, Jean-Marc, *Ces procès qui ébranlèrent la France* (Paris, 1966).

THÉVENAZ, Louis, *Histoire du pays de Neuchâtel* (Neuchâtel, [1948]).

THIBAUDET, Albert, *Gustave Flaubert* (Paris, 1922, [1935]).

THIBAUDET, Albert, *les Romantiques. Stendhal* (Paris, 1931).

THONNARD, F.-J., *Précis d'histoire de la philosophie* (Paris, 1937, [1946]).

THOREAU, Henry David, *la Désobéissance civile* et *Palidoyer pour John Brown* (Paris, 1968, [Montréal, 1973].)

TIFFENEAU, M., *Abrégé de pharmacologie* (Paris, 1926, [1947]).

TINDAL, W. Y., *James Joyce. His Way of Interpreting the Mordern World* (New York, 1949).

TODOROV, Tzvetan, *Littérature et signification* (Paris, 1967).

TODOROV, Tzvetan, *Théorie de la littérature* (Paris, 1965).

TOLAND, John, *Dillinger : les irréductibles, Baby Face Nelson, Ma Barker, Machine Gun Kelly* (trad., Paris, 1966).

TOUPIN, Paul, *Souvenirs pour demain* (Montréal, c. 1960, [Ottawa, 1969]).

TROTSKY, Léon, *Ma vie* (Paris, 1930, [1953]).

TURENNE, Augustin, *Nous parlon [sic] français* (Montréal, [1973]).

TURY, Giuseppe, *les Problèmes culturels du Québec* (Montréal, 1974).

U

ULLMANN, Stephen, *Précis de sémantique française* (Berne, 1953, [1959]).

UPJOHN, Everard et M. WINGERT, *Histoire mondiale de l'art. Renaissance*, vol. 3 ; *Du baroque au romantisme*, vol. 4 (Paris, 1949).

V

VADEBONCŒUR, Pierre, *Indépendances* (Montréal, 1972).

VADEBONCŒUR, Pierre, *Un génocide en douce* (Montréal, 1976).

VALÉRY, Paul, *Introduction à la méthode de Léonard de Vinci* (Paris, 1938, [1968]).

VALLIÈRES, Pierre, *Nègres blancs d'Amérique* (Montréal, 1968).

VANLÉE, Loys, *l'Affaire Lemonnier* (Paris, [1966]).

VAN MANDER, Carel, *le Livre de peinture* (Paris, 1884-1885, [1965]).

VAN TIEGHEM, Paul, *le Romantisme dans la littérature européenne* (Paris, 1948, [1969]).

VASARI, *les Peintres toscans* (Paris, 1966).

VENE, Jean et Hyacinthe LE CORVAISIER, *la Bière et la brasserie* (Paris, 1950).

VERALDY, Gabriel, *les Espions de bonne volonté* (Paris, 1966).

VERMEIL, Edmond, *le Racisme allemand* (Paris, 1939).

VIATOR, C. S., *Histoire du Canada* (Montréal, 1915).

VIDAL, Jean-Pierre, *Dans le labyrinthe de Robbe-Grillet* (Paris, 1975).

VIRGILE, *l'Énéide* (Paris, 1574, [1965]).

VOLPE, Edmond L., *A Reader's Guide to William Faulkner* (New York, 1964, [1967]).

VON BASSERMAN-JORDAN, Ernst et Hans VON BERTELE, *Montres, pendules et horloges* (Paris, 4ᵉ éd., 1964).

VON SALOMON, Ernst, *les Réprouvés* (1931, trad., 1947).

W

WARD, Barbara, *l'Habitat de l'homme* (Montréal, 1976).

WARREN, Robert Penn, éd., *Faulkner. A Collection of Critical Essays* (Englewood Cliffs, 1966).

WAUTHIER, Claude, *l'Afrique des Africains. Inventaire de la négritude* (Paris, 1964).

WEBER, Max, *l'Éthique protestante et l'esprit du capitalisme* (Paris, 1964).

WEINRICH, Harald, *le Temps* (Paris, 1973).

WETHERILL, P.-M., *Flaubert et la création littéraire* (Paris, 1964).

WILDE, Oscar, *le Portrait de Dorian Gray* (Paris, 1895, [1965]).

DE VINCI, Léonard, *la Peinture* (Paris, 1651, [1964]).

WIZNITZER, Louis, *l'Amérique en crise* (Montréal, 1972).

WÖLFFLIN, Henrich, *Principes fondamentaux de l'histoire de l'art* (1915, trad., Paris, 1952, [1966]).

WÖLFFLIN, Henrich, *Renaissance et Baroque* (1888, trad., Paris, 1967).

WOOLF, Virginia, *l'Art du roman* (Paris, 1963).

XYZ

ZOLA, Émile, *le Roman expérimental* (Paris, 1880, [1971]).

ZOPPI, Giuseppe, *le Livre de l'Alpe* (Neuchâtel, 1922, [1947]).

COLLECTIFS

Citations du président Mao Tsé Toung, Pékin, [1972].

Colloques, Cahiers de la civilisation, Les routes de France, [1959].

Conversations de Goethe avec Eckermann, Paris, [1949].

Correspondance entre Schiller et Goethe, Paris, [1923].

French Literature and its Background, Londres, Oxford, New York, [1968].

Histoire mondiale de l'art, Belgique, [1965].

Histoire universelle. De la faillite de la paix à la conquête de l'espace, Belgique, [1965].

L'Artiste dans la société contemporaine, Venise [1952].

La Crise de l'enseignement au Canada français, Montréal, [1961].

La Croisade franco-américaine, Manchester [1938].

La Culture de la Pologne, Varsovie, [1966].

L'Évolution du héros dans le roman québécois, Montréal, [1968].

Le Dossier Afrique, Paris, [1962].

Le Symbole, carrefour interdisciplinaire, Montréal, [1968].

Les Critiques de notre temps et le Nouveau Roman, Paris, [1972].

Les Monnaies d'or, d'argent et de platine internationales, Paris, [1963].

Liber librorum, 5 000 ans d'art du livre, Verviers, H.D.L., Bruxelles, [1972].

Littérature canadienne-française, Montréal, [1969].

Littérature et société. Problèmes de méthodologie en sociologie de la littérature, Bruxelles, [1967].

Littératures ultramarines de la langue française. Genèse et jeunesse,
   Sherbrooke, [1974].
L'Œuvre littéraire et ses significations, Montréal, [1968].
Lord Byron jugé par les témoins de sa vie, tome I, Paris, [1866].
Nabokov, the Man and his Work, Madison, Milwaukee et Londres, [1967].
Sainte Bible, New York, [1826].
The Autobiography of Malcolm X.
Vademecum international, Montréal, [1965].
Xavier de Maistre, Genève [1895].

DICTIONNAIRES

Chamber's Ethymological Dictionary, Londres, [1912].
Dictionnaire Littré en 10/18, Paris, [s. d.].
Glossaire des termes médico-hospitaliers vol I, III, et IV, Montréal, [s. d.].
Petit Littré, Paris, [1959].
Webster's Seventh New Collagiate Dictionary, Springfield, [1967].

GUIDES TOURISTIQUES

Belgique et Luxembourg, Paris, [1920].
Bords du Rhin. Forêt-Noire et Pays rhénans, Paris, [1923].
Canada, Genève, [1963].
Great Britain and Ireland, Paris, Genève, New York, [1953].
Grèce. Athènes et ses environs, Paris, [1906].
Happy Holland, New York, [1973].
Hollande, Paris, [1938] [1964].
London 1913, Londres, [1913].
Norway, Londres, [s. d.].
Oxford and District, Londres, [s. d.].
Pays nordiques, Paris, [1973].
Scotland, Londres, Melbourne, [s. d.].
Sion, Neuchâtel, [s. d.].
Southern France, Paris, [1926].
La Suisse d'aujourd'hui, Zurich, [s. d.].
La Suisse romande, Lausanne, [1947].

PUBLICATIONS GOUVERNEMENTALES

*Annual Report of the National Museum of Canada for the Fiscal Year 1955-
   56*, (Ottawa, 1957).
Catalogue du château de Ramezay, (Montréal, 1962).

Code criminel et autres lois du Canada, 1927 (Ottawa, 1928).

Codification des Actes de l'Amérique du Nord britannique (1867 à 1965) (Ottawa, 1973).

Crime Detection Laboratories : Seminar n° 5 (Ottawa, 1959).

La Croisade franco-américaine (Manchester, 1938).

Commonwealth Development and its Financing, 5. Nigeria (Londres, 1963).

Compte rendu des délibérations de la Conférence fédérale-provinciale 1955 (Ottawa, 1955).

Conférence du Dominion et des provinces 1935.

Conférence fédérale-provinciale 1955 (Ottawa, 1955).

La Création d'un canton du Jura (Lausanne, 1957).

Les Divorcés et leur soutien (Ottawa, 1975).

La Déjudiciarisation (Ottawa, 1975).

Correspondance depuis le Budget de 1946 au sujet de Questions d'intérêt touchant aux ententes fiscales avec les provinces (Ottawa, 194)7.

Études spéciales à l'intention du comité spécial de la chambre des communes concernant les questions relatives à la défense (Ottawa, 1947).

La Gestion de la fonction publique (Ottawa, 1962).

Hong Kong, Report for the Year 1962 (Hong Kong, 1963).

House of Commons (Ottawa, 1964-1965).

L'Industrie du cinéma (Paris, s. d).

Littératures de langue française hors de France. Anthologie didactique (Sèvres, 1976).

La Loi et l'ordre dans la démocratie canadienne (Ottawa, 1952).

Niobium (Colum bium) Deposits of Canada (Ottawa, 1958).

Official Report ; Tuesday, November 24, 1964 (Ottawa, 1964).

Prise de conscience économique (Montréal, 1960).

Rapport annuel. Ministère des Mines et des Relevés techniques. Année civile 1963 (Ottawa, 1964).

Rapport annuel 1964. Ministère du Commerce (Ottawa, 1965).

Rapport de la Gendarmerie royale du Canada (Ottawa, 1961).

Rapport de la division des explosifs (Ottawa, 1963).

Terminologie du paludisme et de l'éradication du paludisme (Genève, 1964).

Toponymie des principaux reliefs du Québec (Québec, 1971).

REVUES

Archives des lettres canadiennes, tome I : *Mouvement littéraire de Québec*, avril-juin 1961, tome II : *L'école littéraire de Montréal*, 1972.

Les Cahiers fraternalistes, mars-avril 1964.

Les Cahiers de l'Académie canadienne-française, Linguistique, 1960.

Cahiers de l'Institut d'histoire, Papineau, août 1958.

Cahiers de Sainte-Marie, Le rapport Durham, février 1969.

Cahiers de l'Université du Québec, Économie québécoise, n°s 1-2, 1969.

Change, Souverain Québec, mars 1977.

Cul Q, été-automne 1974, 1975 et janvier 1976.

Culture française, été 1975.

Démocratie nouvelle, Algérie, pays révolutionnaire du tiers-monde, juin 1965 ; *La tricontinentale à La Havane,* février 1966.

Économie québécoise, Cahiers de l'Université du Québec, 1969.

Écrits du Canada français, 1959, 1961 et 1968.

Écriture, 1967.

Esprit, avril et juillet 1954 ; *Les Maladies infantiles de l'indépendance,* juin 1957.

Études françaises, novembre 1967 ; *Écrire c'est parler,* février 1974 ; *Avez-vous relu Ducharme ?,* octobre 1975.

Études préliminaires, Production littéraire et situations de contacts interethniques, avril 1974.

Europe, juin 1962.

L'Express, Spécial Malraux, novembre et décembre 1976.

Fontaine, n°s 37-40, 41, 42, 43, 44 et 45.

Interprétation , Poste restante, juillet-septembre 1970.

Interventions, n° 1.

Les Lettres nouvelles, avril 1961, décembre 1966 et janvier 1967.

Liberté, presque tous les numéros.

Mosaic, The Literature of Small Countries, avril 1968.

La Nouvelle Revue des deux mondes, avril, mai, juin, juillet et août 1975, novembre et décembre 1976.

Parti pris, numéros des années 1963, 1964 et 1965.

Présence africaine, décembre 1957 et janvier 1958 ; *Deuxième Congrès des écrivains et artistes noirs,* mars-avril 1959.

Problèmes d'analyse symbolique, mars-avril 1959.

Production littéraire et situations de contacts interethniques, 1972 et 1974.

Québec 66, février 1966.

Revue d'Alger, 1944, 1945.

Revue d'histoire de l'Amérique française, juin 1947.

La Table ronde, décembre 1956 et juin 1962.

Tel quel, automne 1961 et 1971.

Les Temps modernes, janvier et mars 1962.

Voix et images, septembre 1975.

Voix et images du pays, numéros de 1969 à 1974.

ANNEXE II

INVENTAIRE DES SOURCES BIOGRAPHIQUES*

I   Sources écrites

Correspondance (ÉDAQ) : environ 1 600 lettres d'Aquin ou à Aquin, plus un ensemble de lettres de tiers relatives aux activités d'Aquin.

Agendas d'Andrée Yanacopoulo (1963-1977).

Fonds Hubert-Aquin : archives d'Andrée Yanacopoulo déposées à l'UQAM

En dehors des nouvelles, romans, essais, conférences et articles, textes de radios et téléthéâtres, de la correspondance, on compte dans ce fonds 22 dossiers de notes de cours et de lectures (1 049 feuillets) et tous les dossiers de travail constitués par Aquin. Soit en tout 7 boîtes d'archives relatives aux activités professionnelles, auctoriales, privées d'Aquin (courrier, mémos, notes, documents, rapports, épreuves, coupures de presse, projets, articles, plans de romans, dactylogrammes, diplômes et curriculum vitæ, contrats).

Bibliothèque d'Hubert Aquin et d'Andrée Yanacopoulo : 1 004 titres.

Journal intime d'Hubert Aquin 1948 à 1954 et 1960 à 1968.

Archives de la CECM.

Archives du Collège Sainte-Marie et de l'UQAM.

Archives du Collège Sainte-Croix.

Archives historiques de l'Université de Montréal, archives du *Quartier latin*.

---

* Cet inventaire ne comprend pas la liste des personnes contactées par l'ÉDAQ pour leur documentation.

Archives de *Liberté* et fonds André-Belleau.

Archives de l'ONF.

Archives de la cinémathèque québécoise.

Archives de l'APFUC (Association des professeurs de français des universités canadiennes).

Archives de Radio-Canada. Pour le détail, voir *Bulletin de l'ÉDAQ*, décembre 1985, n° 5, « Hubert Aquin à Radio-Canada. Enquête bio-bibliographique » par Guylaine Massoutre.

Archives de l'Union européenne de radio-diffusion.

Archives du RIN (Bibliothèque nationale du Québec).

Archives du gouvernement du Québec (documents relatifs au Comité consultatif du livre, 1976-1977).

Archives du palais de justice de Montréal.

Inventaire de la documentation de Thérèse Larouche.

Journal intime de Christina Roberts.

Articles de presse concernant Aquin.

Fonds privés déposés à la Bibliothèque nationale du Québec (Jacques Languirand) et à l'UQAM (Claude Jutra).

II   Sources orales

Personnes interviewées par Andrée Yanacopoulo :

Colette Beaudet-Carisse, Roland Berthiaume, Florence Blain, Pierre Desaulniers, Gaétan Dostie, Jean-Paul Jeannotte, Laurent et Suzanne Lamy, Michelle Lasnier, André Patry, André Payette, Lucien Pépin, André Raynauld.

Par Chantal de Grandpré :

André Belleau, Adèle Lauzon, Denis Lazure, Michel Van Schendel, Andrée Yanacopoulo.

Par Guylaine Massoutre :

Richard Aquin, Roger Aquin, Andrée Ferretti, Michelle Lasnier, Roger Lemieux, Jean-Louis Le Scouarnec, Léon J.-Z. Patenaude, Gilles Sainte-Marie, Andrée Yanacopoulo.

À ces témoignages s'ajoute la transcription d'interviews inédites réalisées par Gordon Sheppard et aimablement communiquées par Andrée Yanacopoulo avec :

Lucille Aquin, Jean Archambault, Bernard Carisse, Pierre Desaulniers, Michèle Favreau, Jacques Godbout, Gérald Godin, Jacques Languirand, Michelle Lasnier, Yves Michaud, Yvon Rivard.

Par Françoise Macchabée-Iqbal :

Entretien inédit avec Jean Archambault.

III Sources médiatiques

Deux Épisodes dans la vie d'Hubert Aquin de Jacques Godbout et François
Ricard, ONF, 1979.
Ce film rassemble les témoignages de Jacques Allard, Louis-Georges
Carrier, Mireille Despard, Jean Éthier-Blais, Jacque Languirand, Pierre
Lefebvre, Roger Lemelin, André Major, Yves Michaud, Adrien Pinard,
Claude Wagner, Andrée Yanacopoulo.

IV Périodiques dépouillés

On consultera principalement la « Bibliographie analytique d'Hubert Aquin
1947-1982 » de Jacinthe Martel, *Revue d'histoire littéraire du Québec et
du Canada*, 1984, n° 7 ;
« Mise à jour (1983-1984) de la bibliographie analytique d'Hubert Aquin »,
RHLQ, 1985, n° 10 ;
« Liste des documents bibliographiques archivés à l'ÉDAQ entre juin et
octobre 1985 », *le Mercure de l'ÉDAQ*, octobre 1985, n° 1 ;
«Bibliographie analytique (1983-1984), index» et « Bibliographie
analytique (1985), mise à jour », *Bulletin de l'ÉDAQ*, février 1987, n° 6 ;
« Mise à jour (1986-1987) de l'inventaire chronologique de la bibliographie
d'Aquin », *le Mercure de l'ÉDAQ*, mars 1989, n° 6.

L'Action universitaire	*Parti pris*
L'Autorité	*La Patrie*
Les Cahiers d'Arlequin	*Poetry Windsor Poésie*
The Canadian Fiction Magazine	*La Quartier latin*
Le Clairon	*Québec-Histoire*
La Cognée	*Radio-TV*
Croire et savoir	*Revue d'histoire de l'Amérique*
Le Haut-parleur	*française*
Liberté	*Sainte-Marie*
Ici Radio-Canada	*La Semaine à Radio-Canada*
L'Indépendance	*Vrai*

V Bibliographie sommaire

BERGERON, Gérald, *Incertitudes d'un certain pays. Le Québec et le
Canada dans le monde (1958-1978)*, Québec, PUL, 1979.
BROCHU, André, *l'Instance critique 1961-1973*, Montréal, Leméac, 1974.
CAU, Ignace, *l'Édition au Québec de 1960 à 1977*, Québec, Ministère des
Affaires culturelles, 1981.

CHAPUT, Marcel, *Pourquoi je suis séparatiste Montréal*, Éd. du Jour, 1961 et *J'ai choisi de me battre*, Montréal, Cercle du livre de France, 1965.

Collectif « Biographies », *les Cahiers de philosophie*. Paris, CNL, nº 10, printemps 1990.

Collectif *Dictionnaire des œuvres littéraires du Québec*, sous la direction de Maurice Lemire, Montréal, Fides, tomes III, IV, V, 1982, 1984, 1987.

Collectif « Le travail du biographiique », *la Licorne*, Université de Poitiers, 1988.

Collectif *Québec occupé*, Montréal, Parti pris, 1971.

DAGENAIS, Bernard, *la Crise d'octobre 1970 au Québec et les médias d'information*, thèse de doctorat, École des Hautes Études en sciences sociales, Paris, 1985.

D'ALLEMAGNE, André, *le Colonialisme au Québec*, Montréal, les Éditions R.-B., 1966 et Le RIN. De 1960 à 1963. Étude d'un groupe de pression au Québec, Montréal, l'Étincelle, 1974.

DUMONT, Fernand et Jean-Paul MONTINY (sous la dir. de), *le Pouvoir dans la société canadienne-française*, Québec, PUL, 1960

FELTEAU, Cyrille, *Histoire de La Presse*, tome II : *(1916-1984)*, Montréal, La Presse, 1984.

FOURNIER, Louis, *F.L.Q., Histoire d'un mouvement clandestin*, Montréal, Québec-Amérique, 1982.

GAUVIN, Lise, *« Parti pris » littéraire*, Montréal, Presses de l'Université de Montréal, 1975.

HARVEY, Fernand et Peter SOUTHAM, *Chronologie du Québec 1940-1971*, Québec, université Laval, 1972.

LAURENDEAU, André, *Ces choses qui nous arrivent. Chronique des années 1961-1966*, Montréal, Hurtubise HMH, 1970.

LAURENDEAU, Marc, *les Québécois violents*, Montréal, Éd. du Boréal Express, 1976.

LAURIN, Camille, *Ma traversée du Québec*, Montréal, Éd. du Jour, 1970.

LÉGER, Jean-Marc, « L'incertitude d'un Québec mélancolique », *Dimensions*, mars 1969.

MAJOR, Robert, *Parti pris : idéologies et littérature*, Montréal, Hurtubise HMH, 1979.

MIRON, Gaston, *l'Homme rapaillé*, Montréal, Presses de l'Université de Montréal, 1970.

RIOUX, Marcel, *la Question du Québec*, Paris, Seghers, 1971.

ROCHER, Guy, *le Québec en mutation*, Montréal, Hurtubise HMH, 1973.

PARÉ, Jean, *le Temps des otages*, Montréal, Quinze, 1977.

SÉGUIN, Maurice, *l'Idée d'indépendance au Québec*, Montréal, Éd. du Boréal Express, 1967.

SCHEPPARD, Claude-Armand, *Dossier Wagner*, Montréal, Éd. du Jour, 1972.

SYLVESTRE, Guy, *Panorama des lettres canadiennes-françaises*, Ministère des Affaires culturelles du Québec, 1964.

TISSEYRE, Pierre, *Lorsque notre littérature était jeune*, Montréal, CLF, 1983.

VALLIÈRES, Pierre, *Nègres blancs d'Amérique*, Montréal, Parti pris, 1968.

Index

L'index des noms ne comprend pas les noms propres de lieux, de collectivités, de personnages fictifs ni les noms propres qui apparraissent dans les titres.

TABLE

Édition critique d'Hubert Aquin

Achevé d'imprimer
en mars 1992 sur les presses
des Ateliers Graphiques Marc Veilleux Inc.
Cap-Saint-Ignace, Qué.